Joëlle de Gravelaine

LILITH – Der Schwarze Mond

Joëlle de Gravelaine

LILITH
Der Schwarze Mond
Die Grosse Göttin im Horoskop

Edition Astrodata

Titel der französischen Originalausgabe:

«Le retour de Lilith»

Übersetzung: Peter Schmidt

Hinweis: Die Tabellen zur Berechnung des Schwarzen Mondes finden Sie am Schluss des Buches.
Die Horoskope wurden im Placidus-Häusersystem erstellt, die Koch-Häuserspitzen sind mit kürzeren Linien eingezeichnet.

Edition Astrodata
CH-8907 Wettswil

Satz, Druck, Herstellung:
Hieronymus Mühlberger GmbH, D-8906 Gersthofen
Alle Horoskope erstellt durch: Astrodata, CH-8042 Zürich
Umschlagfoto: Image Bank, CH-Zürich
Illustration Seite 3 und Klappe:
«Salomé» von Gustave Moreau
(Nationalmuseum, F-Paris)

ISBN 3-907029-13-5

Inhaltsverzeichnis

«Der Geist der Tiefen ist unvergänglich; man nennt ihn die geheimnisumwitterte Frau.»

(Tao Te King, VI.)

«(Die Feen) legen Wünsche in unsere Herzen, von denen wir selbst nichts wissen, verrückte Ansprüche, übermenschliche Gier nach menschlichen Gütern, was uns in unserer melancholischen Trunkenheit die Erde und deren Schönheit vollkommen vergessen lässt.»

(L. Tieck, Die Freunde)

Einige astronomische Angaben

Einige Leute sind der Meinung, dass es den Schwarzen Mond gar nicht gibt, da es sich dabei weder um einen Planeten, noch um ein Gestirn und auch nicht um einen Erdsatelliten handelt. Dabei übersieht man allerdings ein wenig zu schnell, dass die Astrologie sich laufend auf fiktive Punkte beruft, wie z.B. auf den Aszendenten, die «Spur» des Sonnenaufgangs am Horizont, oder auf die Himmelsmitte (Zenit), auf denen im wesentlichen ein Horoskop oder ein Lebensthema aufgebaut sind.

In der Tat gibt es auch bestimmte Autoren – J. Desmoulins und R. Ambelain seien hier nur als Beispiele genannt –, die Lilith so beschrieben haben, als sei der Schwarze Mond ein zweiter Erdtrabant. Aber es handelt sich nicht um den gleichen Schwarzen Mond, von dem hier die Rede ist. Don Néroman spricht seinerseits von einer grossen Ellipsenachse und von einem Brennpunkt, der sich, bei gleichem Abstand vom Ellipsenzentrum, auf einer Achse befindet, die die Verbindung herstellt zwischen der Erde und dem Mondapogäum, und die, nach den Worten von Louis Millat, «die Ellipse polarisiert, indem sie sie in den Kosmos hineinprojiziert». Und er fährt fort: «So kann man diesen Brennpunkt als Anti-Welt ansehen, da er punktförmig ist, wobei man die Erde als Welt betrachtet.» Und er fügt hinzu: «Natürlich ist all das, was über den Mond gesagt wurde, übertragbar auf den erdsolaren Orbit, wobei dann dieser zweite Brennpunkt, in Anlehnung an den ‹Schwarzen Mond›, ‹Schwarze Sonne› genannt wird.» So stellt also der Schwarze Mond – oder Lilith – für Néroman und für Millat den zweiten Brennpunkt des Lunarorbits dar.

Man kann diese Dinge auch etwas einfacher beschreiben, indem man davon ausgeht, dass der Mond sich um die Erde in einer elliptischen Bahn dreht, und dass diese zwei Brennpunkte hat. Einer davon ist die Erde und der andere der Schwarze Mond. (1)

Ich meinerseits folge eher der Definition von R. Dautremont (2) sowie den Tabellen des Schwarzen Mondes, die auf der Linie der Mondabsiden (Perigäum und Apogäum) beruhen. Dieser Autor vermerkt: «Der Schwarze Mond entspricht dem okkulten Einflussbereich des Mondes, der auf seiner elliptischen Laufbahn um die Erde eine Achse bildet; die beiden Endpunkte dieser Achse heissen Perigäum, womit man den Umlaufpunkt bezeichnet, an dem die Erdnähe am grössten ist, und auf der Gegenseite Apogäum, wo die Entfernung von der Erde am grössten ist. Das Perigäum ist kein Fixpunkt und bewegt sich um etwa 40° pro Jahr. Sein Tageslauf liegt bei 6 bis 7 Bogenminuten. Seine Umlaufzeit nimmt 3232 Tage in Anspruch, also etwa 8 Jahre, 10 Monate und einige Tage.»

Auf den folgenden Seiten geht es also um nichts anderes, als um diese Achse Lilith-Priapos, Perigäum-Apogäum, was keineswegs zu verwechseln ist mit der Mondknotenachse, die auch Drachenkopf bzw. Drachenschwanz genannt wird.

Dautremont fügt hinzu, dass Lilith-Schwarzer Mond «ein wesentliches Element des Mondumfeldes» und ebenfalls «den Einfluss der unsichtbaren Mond-Erde-Verbindung» darstelle.

Aber wie alle, die sich mit dem Schwarzen Mond beschäftigt haben, verspürte auch er sicherlich, als Folge des Einflusses der Rabbiner, die Faszination und das Entsetzen, die «von dem unheilbringenden Aspekt» des in Lilith verborgenen Wesens ausgehen. Hadès und Michel Mériel beschäftigten sich ausführlich mit dem erotischen und mit dem gefährlichen Aspekt von Lilith; Néroman verbindet die Schwarze Sonne mit Luzifer oder dem Tagesauge des Seth, des ägyptischen Gottes der Nacht, der Dunkelheit, der moralischen Korruption, des Mörders von Osiris, den J. J. Walter mit der Riesenschlange Apap gleichsetzt, die das Licht verschlingt. Der Schwarze Mond hingegen gehört für Néroman zum Bereich der «physiologischen, sinnlichen und anderen Verfallserscheinungen», und er verbindet ihn mit Seths Nachtauge.

Ich dagegen glaube nicht, dass eine Unterscheidung zwischen Lilith und dem Schwarzen Mond, dem Apogäum des zweiten Brennpunktes, unbedingt erforderlich ist.

Schliesslich gibt es einige Autoren, die mit einem korrigierten Schwarzen Mond arbeiten. Die Korrekturtabellen stehen am Schluss des Buches. Ich benutze meinerseits nun seit mehr als zwanzig Jahren den unkorrigierten Schwarzen Mond im Geburtsbild, nachdem ich zuvor zehn Jahre lang die beiden Stellungen systematisch verglichen habe. Die Benutzung von mononomischen Bildern oder symbolischen Graden (3) hat schliesslich vor einigen Jahren zur Festigung meiner Überzeugung beigetragen, wobei ich den jeweiligen symbolischen Grad, der dem korrigierten bzw. dem nicht korrigierten Schwarzen Mond beigeordnet ist, stets verglichen habe.

Der holländische Autor Georges Bode betrachtet die unkorrigierte Lilith als die «Ursache» und die korrigierte als die «Wirkung». Jeder trägt also seinen Teil zum Errichten des Werkes bei und ermöglicht eine grösstmögliche Anzahl an Experimenten!

Sollte ich bezüglich des Schwarzen Mondes noch irgend jemandem verpflichtet sein, dann ist dies gegenüber Jean Carteret, der mir als erster diesen Weg gezeigt hat und mit dem ich lange Jahre hindurch gearbeitet und geforscht habe. Ich gebe in diesem Buch einige jener Arbeitsblätter über die subtile Dialektik zwischen Lilith und Priapos, zwischen der Schwarzen Sonne und dem Schweif der Schwarzen Sonne wieder; ich habe sie jedesmal in aller Eile aufgeschrieben, wenn Jean Carteret sich von seiner Inspiration emportragen liess.

Schwarze Werte

«Ich bin schwarz, aber doch schön, ihr Töchter von Jerusalem.»
(Hohelied)

Hängt der schlechte Ruf des Schwarzen Mondes mit seinem dunklen Eigenschaftswort zusammen? In der Tat hat man Angst vor dem Schwarzen. Mircea Eliade sagt von der Zeit, sie sei «schwarz, da irrational und ohne Mitgefühl». Und nach Peter Mohr enthält «die Wertung von Schwarz Sünde, Angst, Revolte und Urteil». Behalten wir diese Begriffe wohl im Sinn, wir werden ihnen des öfteren begegnen. Und Bachelar meint schliesslich: «Sobald ein einziger schwarzer Fleck in seiner vollen Tiefe erträumt wird und so seine intime Vielschichtigkeit entfalten kann, reicht dies aus, um uns in eine Dunkelheitssituation zu versetzen». (1)

Die Dunkelheit ist gleich der Nacht, Leïla oder Lavlah. Auch der Name Lilith soll sich hiervon ableiten. Und die Nacht ist die Finsternis, die Schwärze.

Aber ist Schwarz die dunkelste Farbe, weil die Lichtstrahlen vollkommen fehlen, oder etwa, weil ganz im Gegenteil diese total absorbiert werden? Diese doppelgesichtige Hypothese hat von ihrem Symbolwert her einen Einfluss auf unsere Untersuchung.

Für uns ist Schwarz die Farbe der Trauer (und im Orient ist es die weisse Farbe, was nicht zuletzt die Bedeutung der Dialektik von Schwarz und Weiss, von Tag und Dunkel, im Zusammenhang mit unserer Untersuchung über den Schwarzen Mond unterstreicht). Wir befinden uns in der Welt des Bösen. Schwarz ist der Widerschein von Irrtum und von Nichts. «Aber», so schreibt hierzu Jean-Pierre Bayard, «eine Farbe ist von sich aus wertfrei; sie lebt erst in Verbindung mit einem anderen Licht. Und die schwarze Darstellung des höchsten ägyptischen Gottes Osiris wurde erst auf der obersten Initiationsstufe enthüllt, offenbar als hermetisches Symbol des Ur-Steines. Wie kann man sonst den Kult des schwarzen Steines verstehen, der in der Kaaba von Mekka verehrt wird?» Ein Stein, der übrigens auch mit Kybele in Verbindung gebracht wird. All dies erlaubt uns die Aussage, dass

Schwarz sicherlich «das Zeichen einer Geheimwissenschaft und die Farbe des alchimistischen Steins der Weisen» (2) ist.

Übrigens ist der Name Ägyptens von nichts anderem abgeleitet als von El Kemit, was die Schwarze, aber auch Al-chemie bedeutet.

Osiris ist von schwarzer Farbe, wenn er ein Urteil über die Seelen fällt und wenn er Gatte des allumfassenden Lebens wird. Schwarz ist sozusagen die Stufe, die der Wiedergeburt vorausgeht.

J. Portal vertritt die Auffassung, dass die schwarze Farbe den Göttern geweiht sei, da «diese wohltätigen Gottheiten in das Reich der Finsternis hinabsteigen, um die Menschen, die reinkarnieren, zu sich zu rufen». In China ist Schwarz das Zeichen von Souveränität; es ist die Farbe der Erlösung und bedeutet das Ende eines Zyklus.

Und die zahlreichen Darstellungen der Schwarzen Madonna, die man immer an ehemaligen Einweihungsstätten finden kann, legen ebenfalls Zeugnis ab von der Rolle der schwarzen Farbe als Lebenssymbol, als Bindeglied zwischen den früheren Göttinnen des Lebens und des Todes, der Fruchtbarkeit und der Erdkräfte, die bereits lange vor dem Christentum und vor der siegreichen Herrschaft des Patriarchats bekannt waren.

Dieses Schwarz finden wir dann wiederum im chthonischen Kult des «im Felsen versteinerten Feuers» sowie in den eleusinischen Ritualen, wo man in eine unterirdische Krypta hinabsteigen musste, um dort wieder zu einem neuen Leben zu erwachen, nachdem man zuvor eines symbolischen Todes gestorben war.

Dieses unsichtbare Schwarz führt uns dann auch zu den für moderne Astrophysiker so wichtigen Schwarzen Löchern. Es soll sich um Gestirne handeln, deren Gravitationsfeld so dicht ist, dass keine Strahlung daraus entweichen kann; sie können nur durch eben dieses Gravitationsfeld bzw. durch die Strahlungen der eingefangenen Materie, beobachtet werden. Man meint, dass sie die höchste Evolutionsstufe der Massivgestirne darstellen.

Bringt die schwarze Farbe also Unheil?

Dieses Schwarz, Materia prima, Farbe der Potentialität, aber auch der Macht, umschliesst alles: Es ist Träger des befruchtenden, weiblichen und demnach tödlichen Prinzips, welches aus der Nacht Lavhla etwas Beunruhigendes macht, da diese alles verstärkt, die Geräusche, die Empfindungen, die Ängste, und welches die Finsternis mit dem Teufel in Verbindung bringt... Lilith, die Macht der Dunkelheit, hat diese Falle gestellt; so manch einer ist hineingefallen und hat dann aus ihr «die düstere Mutter» gemacht, «den unheilbringenden Teil», «die Phallusfrau» oder jene «Zauberin mit zähnenbesetzter Vagina», die seit Urzeiten im männlichen Unterbewusstsein ihr Unwesen treibt.

Tiefe Angstgefühle ruft es hervor, sobald man im Zusammenhang mit dem Schwarzen Mond vom Schwertkomplex spricht, vom Spielen mit Messern und Dolchen, vom Schneiden oder vom Kastrieren.

Und doch kommt niemand ohne Lilith aus, will er auf seinem Weg seine unnützen Lumpen loswerden, zum Wesentlichen vorstossen, hinüberwechseln auf die andere Seite, wo das Licht so viel intensiver ist, möchte er über sich selbst hinauswachsen und zum reinen Bewusstsein vordringen.

Wie könnte dies alles auch möglich sein ohne Leiden, ohne Opfer, ohne Schmerzen? Wie könnten wir uns dieses Zerreissen ersparen, das uns befähigt, vom Existentiellen zum Wesentlichen überzugehen?

Wir verdanken eben diesen metaphysischen Himmelskörpern, wie Jean Carteret den Schwarzen Mond und die Schwarze Sonne nennt, das Verstehen des Unterschiedes zwischen Existenz und Essenz, zwischen Unterbewusstsein und Überbewusstsein.

Lilith ... eine Geschichte so alt wie die Welt

«Diejenige, die immer wieder auftaucht: die Macht der Finsternis, die Begierde der Nacht.»

(Cheverny)

Am Anfang war Lilith. Bevor Adam erschien, war sie schon im Garten Eden. Sie hatte zwar die Weisheit nicht gepachtet, besass aber Erfahrung und einen natürlichen Instinkt für alle Dinge des Lebens.

Die Tatsache, dass sie gleichzeitig Adams Frau und Mutter ist, oder «dieses höhere Weibliche, das dem androgynen Adam innewohnt» (1), hat für uns keine Bedeutung. Von sich aus scheint sie mehr für eine gewisse Gleichheit einzustehen. «Da wir aus der gleichen Erde geboren und aus dem gleichen Lehm geknetet sind, sind wir gleich», meint sie. Und dieser Anspruch, so grundlegend einfach er auch zu sein scheint, bringt all diese Konflikte mit sich, deren Folgen die Menschheit immer noch ertragen muss, ad vitam aeternam. Lilith, diese freiheitsdurstige, widerspenstige, aufständische, ausreisserische Urfrau, verschafft sich heute mit ebenso viel Aufsehen wie Gewalt Genugtuung.

Sie ist die erste Person, die gegen Jahwes Verordnungen verstösst; sie benutzt als erste das Schweigen als Waffe, sie ist diejenige, welche die Macht ihrer Begierde voll akzeptiert und dieses Verlangen zu seiner höchsten Konsequenz bringt, nämlich zu deren Ablehnung.

Lilith ist eine stolze Einzelgängerin; von Durst geplagt, verurteilt sie sich selbst dazu, nichts zu trinken; sie fordert nur das Absolute und sucht ihre Zuflucht in der Höhe; Initiatorin und Vermittlerin für die einen, dämonisch und kastrierend für andere, vereint sie die verschiedenen Gesichter der Anima, vertritt sie die lebendige Dialektik von Dasein und Nicht-Dasein, von Schwarz und Weiss; verschwiegen trägt sie die Wahrheit in sich, ist sie schwingende Klinge und Opferdolch, Hexe und Einhorn: sie verweist uns an all diese Göttinnen der Fruchtbarkeit und des Todes, des Lebens und des Blutes, in denen Liebe und Blutbad (2) eng verbunden, gegeneinander austauschbar und fast synonym sind.

Vor allem darf man sie nicht mit Eva verwechseln!

Ganz klar, dass Eva niemals hätte in den Apfel beissen können. Die Frucht vom Baum der Erkenntnis hätte sie zweifelsohne erschlagen. Um Lilith loszuwerden und um ihr eine böse Rolle aufzubürden, hat man ihr die Haut der Verführerschlange übergezogen. Aber sie hat diese Verkleidung gar nicht nötig. Sie «weiss», sie besitzt die angeborene Lebenserfahrung, für sie gibt es keine Sünde. Also genügt es ihr, Adam aufzufordern: «Nimm und iss, dies ist der Baum der Erkenntnis.»

Natürlich kann man jetzt «Gotteslästerung, skandalöse Parodie» schreien. Aber sagt nicht ganz einfach Lilith zu Adam: «Ich habe von dieser Frucht gegessen und sie hat mich nicht getötet. Du kannst ruhig davon essen, denn ich war es, die sie für dich gekostet hat. Die Begierde ist gut und das Wissen ist gut, solange du frei bist»?

Der Zohar sieht in ihr einen Dämon und eine Plage, für die Kirche ist sie eine Hexe, andere beschreiben sie als Vamp, als verfluchtes Weib, als Bedrohung für diese Welt («Sie ist es, die den Zusammenbruch der Welt – nach demjenigen von Rom – zu Ende führen wird»), aber trotz allem bringt die Erinnerung an Lilith die patriarchalische Ordnung ins Wanken. Und seit jeher versucht man mit allen Mitteln, sie zu verbrennen, sie zum Schweigen zu bringen, sie zu belasten mit allen Sünden Israels und allen Ängsten des Mannes vor dieser zahnbewehrten oder abgrundtiefen weiblichen Scheide; aber trotz allem lässt Lilith nicht minder ihren Sirenengesang ertönen und stimmt unermüdlich diese Hymne an die Freiheit an, die den Männern den Schlaf raubt – Dank sei dir, oh Göttin!

Und dennoch, wie schwierig ist es, diese Ungezwungenheit im Umgang mit der Freiheit zu akzeptieren! Wie steht es im Zohar geschrieben (III, 18b, 19a, 19b): «Gott schuf den vollkommenen Menschen. Er schuf ihn Mann und Frau, und die Frau im Mann. Sehet, es gibt in den himmlischen Abgründen ein Weib, der schrecklichste unter allen bösen Geistern; sein Name ist Lilith, und sie war es, die sich als erste Adam zeigte. Als Adam geschaffen wurde und sein Körper vollendet war, kamen tausend Geister der linken Seite herbeigelaufen und jeder wollte in ihn hineinschlüpfen, aber keiner schaffte es. Gott verjagte sie. Adam lag derweilen auf dem Boden, sein Körper war entseelt und sein Gesicht gelb; und alle Geister bildeten einen Kreis um ihn (. . .). Und da sagte Gott: ‹Möge die Erde lebende Tiere erzeugen.› *Da zeugte das Weib das Männliche und gebar den Geist Adams,* der ganz genau aus beiden Seiten zusammengesetzt war. Deswegen heisst es in der Heiligen Schrift: ‹Und er bliess die lebendige Seele in seine Nasenlöcher.› Und als Adam sich erhob, war das Weib mit ihm eins. (3)

Halten wir hier einen Augenblick inne. Im Gegensatz zu anderen Texten erscheint hier Adam als erster. Heisst es übrigens nicht im Text: «Das Weib zeugte und gebar den Geist Adams»? Das Huhn wäre demnach früher dagewesen als das Ei, die Wasser früher als das Wort. Und die Frau früher als der Mann.

Mehr als das: Sie war es, die den Geist Adams gebar. Gott haucht die Lebensseele ein, aber der Geist, der kommt aus der Frau, die endlich «mit ihm eins» ist, als Adam erwacht.

Wenn man dann bedenkt, dass man bis zum Konzil von Nizäa warten musste, um der Frau das Recht auf eine Seele zuzuerkennen . . . So heisst es doch unmissverständlich im Zohar, dass die heilige Seele sich von rechts nach links bewege, von der männlichen zur weiblichen Seite hin, und dass sie sich dort genüge!

Und weiter heisst es dann im Zohar: «Dann teilte Gott Adam in zwei, trennte das Weib ab und schmückte die Frau wie eine Verlobte, um sie ins Hochzeitsgemach zu geleiten.» (Nebenbei bemerkt, muss man sich fragen, was wohl geschehen wäre, wenn bei dieser Teilung Adams die Seele auf der weiblichen Seite geblieben wäre!) Und plötzlich taucht in diesem ziemlich unklaren Text der Name *Lilith* auf, die sofort als aufrührerisch gestempelt wird. «Sobald Lilith dies sah, floh sie weit über die Meere hinaus, wo sie sich ständig bereit hält, um sich auf die Erde zu stürzen.» Bedeutet ihr Davonlaufen aber nicht, dass der Gott Jahwe gerade aus ihr die Verlobte machen möchte, «die für die Hochzeit geschmückt ist»? Ist nicht sie die von Adam abgetrennte Frau, die es ablehnt, sich ihm zu unterwerfen? Ist sie ein böser Geist, eine verirrte Seele oder eine Frau, die es ablehnt, dass das Männliche eine Macht über sie hat?

Aber der Zohar verrät sich selbst, indem er seine eigenen Quellen verleugnet. *«In den alten Büchern steht geschrieben, Lilith sei vor Adam geflohen, bevor Eva geschaffen war. Aber wir akzeptieren diese Theorie nicht»*, eine Theorie, die natürlich Lilith bereits vor Eva auftauchen lässt. Und die Rabbiner fügen noch hinzu: «Gemäss unserer Tradition floh Lilith erst, nachdem Adam auf angemessene Weise mit seiner Ehefrau vereint war. Erst danach floh sie jenseits der Meere, von wo sie eines Tages zurückkommen wird, um die Welt heimzusuchen.» Wer ist nun Adams Frau, Eva oder Lilith?

Und wenn die alten Texte die Wahrheit sagten? Gehen wir davon aus, dass Lilith es in der Tat abgelehnt hat, bei Adam zu bleiben, bevor dieser auf angemessene Weise mit seiner Frau vereint war. Aber würde dann Lilith nicht wiederum den unbezähmbaren Stolz jener Frau personifizieren, die sich dem Manne gleich weiss und es auch sein möchte, jener Frau, die nicht «für die Verlobung geschmückt» sein möchte wie alle Jungfrau-Göttinnen, die nicht «von ihrem Vater verkauft» werden wollen und die man häufig in der Mythologie antrifft: Denken wir nur zum Beispiel an die kleine Hexe der Märchen, die lieber durch die Wälder streift, die Natur belauscht, mit den Elfen, den Zwergen und den Tieren plaudert, anstatt den Königssohn zu heiraten?

Der Zohar versucht wohl den Frauenhass, wie man ihn bei den Rabbinern findet, zu begründen: «Sehet wohl, Adam und Eva haben am gleichen Tag das Gebot des Herrn missachtet. Aber da es die Frau war, die als erste durch ihre Beziehung zur Schlange sündigte, sagt die Heilige Schrift: ‹Und sie wird dich beherrschen.›» Und jedesmal seit dieser Zeit, wenn die Männer sich etwas zu Schulden kommen lassen, werden sie von den Frauen der unerbittlichen Seite (den Dämonen) beherrscht, wie es geschrieben steht. Diese Frauen werden «schwingende Schwerter» genannt, weil sie sowohl unter Männergestalt als auch unter Frauengestalt auftauchen. «Unheil über die Welt, wenn diese Frauen sie beherrschen (. . .).» Fast widerwillig meint die Heilige Schrift von Deborah: «Sie verurteilte Israel zu dieser Zeit.» Und eine gewisse Tradition beklagt: «Wehe dem unwissenden Mann, der seine Frau zu Hilfe rufen muss, um das Brot zu segnen! Was war das doch für eine Generation zu der Zeit, als Deborah noch lebte! Es konnte sich hier nur um eine Frau handeln!»

Es gab sogar mehrere Frauen, die in der Bibel auftauchen und die Recht sprechen . . . Seltsam sind die Begriffe, die der Zohar benutzt, um die «Unerbittlichkeit» als Analogie zum Dämon zu definieren, das heisst auch ab und zu als Entsprechung zu Lilith. Diese Frauen der «Härte» (man ist eher geneigt, von Frauen des Absoluten und der Macht zu sprechen) werden als dämonisch angesehen, sobald sie ihre Macht auf die Männer ausdehnen. (4) Oder als phallisch. Diese «schwingenden Schwerter», die uns an die Seele erinnern, die von rechts nach links wandert, sind nicht übel . . . Wie Hekates Peitsche oder wie die verführerische Schlange pfeiffen sie um die Köpfe der verschlafenen Männer. Sie verbreiten Angst und Schrecken.

Gehen wir ein wenig auf die Schlange ein. Man sagt, Eva habe mit dieser alten phallischen Schlange Beziehungen gehabt, die man ohne weiteres als sündhaft bezeichnen kann, selbst wenn der Zohar uns glauben lassen möchte, dass es sich hier nur um einen übertragenen Sinn handeln kann. Und es wird hier deutlich, dass die Frau, zur Hälfte Eva und zur Hälfte Lilith (der Zohar verwechselt übrigens beide des öfteren), eine drohende Haltung annimmt, sobald sie für sich das Recht auf Begierde und Freiheit beansprucht.

Kommen wir wieder zurück auf die Schlange, die selbst eng mit Lilith verbunden ist und die in der Genesis sogar Liliths Namen überlagert hat. Diese Schlange, die überall mit der Muttergöttin in Verbindung gebracht wird, ist eine grosse Urpython, deren Spur wir nur noch in dem Namen der Pythia finden.

Zweifellos waren die Hebräer, die für uns heute der Inbegriff einer patriarchalischen Struktur sind, nicht immer in dieser Form organisiert. So gibt es «in alten Büchern» Spuren von anderen Umgangsformen. Wenn die Semiten von ihrem Clan oder ihrem Stamm sprechen, dann ist dies eher in bezug auf die Mutter als auf den Vater gemeint; und Jude ist derjenige, der es von der Mutterseite her ist. Und bis zu einer späten Epoche gab es selbst für die Rabbiner nur die «vier Matriarchen» Sarah, Rebekka, Rahel und Leah; ihre Stellung war wesentlich bedeutender, als die der «drei Patriarchen» Abraham, Isaak und Jakob. Der Stamm der Levy verdankt seinen

Namen Leah, und derjenige Israels Sarah. Selbst zur Zeit der Patriarchen haben die Frauen Städte und Familien gegründet.

Im alten Arabien war es üblich, dass die Frauen Land, Reichtümer und Herden besassen. Man erinnere sich nur an Kadidja, die Mohammed «einstellte», damit er sich um ihren Besitz kümmere und ihr bei ihrer Vermögensverwaltung helfe.

Mehrere arabische Frauen führten die Männer zum Sieg. Selbst in einer so späten Epoche wie zur Zeit der Herrschaft Rashids finden wir noch junge Araberinnen zu Pferd, die bewaffnete Truppen kommandieren. Königliche Prinzessinnen kämpften unter der Herrschaft von Mandschur gegen die Byzantiner.

Robert Briffault (5) schreibt, dass diese stolzen Amazonen keineswegs barbarische Mannweiber waren, sondern Schönheiten voller Kultur und voller Charme. Wie im alten Griechenland gab es auch im alten Arabien sieben Weise ... aber es waren Frauen.

Im indischen Mahabharata sagt der Pandit: «Nicht zu allen Zeiten waren die Frauen in den Häusern eingemauert und abhängig von ihrem Mann oder ihren Verwandten. Sie bewegten sich frei und genossen das Leben nach ihrem Gutdünken. Nichts zwang sie zur Treue, und es wurde auch nicht als Fehler angesehen, wenn sie ihren Gatten betrügten – dies war damals so Sitte. Die Gewohnheit, dass eine Frau ihrem Mann für ihr ganzes Leben gehören soll, wurde erst später eingeführt. Man sagt auch, dass einige Hymnen der Veden von Frauen verfasst worden seien.»

Ägypten hat lange die matriarchalischen Gebräuche beibehalten. Die Thronnachfolge und die königlichen Funktionen wurden von Frauen übermittelt. Die göttliche Tugend wohnte der Königin inne. Diese gleiche Vorstellung finden wir in fast allen afrikanischen Königreichen.

Dr. H. R. Hall vertritt die Meinung, dass die soziale Struktur Ägyptens bestimmt war von einem deutlichen Festhalten am Matriarchat, von der vorherrschenden Stellung der Frauen und von einer gewissen Promiskuität in ihrem Sexualleben. Bis zum VII. Jahrhundert war Ägypten das Land, wo nur die mütterliche Abstammungslinie von Bedeutung war. Und Prof. Mitteis bestätigt: «Der Onkel mütterlicherseits wird als wichtig angesehen. Der Vater der Mutter ist bedeutender als derjenige des Vaters.»

In Ägypten gab es keine unehelichen Kinder; ein ausserhalb der Ehe geborenes Kind hatte genau die gleichen Rechte, wie ein eheliches Kind. Alle Kinder gehörten der Mutter. Gaston Maspéro meint: «Die ägyptische Frau der mittleren und unteren Klasse wurde mehr geachtet und hatte mehr Unabhängigkeit als jede andere Frau auf der Welt. Selbst zu einer so späten Epoche wie der XIX. Dynastie war die Idee noch verbreitet, der Mann sei nur ein Mieter im Hause seiner Frau. Wenn ein Mann ein Haus baute, ging dieses sofort in den Besitz der Frau über.»

Aus der Zeit der Ptolemäer stammen mehrere Heiratsverträge, in denen die Frau dem Mann ihre Bedingungen aufzwingt ...

«Sollte ich dich verlassen, weil ich anfange, dich zu hassen, oder weil ich einen anderen liebe, so überlasse ich dir zweieinhalb Mass Geld und gebe dir dein Hochzeitsgeschenk zurück.» Da gibt's in der Tat nichts mehr zu diskutieren! In einem Gedicht aus der Zeit von Ramses II wendet sich eine Frau an den Mann, den sie liebt. Sie schreibt: «Liebster Freund! Mein innigster Wunsch ist es, deine Frau zu werden, und damit Herrin über all dein Vermögen!»

Lange Zeit weigerten sich die Ägyptologen, einem Diodore von Sizilien Glauben zu schenken, weil dieser behauptete, in einer Ehe gehöre der Mann seiner Frau und habe ihr zu gehorchen. Und dies, obwohl in einem der ältesten Bücher der Welt, den Maximen des Ptah-Hotep, der Gehorsam des Mannes gegenüber der Frau als eine absolute Notwendigkeit angesehen wird... und dies bereits um 3200 v. Chr.

Robert Briffault (6) berichtet von einem aussergewöhnlichen Heiratsvertrag, der uns heute sprachlos macht. Ein Mann, offenbar ganz im Vollbesitz seiner Kräfte, unterzeichnete folgenden Text: «Ich erkenne deine Rechte als Ehefrau an und werde mich ab heute nicht im geringsten deinen Ansprüchen widersetzen. Ich erkenne dich vor egal welchen Personen als meine Frau an, aber ich habe kein Recht, dir zu sagen: Du bist meine Frau. Ich bin vielmehr der Mann, der dein Gatte ist. Von heute an habe ich keine Möglichkeit, dir gegenüber mit etwas nicht einverstanden zu sein, ganz gleich, welches auch der Ort ist, wo du hingehen willst. Ich überlasse dir... (es folgt eine Liste der Güter...), die nun dir gehören. Ich habe keine Möglichkeit, in eine von dir entschiedene Transaktion einzugreifen. Jedes Dokument, das von egal wem für mich ausgestellt wird, befindet sich ab jetzt in deinen Händen oder steht deinem Vater oder einem anderen Verwandten, der in deinem Namen handelt, zur Verfügung!»

Welch ausserordentliche Vollmachten die Frauen damals hatten! Max Miller schreibt: «Kein einziges Volk, weder damals noch heute, hat den Frauen einen so hohen Rechtsstatus gegeben wie die Bewohner des Niltales.» Und berichtet uns nicht Herodot von den Frauen, die auf den Markt gehen und Handel treiben, während die Männer zu Hause bleiben und stricken? Dank den Quellen von R. Briffault besitzen wir Einzelheiten über die Karriere einer Frau, die als Kanzlist im Büro ihres Vaters angefangen hat, dann verschiedene Verwaltungsposten innehatte und schliesslich Gouverneur von Faijum und sogar Hauptbefehlshaber des abendländischen Militärdistrikts wurde; in der Folge übertrug man ihr die Regierung und die Heeresleitung von Kynopolis an der orientalischen Grenze. Sie soll so zu einer der bedeutendsten und reichsten Persönlichkeiten der Gegend geworden sein.

Erst mit der XII. Dynastie verschwinden Beispiele von Frauen, die eine religiöse Machtstellung innehatten. Und, wie man weiss, verliert die Frau mit dem Abbau des Monopols der magischen und religiösen Funktionen ihre Macht, und das Patriarchat kann die Oberhand gewinnen.

Nach der Herrschaft von Ptolemäus ist es dann der Mann, und nicht mehr die Frau, der das Recht auf Scheidung in Anspruch nimmt, und es sind auch die Männer, die das Vermögen ihrer Frau verwalten.

In Griechenland, und dort vornehmlich auf Kreta, hat die minoische Religion ihren matriarchalischen Charakter bis etwa um 1500 v. Chr. bewahrt. Die kretischen Gottheiten sind weiblich, und hinter ihnen taucht immer das Bild der Muttergöttin auf (7), der Grossen Göttin, die ein getreues Abbild von Lilith ist. Bei den Ausgrabungen in Catal-Hüyük in Anatolien hat J. Mellaart Tempel, Geschmeide und Objekte entdeckt, die der Beweis dafür sind, dass es dort eine sehr alte taurische weibliche Kultur gab. (8) Wobei wir nicht vergessen dürfen, dass Kybele aus dieser Gegend stammt, und dass sie von da nach Kreta ging. (9)

In Sparta war die soziale Struktur lange Zeit matriarchalisch. Die Spartanerin erfreute sich einer vollkommenen sexuellen Freiheit, und niemand verlangte von der Braut, noch jungfräulich zu sein. Die unehelich geborenen Kinder wurden als das «von einer Jungfrau geborene» bezeichnet und verfügten über die gleichen Rechte wie die ehelichen Nachkommen. Unter Argesilaos war die Zahl der unehelichen Kinder höher als die der ehelichen. Plutarch behauptet, die spartanischen Frauen seien die einzigen Griechinnen, die ihre Ehemänner regierten. Es war durchaus üblich, sie bezüglich politischer Fragen um Rat zu fragen, und sie besassen fast alle Güter von Sparta. Es hiess, «im alten Athen hätten die Männer ihre eigene Mutter nicht gekannt».

Philipp Slater (10) erklärt, wie sich später die Revolution bei den Griechen abspielte, die unter der Macht der Mutter standen und nun mit aller Gewalt das Eindringen der Frau in ihr Leben ablehnten.

In den «Eumeniden» vermittelt Aischylos eine Idee von der Veränderung, die das Frauenstatut erfahren hatte: Die Bürger der Stadt Athen sollten mittels Wahl entscheiden, wem die Stadt gehören solle. Die Frauen stimmten für Athena, die Männer für Poseidon. Als dann Athena der Sieg zufiel, brach Poseidon in eine grosse Wut aus und überflutete das Land; gleichzeitig ordnete er an, dass die Frauen all ihre Rechte verlieren sollten, dass kein Kind mehr den Namen der Mutter tragen dürfe und dass die Frauen nicht mehr als Bürgerinnen Athens anzusehen seien.

Denn das ist genau die Folge des Kampfes zwischen einer jungfräulichen Göttin, nämlich Athena, und einem männlichen Gott, Poseidon: Diese Kämpfe beweisen uns immer, dass der Mythos der Widerschein der Geschichte ist.

Jean Markale (11) berichtet, dass bei den Kelten die Frauen einen starken Einfluss auf das vorrömische Gallien hatten, und dass sie aktiv am Stammesrat teilnahmen. Ein griechischer Händler war als Zeuge zu einer gallischen Hochzeit eingeladen – nicht klein war sein Erstaunen festzustellen, dass zu dem Hochzeitsmahl, zu dem man ihn eingeladen hatte, ebenfalls eine grosse Anzahl junger Männer im heiratsfähigen Alter geladen waren: «Die Braut kam herein und schaute sich in der Runde um; dann, als Zeichen ihrer Wahl, reichte sie eine Trinkschale dem Mann, den sie als Gatten ausgewählt hatte ...» Das ewig Weibliche und sein Hang zum Skandal!

Also «muss Adam sie beherrschen»!

Als das Gesetz des Vaters auftaucht und das der Mutter ersetzt, ist es ganz normal, dass Adam wieder seine Vorrechte in Anspruch nimmt und dass der Zohar und der Talmud sich über jene Zeiten empören, in denen eine Frau über Israel urteilte, oder wo Lilith Jahwe nicht gehorchte oder sich mit Adam stritt über die Art und Weise, wie er sie liebte. Und man sieht hier deutlich, dass es nur ein Schritt ist von der Forderung nach weiblicher Lust bis zur männlichen Kastration, ein Schritt, der – historisch gesehen – schnell vollzogen ist.

Um ihre Freiheit zu unterstreichen, zögert Lilith, und mit ihr oder mit der Grossen Göttin alle Frauen des Hoch-Neolithikums, keinen Augenblick, den Anweisungen Jahwes nicht Folge zu leisten. Selbst als seine Engel sie verfolgen, weigert sie sich, in das paradiesische Heim zurückzukehren; sie heiratet lieber, nach äusserst schwierigen und unangenehmen Transaktionen, Samael, den Satan (den Teufel), der, ethymologisch betrachtet, jemand ist, der «sich querstellt» und der ebenfalls einem Gebot zuwiderhandelt. (12)

In dem Alphabet des Ben Sira, einem Midrasch aus der geonischen Epoche, spricht Lilith den «Namen des Unaussprechlichen» aus, das heisst den verbotenen Namen von Jahwe. Dann kritisiert sie Adam wegen seiner Liebestechniken; da sie unbefriedigt ist, soll Adam es auch wissen. Aber anstatt ihm eine Szene zu machen, was ihr ihrer unwürdig erscheint, zieht sie es vor, davonzufliegen, zu verschwinden, zu fliehen. Der «eheliche» Eigentümer beschwert sich bei Jahwe in offenbarer Unkenntnis der ägyptischen Gebräuche vor der Zeit des Ptolemäus! Er erhebt Anspruch auf seine Rechte als Gatte. Daraufhin entsendet der Allmächtige drei Engel, um sie zu suchen; diese Engel heissen Snwy, Snswy und Smnglf, was uns unweigerlich an die Schlümpfe erinnert. In Salomons Testament hat Lilith den Namen Obizoth und Jahwes Engel heissen Siner, Sisinnios und Synodoros ...

Diese Engel holen sie über dem Roten Meer ein (und hier spielen sich nun in der Bibel die so bedeutsamen Episoden des Vorbeiziehens, des Verfolgens, des Öffnens und des Schliessens ab). Sie drohen Lilith, dass, sollte sie sich weigern, ins Paradies zurückzukehren, jeden Tag hundert ihrer Kinder sterben würden. (13) Zu dieser Zeit war die Erde «mit Liliths Kindern bevölkert» (es heisst bezeichnenderweise nicht, dass sie mit den Kindern Adams bevölkert war, was den Charakter der Ersten Mutter und Muttergöttin unterstreicht). Lilith protestiert angesichts der Ungerechtigkeit einer solchen Erpressung, wurde sie doch ausdrücklich geschaffen, um die Neugeborenen zu töten und um so diese verlorenen Seelen zu retten (wir kommen später auf ihre Erlösungsrolle zurück). Es ist absurd, meint sie, jeden Tag hundert ihrer Kinder zu töten, ungerechterweise ein «Blutbad» (14) unter denen anzurichten, die nirgendwo als schlechte Seelen bezeichnet sind! Sie diskutiert verbissen den Wortlaut des Vertrages und schwört schliesslich, den Verlust ihrer Macht über die Kinder zu akzeptieren, die ein Amulett mit dem Abbild der drei Engel tragen (die Zeichnung dieser Amulette ist übrigens heute noch bekannt).

Sie wird die Frau Samaels, da sie sich sicherlich in seiner Nähe wohler fühlt, als in der eines Adam; sie ist sehr verwundert über die Zusammenhanglosigkeit der Drohungen, die die Engel ausgesprochen haben! Damit wird sie die Herrin über die Kräfte des Bösen, die Königin von Saba. Und man sieht nun die direkte Linie, die uns von Lilith zur Zauberin führt. «Lilith hat in dieser Welt eine Rolle inne, die parallel zu der des Göttlichen Daseins (Shekhinah) in der Welt der Heiligkeit» ist, genau wie Satan, der eine umgekehrt parallele Rolle zu derjenigen von Gott spielt. «Lilith ist die Mutter des verlorenen Volkes, welches das ‹erev-rav›, die ‹vermischte Vielheit› darstellt und alles regiert, was unrein ist.» Dies ermöglicht der christlichen Jungfrau einen Platz als «reine und makellose Weiblichkeit», obwohl Maria, wie die Weiterentwicklung der Erzählung zeigt, von Ischtar abstammt, die ebenfalls eine «Königin der Nacht» war und das getreue Abbild der Schwarzen Madonna, die die Menschen «gereinigt» haben, um ihr ein beruhigendes Aussehen zu verleihen.

Lilith meistert diese undankbare Rolle ausgezeichnet, genau wie Judas, der seine Rolle Christus gegenüber auch gemeistert hat, um so Jesus die Vollendung seines Schicksals zu ermöglichen. Ohne Judas ist die Heiligkeit Jesu nicht möglich; und ebenso ist Lilith unerlässlich für die Reinheit Mariens. Lilith herrscht über das Unreine, aber mit offenen Augen und ohne sich Illusionen über die Menschheit zu machen.

Selbst wenn sie voller Amulette sind, um sich gegen sie zu schützen, geben die Menschen der Versuchung nach, wenn sie von dieser Schlange Lilith ausgeht, dieser Ischtar-Lilith, dieser grossen Kurtisane und heiligen Prostituierten, dieser Verführerin, die dem Teufel so nahe steht und die manchmal als Katze auftaucht (auch da sieht man wieder, wie seit Urzeiten Lilith mit der Hexe in Verbindung gebracht wird, mit der schwarzen und verwünschten Katze, dem bösen Auge, dem Sabbat und dem beunruhigenden Blick des teuflischen Ziegenbocks). Lilith will nichts anderes von Adam, als ein in jeder Beziehung zufriedenstellendes Liebesleben, und ihr Einfluss auf die Frauen ist so gross, dass «keine von ihnen ihrem bösen Zauber hätte entfliehen können, hätte Gott sie nicht gezwungen, sich an einen Ort namens ‹Hass› (Eibâ) zurückzuziehen, wo sie wie eine Gefangene lebt». (15)

Und der Zohar fährt fort: «Die Stimme gewisser Frauen vereint sich manchmal mit derjenigen der bösen Schlange, genauso, wie wenn Hunde sich paaren; und aus dieser Paarung entsteht ein teuflisches Ungeheuer

(...) Aber man wird sagen, was soll's schon, dass ihre Stimme sich mit der der Schlange vereint! Wehe derjenigen, der etwas Ähnliches widerfährt! Da sieht man wieder, wie die Menschen, ohne zu zögern, in ihr Verderben rennen! Wenn die Stimme einer Frau sich mit der der bösen Schlange vereint, dann kommt das schuldbeladene und gottlose Wesen aus seinem ‹Hass› genannten Schlupfwinkel heraus und durchquert die Welt. Wenn es eine der obengenannten Frauen trifft, versetzt es sie in einen solch hitzigen Zustand, dass die Frau von dieser Wärme empfängt; durch das Eingreifen des bösen Geistes wird sie schwanger (...). Sobald Lilith die Stimme einer Frau hört, beginnt sie vor dem Schoss dieser Frau herumzustreichen wie ein Hund, der um eine Haustür herumstrolcht, und sie tut dies mit der festen Absicht, diese Frau zu schwängern (...). Mit Vorliebe greifen die Dämonen die Oberschenkel des Mannes und der Frau an, denn sie lauern vor allem auf diesen Teil des menschlichen Körpers.»

So soll also Lilith den Frauen die Lust und das Recht auf Lust beibringen. Sie «erhitzt» sie. Dank ihr sind sie nun «brünstig» (16) und sie vereinen ihre Stimme mit der ihren, einer Stimme, die man sich aus dem Dunkel und dem Schoss emporsteigend vorstellen muss, und deren Rolle es ist, in höchster Lust und Wonne zu schreien und zu toben. Im Grunde ist es leicht verständlich, dass sie «mit Samael ihre wahre Freude hatte»!

Übrigens bekommen auch Männer des Nachts Besuch von Lilith (oh Sukkubus, oh Inkubus!). Das äussere Zeichen einer solchen Begegnung ist eine Art «nächtlicher Umweltverschmutzung». Aus dieser verbreiteten sinnlichen Lust und aus diesem verlorenen Samen entstehen eine Vielzahl von Dämonen, «die die Eskorte der Zauberin vergrössern werden». Lilith lässt Kinder der Sinnenlust auf die Welt kommen, Kinder der «von einer Lampe beleuchteten» Liebesspiele, Spiele voller Betrachten und voller Schauen, voller Erwachen der Erotik...

Natürlich können Kinder aus solch schuldhaften Liebesspielen – wie könnte es auch anders sein – nur als Epileptiker, Kranke, Behinderte auf die Welt kommen (man hat fast den Eindruck, die schulmeisterlichen Stimmen derer zu vernehmen, die einst die Männer, die sich der Masturbation schuldig machten, mit allen Übeln der Schöpfung, von der Taubheit bis zur Schwachsinnigkeit, bedrohten!). Früchte einer befreiten, hemmungslosen, glühenden Sexualität, die sich alles andere als schuldig fühlt – hier sind bereits die Kinder der Fleischessünde! Lilith, so frei und doch so schuldig, weil sie geniesst um des Geniessens willen. Und auch heute noch ist der Mann nicht selten von einem Angstkomplex gegenüber einer Frau besessen, die genussvoll alles auskostet, und die er als kannibalische Allesfresserin empfindet.

Weiter heisst es dann, Lilith nehme das Kind (oder den Mann?), «trinke sein Blut, sauge das Mark seiner Knochen aus, verzehre sein Fleisch». Es hat Angst, es wird immer Angst haben, und man muss für es Sophia erfinden, die Dame, die Heilige Jungfrau, damit es so der zerfleischenden und schrecklichen Mutter entfliehen kann. Man versteht Adam, der unter seiner Einsamkeit leidet und deswegen Jahwe um eine neue Begleiterin bittet, aber diesmal soll es eine sein, die etwas weniger Angst einflösst, die unterworfen, friedlich und abhängig ist.

So wurde also Eva geschaffen, sie wurde aus seiner Rippe oder aus seiner Seite (17) geformt. Eine Kindfrau, die mehr Bewunderung und mehr Geschick zeigt, und es, dank ihrer grossen Erpressungsmanöver, immer wieder schafft, Adam in ihren Netzen zurückzuhalten; sie weint und sie bittet und bettelt; sie strickt Kleider für Adam, damit dieser seine Nacktheit bedecken kann, und sie bringt ihm das Schamgefühl bei; sie gibt ihm genau die Nachkommen, nach denen er sich sehnt; sie wünscht ein Dach über ihrem Kopf, sie, die weder die Sicherungen auswechseln noch ein Brett sägen kann, die aber das Haushaltsgeld wohl zu zählen weiss ... Sie, die «stirbt, wenn man sie verlässt», und die eine durchaus rüstige Witwe abgibt; sie, die wie niemand anderes in Adam Schuldgefühle zu erwecken weiss. Bewahrerin bürgerlicher Tugenden (18), bevor es diesen Begriff überhaupt gab, stets in Übereinstimmung mit allem, ist sie die Frau, die «vom Vater verkauft» wurde an den Mann – die Frau der Heiratsverträge und der Mitgift, das brave Ödipus-Mädchen der Märchen.

Nein, nicht Eva hat in den Apfel gebissen. Oder Lilith ist einfach die Stärkere, und unter der Gestalt der verführerischen Schlange versucht sie einen Augenblick lang, Eva dazu zu überreden, einmal die sinnliche Lust zu kosten und sich nicht täuschen zu lassen. Und Eva, ganz verwirrt von dieser ein wenig rauhen Stimme, gibt nach, nur ganz kurz, aber lang genug, um ihrerseits zum Sündenbock für Adam zu werden und die Verantwortung für diesen «Fehler» auf sich zu nehmen, der für sie den ewigen Tod und die Flucht aus dem Garten Eden, die Niederkunft in Schmerzen, das im Schweisse des Angesichts verdiente tägliche Brot bedeutet ... aber auch Ehekrach bis ans Ende aller Zeiten. Besteht der subtile Sieg Liliths darin, dass sie sich heimlich des Nachts zwischen Adam und Eva schleicht und Eva von anderen Freuden träumen lässt, Adam jedoch von anderen Phantasmen?

Diese Geschichte ist so alt wie die Welt, eine Geschichte von gestern, heute und morgen, die man ganz einfach zusammenfassen kann als den ewigen Krieg zwischen Eva und Lilith, zwischen der Macht des Tages und der Macht der Dunkelheit ... Selbst wenn wir heute nicht mehr so genau wissen, wer die schönste, wer die «ehrenvollste» Maske trägt, wer auf der «Seite der Unerbittlichkeit» ist ...

John Erskine, der im Jahre 1938 in England ein kleines Buch voller Humor (19) herausgebracht hat, erklärt uns von all dem das Wesentliche: «Gott schuf den Mann nach seinem Ebenbild, das heisst alleine. Bei den Tieren hatten die Männchen ihr Weibchen und die Weibchen ihr Männchen. Aber der Mann hatte nur seine Seele. Gott war sehr stolz auf diesen Unterschied, aber damals teilte der Mann dieses Gefühl nicht.

Will man einer alten Geschichte glauben, so soll Adam seine Seele von den Tieren genommen haben, und er soll versucht haben, Freundschaft zu schliessen mit dem Hund, dem Pferd, der Kuh und der Katze (20). In einer gewissen Weise kommt es auch zu dieser Freundschaft, aber eines Tages kann er die göttliche Einsamkeit nicht länger ertragen. – ‹Du willst also ein Weibchen haben wie ein gewöhnliches Tier?› – ‹Ich fürchte wohl,› meint Adam. ‹Dies entspricht zwar, wie Sie hervorheben, nicht gerade einem sehr edlen Verlangen, aber ich kann mir nichts Besseres vorstellen.›

Und so schuf Gott Lilith. Seit Dichtergedenken hatte diese Frau den verführerischsten Körper, den es je gab.

Aber eines Tages beklagte sich Adam erneut über seine Einsamkeit. – ‹Gewiss, sie ist bezaubernd,› sagte er, ‹und sie ist mir auch leidenschaftlich angetan; aber sie hat keine Seele.› – ‹In der Tat nicht, denn was die Seele betrifft, so hast du allein alles, was es gibt.› – ‹Das ist in der Tat traurig. Denn im Grunde wollte ich gar kein Weibchen, sondern ich wünschte mir vielmehr eine andere Seele.›

Und so schuf denn Gott Eva und verteilte die einzige Seele auf beide. Er gab also Adam keineswegs eine zusätzliche Seele, wie dieser es wünschte, sondern teilte vielmehr seine in zwei.

Und Eva wurde so zum Weibchen des Mannes.

Lilith wandte sich an die Schlange, die im Garten schlief: – ‹Leihe mir für einen Augenblick deinen Körper, damit ich diese Arbeit ein bisschen durcheinanderbringe.›

Und seit dieser Zeit stellt man die Urversuchung dar als eine Frau mit einem Schlangenkörper, die einen Apfel anbietet.»

Von der Geschichte Adams ist uns eine einfachere Fassung bekannt, wo allerdings Lilith nicht auftaucht. Auch keine Spur von Adams Abenteuer bei den Tieren, ausser dass er ihnen einen Namen gegeben hat. Zumindest tat er dies mit den Landtieren . . . denn der Fisch seinerseits blieb aus einem unbekannten Grund ohne Namen. Und er überging auch die Katze, sicherlich um damit seine Missbilligung gegenüber den Ägyptern zu zeigen, die dieses Tier zu dieser Zeit verehrten.

Und dann kommt in dieser Fassung noch hinzu, dass Adam nicht seine Seele mit Eva teilt, sondern seine Rippe. Warum findet man in dieser Erzählung keine Spur von Lilith und von der Seele, und warum taucht hier diese Geschichte mit der Rippe auf?

Aber die verschiedenen Fassungen dieses Textes dürfen uns nicht stören. Ich selbst stelle niemals eine alte Legende in Frage, zumal wenn ich sie schätze und vor allem, wenn sie sich tagtäglich vor meinen Augen wiederholt.

Selbst heute hat Adam sich noch nicht beruhigt. Er kann sich nicht damit abfinden, allein wie ein Gott zu sein, aber auch damit nicht, dass es offenbar sein Schicksal ist, sich eine Begleiterin zu suchen. Insgesamt gesehen hat er eine gewisse Hochschätzung für die Engel, und ihm ist ihr leicht unterwürfiges Wesen angenehm. Ist die Fähigkeit, die Tiere beim Namen zu nennen, etwa etwas anderes als eine Allegorie zur Bezeichnung des Wissenschaftlers, der in ihm steckt? Mit einem Blick kennt dieser den Namen eines jeden Dinges. Und hinterher versucht er dann zu entdecken, was das eigentlich ist.

Zwischen Lilith und Eva bleibt ein totaler Unterschied. Wir können ihn nicht mit Seelenbegriffen ausdrücken. Vielleicht *hat Lilith mehr Seele als die andere*. Aber wir könnten eventuell sagen, dass Eva Charakter hat, ganz im Sinne eines raffinierten und anspruchsvollen Charakters, und dass Lilith ohne Charakter ist und trotzdem eine bezaubernde Frau. Und dies verleiht Lilith in den Augen eines Mannes einen gewissen Reiz, den sie vielleicht nicht verdient, und gibt ihr auch anfangs einen gewissen Vorteil.

Die Mehrzahl der Männer bedauern, dass dies, wie könnte es auch anders sein, Lilith zu einer Rarität werden lässt, ja dass sie sogar ganz am Verschwinden ist. Selbst wir, die wir sie gut gekannt haben, geben zu, dass diese kurze und berühmte Fassung mit Adam, der sie selbst ja nicht einmal erwähnt hat, insgesamt gesehen ein «prophetisches Werk» war.

Fünfzig Jahre später taucht Lilith wieder aus dem Dunkel auf. Sie ist nun nicht mehr «eine Seltenheit»...

Liliths Sprache

Aus den vorausgegangenen Texten kann man ohne grosse Schwierigkeiten eine gewisse Anzahl von «Schlüsselwörtern» (das Wort «Schlüssel» gehört übrigens selbst dazu) herauslesen; wir werden später sehen, dass es sich genau um die Wörter handelt, welche die vom Schwarzen Mond geprägten Autoren benutzen oder die der Atmosphäre entsprechen, die Filmregisseure, Maler oder Musiker schaffen, die unter einem dominierenden Einfluss des Schwarzen Mondes stehen.

Das vielleicht bedeutendste dieser Wörter, das sich auch ganz deutlich unterscheidet von den Wörtern des Saturn oder des Pluto, mit denen man manchmal Lilith verwechseln will, ist das Wort *Transgression*. Wer etwas übertritt, ist jemand, von dem man sagt, er habe «etwas überquert».

In bezug auf Pierre Jean Jouve, einem Dichter, der von der Winkelopposition Sonne/Schwarzer Mond geprägt ist, spricht J. Starobinski (1) in seiner Einleitung, die den Titel «Das Durchschreiten des Verlangens» trägt, von «dem eiskalten Aspekt des Überbewusstseins und dem wilden Aspekt der Transgression». Ein einziger Satz – und nicht weniger als vier Begriffe aus dem Umfeld des Schwarzen Mondes: *Transgression, Überbewusstsein, wild, eisig.*

Transgression, Subversion, Protest. Lilith lehnt es ab, den Anordnungen Jahwes Folge zu leisten, und sie spricht als erste den Namen aus, den niemand aussprechen darf, was für sie zur Folge hat, dass sie bald darauf «wegfliegen» muss. Schmach und Schande sind für sie die Folgen dieses so bedeutenden Ungehorsams. Genau wie Satan-Samael oder Luzifer entscheidet sie sich für das Nicht-Gehorchen und lehnt damit das Charisma des Nicht-Wissens ab, das mit Vorliebe von den guten Kirchenvätern gepriesen wird, wenngleich der Talmud dieses Nicht-Wissen offenbar nur als Gegensatz zu dem Bewusst-Wissen benutzt.

Lilith bricht alle Brücken hinter sich ab. Sie lehnt es ab, sich ein Tor für eine bequeme Rückkehr offenzuhalten. Liliths ablehnendes «Nein!» passt genau zu ihrem Stolz. Deswegen ist es auch nicht erstaunlich, dass man sie innerhalb der Schöpfung mit der verführerischen Schlange verwechselt, die ebenfalls zum Sündenbock wird. Aber ist übrigens Lilith nicht auch Schlange-Mutter-Erde der Uranfänge, genau wie die grosse delphische Pytonschlange, die von Apollo von ihrem Thron gestossen wurde (und man weiss von ihm, dass er zunächst ein Mondgott war und dann erst zum Sonnengott wurde, indem er seine Eigenschaften mit denen seiner Schwester Artemis vertauschte)? Die Beziehung zwischen der Mutter-Göttin (Erd-Göttin, Magna Mater, Göttin der wilden Tiere und der Gebirge, allmächtige Jungfrau-Göttin, Schlangen-Göttin, die gleichzeitig männlich als auch weiblich, phallisch und gierig verschlingend ist) und dem Unterbewusstsein scheint ganz deutlich, was wir später noch genauer im Zusammenhang mit den Anima-Werten untersuchen werden.

Man könnte fast sagen, dass es von der mütterlichen Pythonschlange bis zur tödlichen Schlange nur ein Schritt, ein leichtes Hingleiten ist. Und genau wie dieses beunruhigende, kaltblütige Tier kann Lilith in der Tat einen plötzlichen Tod herbeiführen.

Dies erinnert uns an eine oft stillschweigend übergangene Episode aus der Geschichte Isis, die ebenfalls eine alte Mutter-Göttin war. Genau wie Lilith entwendet auch Isis Gott seine Macht. Jahwe kann Lilith zu nichts zwingen. Ebenso steht Râ ohne jedes Mittel Isis gegenüber. Diese formt eine Giftschlange und setzt sie auf dem Weg aus, den Râ nehmen muss, denn sie möchte seine Macht an sich reissen. Die Schlange beisst Râ und das Gift löst in dem göttlichen Körper schreckliche Schmerzen aus. Und nur Isis, die das Geheimnis der Heilung besitzt, kennt das Gegengift. Aber sie gibt es Râ nur unter der Bedingung, dass er ihr sein «Machtwort» verrät, seinen geheimen Namen, der ebenso unaussprechlich ist wie der von Jahwe. Er sagt ihr, er sei Khepri am Morgen, Râ am Mittag und Temu am Abend. Isis kennt diese Namen sehr wohl und lässt sich nicht hinters Licht führen. Stöhnend vor Schmerzen entschliesst sich Râ, Isis seinen geheimen Namen sowie seine beiden Augen, die Sonne und den Mond, zu geben. Darauf erlöst Isis ihn von dem Gift, aber Râ hat damit seine Macht verloren und Isis hat sie an sich genommen. Das Grosse Auge des Tages geht in den Besitz ihres Sohnes Horus über. Die Schlange erscheint demnach als Mittel und Symbol der weiblichen und mütterlichen Macht.

Lilith ehelicht den Teufel, der auch mit der Schlange in Verbindung steht, und man kann sich fragen, ob Satan nicht, wie Kronos-Saturn, einer der letzten treuen Anhänger der Göttin der Uranfänge sei. Alles in allem entscheidet sich Lilith für die Gesellschaft eines anderen gefallenen Engels, der seinerseits ebenfalls nicht gehorchte und es abgelehnt hatte, Adam zu huldigen. Der Verführer, Versucher, Ankläger und Vollstrecker Samael und Lilith sind ein nettes Paar, er mit seinem Dutzend Flügeln und sie mit ihrem hübschen Gesicht, den langen und schwarzen Haaren und ebenfalls ihren Flügeln, dem Zeichen der Engel und Dämonen.

Aber vergessen wir nicht, dass nur der Ungehorsam und das Zuwiderhandeln sie «auf der Stelle» in einen kastrierenden Dämon verwandeln.

Jahwe bestraft Lilith nicht wegen ihres Ungehorsams. Sie weigert sich, zu Adam zurückzukehren, und Jahwe kann sie nicht dazu zwingen. Seine Engel drohen ihr, jeden Tag hundert ihrer Kinder zu töten, obwohl ihre Rolle als Dienerin Jahwes gerade darin besteht, die Kinder zu töten, deren Seelen verloren sind. Sie unterstreicht das Absurde dieser Drohung und lacht darüber. Und am Ende zählt nur ihre Wahl, nämlich Satan zu heiraten. Niemand hat das Recht zu behaupten, sie habe dies aus Trotz oder aus Rache getan. Sie steht voll für ihre Wahl ein.

* * *

Will man das Wortumfeld des Schwarzen Mondes erklären, so muss man die Begriffe herausstellen, die sich ohne weiteres in die Dialektik des *Verlangens* und des *Ablehnens*, der *Anwesenheit* und der *Abwesenheit* einpassen.

Jean Levaillant (2) schreibt in seinem Kommentar über *La Jeune Parque (Die junge Parze)* von Paul Valéry, einem der wichtigen Dichter des Schwarzen Mondes: «Tief in das Dasein eingeschnitten ist das Nicht-Dasein, und darin liegt eben das Drama der jungen Parze.» Ihr Verlangen und ihr Durst sind so unermesslich gross, dass sie nur auf Leere und auf Tod hinauslaufen können.

Der Schwarze Mond steht gleichzeitig für den Wert des Verlangens und des Ablehnens, denn er symbolisiert auf sehr direkte Weise das Verlangen, den Durst nach dem Absoluten. Es handelt sich hier sehr wohl um einen Durst, der unmöglich zu stillen ist, um ein Verlangen, das nichts erfüllen kann (armer Adam!). Und wieder ist es Pierre Jean Jouve, der das Einhorn sagen lässt: «Ich komme um vor Durst neben einem Brunnen.» Und die Dame mit Einhorn (3) (es handelt sich um eine weisse Fassung der Schwarzen Lilith; das Einhorn mit dem phallischen Horn gegen Lilith mit ihre Scheide auf der Stirn) hält sich neben ihrem Zelt auf, auf dem geschrieben steht: «Nur mir zu Willen.» Der Gobelin der Dame mit Einhorn – dieses Tier wird manchmal als männlich, aber auch als weiblich angesehen (4) – wurde zwischen 1509 und 1513 von Jean de Chabannes-Vandenesse zu Ehren seiner Verlobten Claude (ebenfalls ein doppelgeschlechtlicher Vorname) Le Viste, die Witwe von Geoffroy de Balzac-Entraygues, in Auftrag gegeben.

Die Wandteppiche von Cloisters, aus denen Jouve seine Inspiration nahm, wurden von Ludwig XII. Anne, der einundzwanzigjährigen Witwe von Karl VIII., in den Hochzeitskorb gelegt (der Name Anne erinnert uns an die Göttin Anat, die in der Form der Heiligen Anna, Schutzpatronin der keltischen Bretagne, überlebte). Ludwig XII. sagt: «Wie ehedem, Anne, versinnbildlicht das Einhorn Sie ebenso wie die Hermeline Ihres Wappens.» Und er fügt folgende Drohung oder Herausforderung hinzu: «Für einen geduldigen Jäger wie mich ist das Einhorn ein Tier wie alle andern: es wird gejagt und es verteidigt sich vielleicht hartnäckig; oder es flüchtet sich mit Ihrer Hilfe in einen geheimen Garten. Sie werden es dann selbst ausliefern, aus reiner Treuepflicht gegenüber dem Staat, nicht wahr, meine Gattin, meine Herrin und meine Königin! Und es wird für mich ein Vergnügen sein, Ihnen sein abgezogenes Fell zu zeigen; und somit wird das Einhorn in Ihnen zu Fall kommen.» (5)

Alle beide waren Witwen! Wen nennt man überhaupt eine Witwe? Diejenige, die die Wonne gekannt, die die Liebe gekostet hat, aber jetzt keusch und züchtig geworden ist. So ist ihr «einziger Wunsch» ein einsames, verschlossenes, sublimiertes Verlangen oder die Erwartung einer «Fülle», die das «Leere» aufhebt. Die Dame und das Einhorn sind ein und dieselbe Figur, nämlich die des Verlangens und des Ablehnens, der Anwesenheit und der Abwesenheit. Das Einhorn braucht keinen Speer; es trägt ihn auf seiner Stirn und durchbohrt die Jäger, die es verfolgen. Das Einhorn kann nur verraten und in eine Falle gelockt werden, weil es den Duft weiblichen Verlangens erkennen kann. Die Dame kennt, im biblischen Sinn, diese Einheit «Horn-Schwert-Phallus», die sich in einem wilden und unzähmbaren Zustand frei leben lässt. Das Einhorn verendet aus Durst oder auf Grund seiner Verletzungen, oder weil es gefangen und an einem «eingezäunten Ort» eingesperrt ist. Das Einhorn muss sterben, denn das Verlangen darf und kann nicht frei, ohne Begrenzung oder Zurückhaltung, ausgelebt werden, noch sich in einem geheimen Garten verstecken. Die Dame, die sein genaues Abbild ist, musste auch ihr Verlangen opfern.

Wir wissen, dass jedes Begehren stets das «Verlangen des Verlangens des andern» ist. Wenn wir nun das des andern ablehnen, stirbt unser eigenes Verlangen. Es kann auch gar nicht anders sein. Und Lilith pendelt immer hin und her zwischen möglichst viel Begehren und möglichst viel Ablehnen, wie *La jeune Parque*, wie *Narcisse*, wie *La Princesse de Clèves (Die Prinzessin von Kleve)*, die Vollkommenheit in der Liebe zum Preis ihres eigenen Lebens und dem ihres Geliebten sucht; dabei kann sie nur deren menschliche und zugängliche Form in ihrer alltäglichen Gewöhnlichkeit ablehnen.

Eva ist kein Wesen, das man begehrt; deswegen flösst sie auch Adam keine Angst ein.

Edith Vallée schreibt: «Über ihre Schöpfung sagt Eva nichts über sich aus, es sei denn, dass ihre Weiblichkeit sich definiert durch ihre Abhängigkeit vom Manne und als Ursprung ihrer Nachkommenschaft. Lilith dagegen lässt sich nicht in einen so engen Rahmen einpassen, wo die Frau abwesend ist, da sie ständig Gattin sein will, und wo sie gleichzeitig transparent ist, da sie ständig Mutter ist. Sie spricht von ihrem Frauenkörper, aber sie fühlt sich eingeengt von dem Bündnis derer, die nicht ertragen können, dass das Unaussprechliche ausgesprochen wird.» (6)

Es ist auch sicherlich kein Zufall, dass Lilith und in ihrem Gefolge all diese Urgöttinnen, die Vorläuferinnen des patriarchalischen Kultes waren, heute plötzlich wieder auftauchen, und zwar sowohl in der Literatur als auch im kollektiven Unterbewusstsein; es ist ebenfalls kein Zufall, dass über den Schwarzen Mond heute immer mehr Tinte verspritzt wird, die ebenso tiefschwarz ist wie er selbst. Ohne jeden Zweifel könnte sich Lilith den Titel der ersten Feministin anmassen.

Die moderne Frau, die nach Sinnenlust verlangt, erwacht aus einem langen Schlaf, einer langen Betäubung nach ihrer Verdammung durch Rabbiner und Kirchenväter (war es etwa in Anlehnung an Lilith, dass die Frauen «mit offenen Haaren» nicht mehr in die Gotteshäuser durften?) und nach der langanhaltenden Tyrannei der Sünde und den Freudschen Irrtümern bezüglich des «Schwarzen Kontinents».

Lilith fasziniert, Lilith verführt, Lilith «beleuchtet die Lust», sie zeigt ihre Sinnenlust und betrachtet die Wollust der andern; sie befreit den Körper von falschen Geheimnissen und erweckt in dem andern den Wunsch nach Wonne. Dies reichte aus, um sie als «unzüchtige» Kreatur zu stempeln; für die Rabbiner ist sie das Abbild ihrer eigenen Triebhaftigkeit: «Sie heizt die Männer an und sie schmiegt sich eng an sie. Die Müdigkeit, die die Herren Gesetzesdoktoren in den Beinen verspüren, und die schnelle Abnutzung ihrer Kleider lässt sich nur damit erklären, dass die Dämonen (Lilith) sich frivol an ihnen reiben.» Unzüchtige, schuldbeladene, skandalöse Lilith, «Triebhaftigkeit der Nacht» und Ursprung aller männlichen Fantasmen (selbst bestimmte Psychoanalytiker oder Astrologen des sogenannten starken Geschlechts bilden hier keine Ausnahme).

Lilith, die man in der jüdischen Ikonographie mit einer Vagina auf der Stirn dargestellt findet, gilt als Vertreterin einer geistigen Sexualität und verachtet die Adams wegen deren Unfähigkeit, ihren Anforderungen genügen zu können. *Sie weiss, dass ihre Wonne nur möglich ist auf Grund ihres bewussten Geniessens.*

Lilith, Anat, Britomartis, Diana, Kybele ... lauter Bilder von Supersexfrauen. Lauter Bilder von anarchischem, übertriebenem, wildem und barbarischem Begehren, die man häufig findet bei den Mänaden, bei den Bacchantinnen, bei jener Kybele aus Anatolien, die so viel Unruhe bei ihrem Eintritt in Griechenland stiftete, dass die Griechen (wie auch später die Römer) ihren Mitbürgern verboten, zu ihrer Priesterschaft zu gehören oder an ihren Umzügen teilzunehmen. Die wollüstigen und gewalttätigen Szenen, die ihren Festzug begleiteten, verletzten das Schamgefühl der gutbürgerlichen Griechen.

Liebe und Blutbad, Leidenschaft und Gemetzel, ein Strom aus Blut und eine Lache aus Wein ... das Verlangen der Göttin reicht bis zum Unmass, bis zum kannibalischen Grad eines liebestrunkenen Verschlingens, bis Tiamat, bis zum Urabgrund, bis zu Ischtar, der Grossen Prostituierten.

Lilith ist die Inkarnation dieser unerschöpflichen Lust. In der Tat gibt es sie wirklich, diese «zähnebewehrte Vagina», die den Phallus aufsaugt und verschlingt, diese Vagina, in die Adam voller Stolz eindringt und aus der er sich geschwächt wieder zurückzieht. Sind die Erotikträume der geniesserischen Frauen nicht besessen von zahlreichen phantastischen Riesenphalli, die immer Zeichen des Unmasses der Begierde? Sollte J. Lacan recht haben und «nur der Phallus glücklich» sein und nicht «der Besitzer des Vorgenannten», dann hat sich die Frau nicht geirrt; genau diesen Phallus begehrt sie, wenn es sein muss auch mit Gewalt und unerbittlicher Härte, als Objekt ihres Glücks und ihrer Wonne. Erst dieser Phallus macht aus der Frau eine souveräne und schreiende Urgöttin. Es gibt noch Männer, die dieses Schauspiel anreizt und befriedigt, aber wieviel andere sind davon entsetzt oder lehnen es ab, da sie sich unfähig glauben, ein solches in sich entstehen zu lassen?

Lilith erwartet von Adam dieses Wunder, das aus ihr ein ebenso «besessenes» Wesen macht wie Kybele, wie Anat – und es ist auch kein Zufall, dass der Begriff der Besessenheit in Beziehung steht zur Magie, zur Zauberei, zu primitiven Kulten, aber auch zur körperlichen Liebe. Und es ist ebenfalls kein Zufall, dass die mystische Literatur sich auf erotische Texte bezieht, will sie die Vereinigung mit Gott beschreiben.

Lilith frustriert Adam, aber gleichzeitig fasziniert sie ihn. Genau dieses Wort *Faszination* ist hier am Platz. Adam ist fasziniert von der Macht, die sie über ihn hat, fasziniert von der Sinnenfreude, die ihm abgeht und die er nie auskosten wird, fasziniert von «diesem zu gewalttätigen Paradies» (7) aus dem man ihn gejagt hat. Und er ist eifersüchtig auf diese Macht, die es ihm obendrein noch erlaubt zu zeugen und Leben zu schaffen.

G. Groddeck hatte dies genau erfasst, wenn er im «Buch vom Es» (8) schrieb: «Vielleicht ist es die Eifersucht, die mich dazu treibt, mich über die Mütter lustig zu machen; diese Eifersucht, selbst keine Frau zu sein und nicht Mutter werden zu können.» Karen Horney vermerkte ihrerseits, dass sie erstaunt war «über die Intensität der Lust des Mannes auf Schwangerschaft, Geburt und Mutterschaft, aber auch über seinen Wunsch, einen Busen zu haben».

Bruno Bettelheim (9) führt den Beweis für diese Tatsachen, indem er das Verhalten primitiver Völker studierte wie zum Beispiel das der australischen Ureinwohner; diesen ist die Rolle des Mannes im Zeugungsprozess vollkommen unbekannt (diese Unwissenheit bezüglich der Rolle des Mannes hat sicherlich lange Zeit die Menschheitsgeschichte geprägt und erklärt auch weitgehend die Vormachtstellung der Frau bis zum Aufkommen des Patriarchats, dessen Beginn mit dem Augenblick zusammenfällt, wo der Mann seine Zeugungskraft entdeckt) und sie praktizieren ausdrucksvolle Symbolriten, um sich «den Frauen gleich» zu machen, genau wie ehedem die Priester der Kybele, die sich entmannten, um so ihr gleich zu werden. Die australischen Ureinwohner greifen zum Mittel der Inzision, die darin besteht, das männliche Glied von der Mündung bis zum Skrotum aufzuschlitzen und möglichst viel zum Bluten zu bringen, denn das Blut gehört nach der Vorstellung der Männer zur Periode der Frau, zu ihrer Fruchtbarkeit, zum Leben und zur tödlichen Verletzung. Von ewig her ist das Blut ein Mysterium und eine Angstursache. Und auch heute gibt es noch zahlreiche Menschen, die an einer Phobie leiden und den Anblick von Blut nicht ertragen können.

Bettelheim stützt seine Hypothese des weiteren auf Aussagen von psychisch kranken Kindern, die genau wie die primitiven Völker archaische Reaktionen zeigen, die von keiner sozialen Konditionierung oder von keiner von unserer Zivilisation aufgedrückten Moralvorstellung beeinträchtigt sind. Ich zitiere nur den Fall von zwei Jugendlichen, die fasziniert waren von der Idee zweier Mädchen – diese Geschichte spielte sich in der Ecole Orthogénique ab – «ihr Blut zu mischen», nämlich das ihrer Regeln und das einer Verwundung, die die Mädchen den Jungen an einer geheimen Stelle ihres Körpers beifügen wollten, damit so auch sie ihrerseits Blut verlieren können und in die weiblichen Geheimnisse «eingeweiht» seien.

Intuitiv hat Bettelheim die Beziehung zwischen dieser unschuldigen Anekdote und der Entmannung der Gallen bzw. anderer Priester der Grossen Göttin erfasst, wenn er schreibt: «Die Einweihungsriten, zu denen auch die Beschneidung gehört, müssten eigentlich im Zusammenhang mit den Fruchtbarkeitsriten untersucht werden.» Und er fährt fort: «Eines der Ziele der männlichen Einweihungsriten ist die Idee, damit den Anschein zu erwecken, als könnten auch Männer Kinder kriegen.» «Durch die Subinzision versuchen die Männer, einen den Frauen ähnlichen Sexualapparat und auch die gleichen Sexualfunktionen zu bekommen.» Die gleiche Idee drückte R. Briffault in seinem Werk «The Mothers» folgendermassen aus: «Der operierte Mann glaubt sich im Besitz einer Vulva.»

Wenn es nicht die Mutterschaft ist, die im Mittelpunkt des Neides steht, dann ist es oft ein anderer weiblicher Aspekt. So meint hierzu Winnicot: «Die ersten Homosexuellen waren offenbar Männer, die die Frauen nachahmten, um so zur höchsten Göttin eine möglichst intime Beziehung zu knüpfen. Diese Haltung war die einer matriarchalischen Gesellschaft, aus der dann das patriarchalische Religionssystem mit Zeus an der Spitze entstanden ist. Mit Zeus, dem symbolischen Inbegriff des patriarchalischen Systems, taucht die Idee auf vom Jüngling, der sexuell von einem Mann geliebt wird, und parallel dazu die der Frau, die auf eine niedere Stufe abgeschoben wird.» Nebenbei bemerkt finden wir sehr häufig den Schwarzen Mond am Aszendenten bei Homosexuellen.

Sicherlich hängt einer der Aspekte der Faszination mit der sexuellen Freiheit Liliths zusammen und ihrer Fähigkeit, ihre Sinnenlust zu geniessen. Aber es gibt noch einen anderen Rausch, der eng mit dem Tod zusammenhängt.

«Die männliche Existenz kann weder der Besessenheit von der mütterlichen Brust noch der vom Tode entgehen; sie trägt in sich eine Tragik, da sie nicht die Verneinung der feuchten Erde ist, die sie geschaffen hat und wohin sie zurückkehren wird (. . .). Tod und Leben zerfleischen sich hier wie

Schweigen und Donnerschlag. Hier muss das Ungeheuer töten und den Tod empfangen, damit die Erde geladen werde mit diesen dumpfen Explosionen, die immer wieder das Herz zuschnüren.» (10)

Georges Bataille zeigt uns in diesen wenigen Zeilen, dass die Mutter, wie eng sie auch mit dem Leben, der Natur und der Zeugung der Rasse verbunden ist, vom Tod nicht zu trennen ist ...

Und genau diese Todesfaszination in ihrer engen Verbindung mit Liebe und Leben kann der Mann nicht durchbrechen.

Lilith, die höchste aller Frauen, kann also niemals dieses Unmass ihres Verlangens ausleben, denn immer wieder wird sie auf die Angst und das Ausweichen Adams stossen. Gibt er der Wollust nach, mit der Lilith ihn überhäuft, so wird er sich schnell darüber bewusst werden, dass diese Forderung nach «immer mehr Sinnenfreuden» seinen Fall, seinen Niedergang, nahendes Entsetzen, kannibalisches Verschlingen sowie schliesslich seinen Tod herbeiführt. Dagegen ist es für Lilith undenkbar, den Drang nach Absolutem und den Drang nach Liebe zu trennen.

Und wenn sie dann entdeckt, dass dieses Absolute zur Unmöglichkeit verurteilt ist, zieht sie sich oft wie die Dame mit Einhorn unter ihr blumenverziertes Zeltdach zurück; sie vermählt sich mit ihrer *Einsamkeit; Ablehnung* und *Abstand zu den andern* werden ihre Wegbegleiter.

Sie gibt zu, verloren zu haben, und entscheidet sich nun für die *Höhe*, die *Sublimierung*, die *Vertikalebene* und das *Schweigen*. In ihrer Unfähigkeit, das Relative für sich ansprechbar zu machen, entscheidet sie sich wie die Prinzessin von Kleve oder wie Henriette de Meursaulf in «Lys dans la Vallée» (Lilie im Tal) für den Tod oder die Entsagung. Vielleicht kann man auch von einer vertikalen Umkehrung all dieser ungenutzten libidinösen Energie sprechen, von der Suche nach etwas anderem, das mit den untrennbaren Elementen Tod und Absolutheit flirtet.

Wer alles will, weiss sehr wohl, dass er auf alles verzichten muss. Immer wieder spielt Lilith mit dieser Dialektik, versucht sie im Gleichgewicht zu halten. Ständig kann sie von Adam die Erfüllung ihres Wonnewunsches verlangen – oder aber darauf verzichten.

Aber was kann man gegenüber der Angst des andern machen? Die Flucht Adams als mögliche Lösung kann man nur mit einem kategorischen «Nein» beantworten; der Ablehnung kann man nur wie Lilith begegnen, die sich in die Lüfte erhebt. Das sicherlich nicht zu befriedigende Zweigespann Lilith-Einhorn kann sich stets entscheiden, an der Quelle zu trinken oder nicht, denn darin besteht eben seine Stärke und seine Freiheit, oder es kann wie «La Jeune Parque» sagen:

«Schlaf, du mein Wissen. Form dir dies Fort-und-Ferne-Sein;
kehr in die dunkle Unschuld zurück und in den Keim,
lebendig gib den Schlangen, den Schätzen dich anheim.
Schlaf! Gleit hinab und schlafe! Gleit, gleite, schlafe ein!» (11)

Dies entspricht in etwa der Idee von G. Bachelard (12), wenn er schreibt: «. . . die Anima gleitet immer tiefer und nimmt stets grösseren Einfluss, je weiter sie in den Keller des Wesens hinabsteigt. Bei diesem Hinabsteigen, und immer nur beim Hinabsteigen, werden Sinn und Wesen der Anima-Werte sichtbar.»

Demnach wird Lilith immer faszinierender, je unnahbarer, je unerbittlicher, je kälter sie sich zeigt.

Vermerken wir auch im Zusammenhang mit dem Ablehnen, dem Nicht-Dasein und der Unzugänglichkeit das Wort *Abstand*, das von dem Begriff *Blick* nicht zu trennen ist.

In der Tat bedient sich Lilith ihres Blickes, um Adam auf Abstand zu halten. In gleicher Weise benutzt sie auch ihr *Schweigen*. Ohne mit der Wimper zu zucken und ohne das geringste zu zeigen, vernichtet sie ihn mit ihrem Blick.

Der Legende nach soll Lilith nicht sehr redselig sein. Sie lehnt es ab, ihren Streit mit Adam zu verlängern. Mit ihrem Schweigen sagt sie mehr als Eva mit ihrem ewigen Gerede. Aber was kann sie auch gegenüber ihrer eigenen Gewalttätigkeit, gegenüber ihrer Wut über das Unverstehen von seiten der andern, und gegenüber ihrer Ohnmacht, sich Gehör zu verschaffen, anderes tun als zu schweigen?

Lilith schaut Adam an, und dieser Blick hat die Wurzeln seiner Stärke im Schweigen selbst. Und Adam fühlt sich unter dem Blick dieser forschenden Augen linkisch, unbeholfen, unzureichend. Aber dieser Blick will mehr als nur betrachten. Er sieht. Er durchdringt. Er erfasst unerbittlich die Schwächen, das kindische Gerede, die kleinen Lügen, das erbärmliche Sich-Entziehen. Damit vertieft sich das Schweigen noch mehr. «Aus ihren Augen blickt eine Verachtung, die mich brennt», schreibt R. Salamanca bezüglich ihrer Heldin Lilith (13). Ihr Blick hat etwas zu tun mit dem «Bösen Blick», wie gewisse Leute ihn nennen, wenn sie ihn nicht ertragen können.

Aber täuschen wir uns nicht, ihr Schweigen ist für Lilith sowohl Dolch als auch Schild. Sie weiss sehr wohl, dass sie sich selbst aufgibt, indem sie Adam aufgibt. Aber worunter leidet sie eigentlich? Nicht die gleiche Sprache zu sprechen, nicht den gleichen Wunsch zu empfinden, nicht die gleiche Brise Freiheit zu atmen! Als kleines Mädchen flieht sie in den Wald, und als junge Zauberin ist sie ihrer eigenen Macht nicht immer gewachsen. (14)

Ihr Blick ist Schweigen, weiss sie doch wie René Char, dass «nur die Augen in der Lage sind, einen Schrei auszustossen».

Es ist klar, dass dieser Blick Liliths im wesentlichen ein innerer Blick ist. Dies geht sogar soweit, dass er Eigenschaften hat, die man ansonsten nur bei Blinden findet. Es sei in diesem Zusammenhang nur daran erinnert, dass der Gott Wotan sich ein Auge ausstechen lässt, um so «den inneren Blick zu öffnen», um so seine «Hellsichtigkeit» zu entwickeln, und dass das «Dritte Auge» die Fähigkeit vermittelt, über eine normale Sehweise hinauszugehen. (In Gallien betet die Mutter des heiligen Hervé mit diesem gleichen hoffnungsvollen Hintergedanken, damit ihr Sohn blind werde.)

Aber dieser Blick Liliths ruft in uns einen anderen, viel drohenderen in Erinnerung, nämlich den Blick der Gorgone oder der Medusa, der die Macht hat zu töten. (15)

Mit dem Blick taucht das Bild des Spiegels auf. Der volkstümliche Aberglaube lehrt uns, dass derjenige, der zuviel in den Spiegel schaut, den Teufel auftauchen sieht . . . Liliths alten «Weggenossen»! (16)

Der Spiegel richtet Gefängnismauern um unser Bild auf und erlaubt uns, die Wahrheit über uns selbst zu entdecken (ausser natürlich für den Fall, dass man den «kleinen Lügenspiegel» inkarniert, der die Illusionen über uns nährt). Er besitzt die magische Kraft, das «Bild des Schattens und des Doppels» widerzugeben. Ein Zauberspiegel zeigt alles, was auf der Erde lebt, ja sogar die verstecktesten, die geheimsten, die verdrängtesten Dinge. In diesem Sinne ist er ebenso Abbild des Unterbewusstseins wie auch narzistische Falle.

Mme. Assouly-Piquet erlaubt uns, noch einen Schritt weiter zu gehen, indem sie schreibt: «Zwischen sehen, sich sehen und gesehen werden kann man das gleiche Spiel der Trennung, das gleiche Risiko des Verlierens, die gleiche Abhängigkeit vom Blick des andern erleben. Aber dies ist eben die Voraussetzung für das Begehren.» Womit wir wieder am Anfang wären . . . Der Spiegel ist das immer wiederkehrende Thema unserer Dichter, die vom Schwarzen Mond geprägt sind; sie sind alle einer Meinung mit Mme. Assouly-Piquet, wenn sie ü£ber diesen Schock, den jeder vor seinem Selbst-Bildnis empfindet, schreibt: «Der Fehler, der Fleck, das Mal, das Doppel sind Zeichen der Trennungsnarbe, die ganz überraschend wieder aufplatzen kann, wenn plötzlich die Angst der beunruhigenden Fremdheit über uns kommt.»

Im Spiegel sieht man sich selbst, aber man kann auch den andern sehen; überraschenderweise kann man in ihm ein anderes Abbild seines Ichs entdecken, aber auch ein anderes, verborgenes Bild des andern. Es gibt ein Risiko bei diesem Blick auf Entfernung, was Bertrand d'Astorg (17) sagen lässt: «Ich hatte nicht minder das Gefühl, dass jeder Spion seinerseits belauert und jeder Heuchler entlarvt wird, dass niemand einen Blick auf einen andern werfen kann, ohne dass dieser Blick wie eine Waffe auf ihn zurückgeworfen wird und wie eine Welle vibriert, deren Ausbreitung ihn verrät.»

In dem Blick, den man auf andere wirft, ist Gewalttätigkeit, ist Vergewaltigung, ist etwas, das mit Konfrontation zu tun hat. Und tritt der Blick an die Stelle des Wortes, so wird er noch intensiver, wird er noch deutlicher in seiner Forderung.

Lilith wünscht nicht solche Konzessionen, bei denen man überleben kann; sie lehnt es ab, auf eine schlecht gestellte Frage zu antworten, und sie geisselt die Leere in den Worten des andern durch ihr Nicht-Dasein, das einem Gewehr gleicht, das mit scharfen Munitionskugeln geladen ist; so verwandelt sie das Schweigen in eine Waffe und den Blick in einen Schrei.

Sie ist zu stolz, um sich so tief zu erniedrigen, ihre Selbstverständlichkeiten zu erklären, und zu gewissenhaft, um nicht alles zu sagen, sobald sie zu sprechen beginnt; also bleibt ihr bei einer Unmöglichkeit des Dialogs nur das Mittel des Schweigens.

Je mehr Adam sie anfleht, sobald er zu verstehen beginnt, wozu ihn dieses Schweigen verdammt und worin es ihn verurteilt, desto eiserner ist das Schweigen, mit dem Lilith ihm antwortet. Denn sobald sie sprechen möchte, vermag sie es nicht mehr. Sie, die Adam entmannt, indem sie diese Glaswand um ihn aufbaut, ist nun selbst gefangen in der eigenen Falle der Ablehnung, abgelehnt zu werden, und wird so auf ihre eigene Schwere, ihre eigene Kastrierung verwiesen.

Sie schweigt, aber sie kommt nicht umhin, ihn anzuschauen, und dieser Blick vergrössert noch den unerbittlichen Abstand, der sie trennt. Und doch ist Lilith der Sprache nicht unfähig. Im Gegenteil, sie weiss nur allzu gut, dass, sobald sie sie benutzt, diese Worte eine überwältigende Macht annehmen. Aber es handelt sich hier nicht mehr um Spiel-Worte, sondern um Guillotine-Worte. Wie Fallbeile sausen sie nieder! Denn sobald sie spricht, wird der Name des Unaussprechlichen ausgesprochen, und dieser vereint in sich eine solche Kraft, dass er sie auf der Stelle bis irgendwo ans Ufer des Roten Meeres trägt. Genau wie Isis, die Râ seinen Namen stahl und damit ihm gleichzeitig seine Macht entriss, sobald sie seinen Namen benutzte.

Oder aber, sie sagt, was sie denkt, und teilt Adam ihre unterschiedliche Meinung und ihre Frustration mit; damit kastriert sie ihn nun auch durch ihre Worte, denn sie drückt so ihre Unzufriedenheit, ihren «Mangel an Sinnenlust» oder ihre Forderung nach einer für sie ganz logischen Gleichheit aus. Wie schreibt doch Edith Vallée: «Durch dieses Unsagbare wird Lilith zur Herrin der Sprache, und zwar zunächst einmal, um mit Adam auf gleicher Ebene diskutieren zu können. Aber dann geht sie darüber hinaus, geht über das Erlaubte hinweg und enthüllt das Unsagbare. Diese Worte Liliths lassen sich nicht durch einen Mangel erklären, sie sprudeln aus ihr mit einer solchen Selbstverständlichkeit ... Sie drückt sich aus, ohne in einer Bezugsquelle ihre Definition zu suchen: Das weibliche Geschlecht ist nicht etwa das Fehlen von etwas anderem, sondern ist vielmehr wie die Quelle eines unnachgiebigen weiblichen Wesens.»

In diesem Dialog auf gleicher Ebene mit Adam ist das Wort von grösster Bedeutung. Adam hat hierzu nur Zugang, wenn er seine eigene Weiblichkeit akzeptiert und den männlichen Aspekt Liliths anerkennt, wenn er schliesslich einsieht, dass die, die ihn geboren hat, mehr über ihn weiss als er selbst. In der Tat gibt Lilith das Unsagbare kund. Darin liegen ihre Kräfte als Hexe, als Zauberin, als Seherin, als Kreatur des Schattens und der Erde; dies ist der Ursprung ihres scharfen Blickes.

Wenn Adam das Unaussprechliche zu hören bekommt, ist dies genauso, als esse er von der verbotenen Frucht. Er muss bereit sein, diese wunderbare Stimme zu hören und an einem Wissen teilzuhaben, das über ihn hinausgeht. Instinktiv weiss Lilith, dass sie ihm nicht ungestraft diese Freiheit anbieten kann. Also schweigt sie.

Adam fühlt sich natürlich mit Eva viel wohler. In ihrem vielen Gerede ist so etwas wie Leben, wie Alltägliches, wie eine Art von unauffälligem Wortfluss, wobei diese Wörter nicht unbedingt etwas bedeuten wollen, aber sie bringen ein wenig Wirklichkeit, ein wenig unschuldige Geheimnisse, ein wenig Lachen mit sich, Wörter ohne Grösse und ohne besonderen Anspruch, in denen aber Zärtlichkeit, Gefühle und menschliche Emotionen mitschwingen.

Adam fühlt sich zweifellos von der weiblichen Welt ausgeschlossen, aber er findet seine Antwort, indem er sie seinerseits ausschliesst (18). Es ist leicht für ihn, einfach zu bestimmen, dass solche Äusserungen nur Küchengeschwätz oder erstickte Schreie junger Mädchen mit einem Spatzenhirn sein können. Aber Lilith gegenüber und ihrem Schweigen . . .

Schweigen ist Schild, Dolch . . . aber auch *Nacktheit* (19). Das Schweigen seinerseits ist ein Mittel, die nackte Wahrheit zu sagen, sich Lügen und Mogelei zu untersagen. Gleichzeitig bedeutet es also Schliessen und Öffnen. Auch eine gewisse Art und Weise, wieder von vorne anzufangen, Altes zu tilgen, dem andern eine Chance zu geben, um die Mauer zu durchbrechen. Eine Wartestellung. Vielleicht so wie ein «No man's land», ein Grenzposten . . .

Im Schweigen muss man etwas Hartes, etwas Festes finden, um es überhaupt zerbrechen, zerschlagen zu können! Wie gross muss doch die erforderliche Anstrengung sein, um es zu zerstören; wie überlagert es alles, wie ist es schwer, dicht und diffus! Man bewahrt das Schweigen wie ein Eigentum, das man besitzt und das man benutzt, um sich gegen das Eindringen eines Dritten zu schützen; man schützt sich, indem man das Schweigen wahrt.

Schweigen bedeutet sich des Sprechens enthalten, die Kommunikation abbrechen, den Austausch ablehnen, den andern ausschliessen. Wie der Gefangene, den man zum Sprechen bringen möchte und der sogar unter der Folter noch schweigt. Fragen, die wieder zu Fragen werden. Dieses vielsagende Schweigen der Sphinx, die Rätsel aufgibt und den Irrtum mit dem Tode ahndet.

Schweigen. Erreichen, dass es keinen einzigen Lärm mehr um einen gibt, wie wenn man Platz machen möchte für etwas anderes, wie wenn man sich innerlich sammelt, um der Musik zu lauschen. Leere und Fülle sind Elemente des Schweigens, das man mit Hilfe von Wörtern zerschlagen muss, um so Platz zu schaffen für das Sagen des andern.

Aber da ist vor allem das, was Lilith verschweigt. Sie vergisst zu reden, sie versteckt hinter ihrer Abwesenheit ihre Vorwürfe und ihre Beschwerden; sie überlässt so dem andern die Aufgabe, diese zu erspüren, was ihm seinerseits die Wahl lässt, davon betroffen zu sein oder nicht. Wenn diese aber Form annehmen, erreichen sie eine solche Dichte, eine solche Intensität, dass sie sie nicht mehr verbergen kann.

Was verschwiegen wird, gehört in den Bereich des Geheimnisses. *Geheimnis* und *Schweigen* sind zwei Wörter, die eng miteinander zusammenhängen. Und das Geheimnis ist ebenfalls verbunden mit den Einweihungsriten, die zu Liliths Bereich gehören.

Manchmal verurteilt Lilith sich selbst zum Schweigen, um so die Geheimnisse nicht zu lüften, deren Hüterin sie ist, und um die Mysterien nicht preiszugeben, deren Trägerin sie ist; sie kennt diese nicht durch ihr «Wissen», sondern vielmehr rein instinktiv durch diese «angeborene Erfahrung», was auch die Umsetzung in Sprache um so schwieriger macht, da sie nicht den nüchternen Intellekt durchlaufen und die Offenbarung nur im Erfahrungsbereich möglich ist. Insight.

Vielleicht erwartet Lilith von seiten Adams ein wenig mehr Intuition, aber sie muss mit jedem Tag feststellen, dass sie zu andern Mitteln greifen muss, wenn sie ihn zum Verstehen bringen möchte; ansonsten ist sie gezwungen zu schweigen. Sie rächt sich, indem sie ihn zur Unfähigkeit verdammt, aber diese seine Impotenz frustriert sie wiederum selber. (20)

Das Schweigen der Frau ist also auch ein Geständnis ihrer eigenen Ohnmacht; sie empfindet es wie einen Schrei, wie ein Brüllen, das sie zutiefst erschüttert und von dem sie erwartet, dass es sogar die eingeatmete Luft zum Erzittern bringt. Aber wie Watte nimmt die Luft den Schrei auf und erstickt ihn; sie umschliesst damit die Frau in unsichtbaren Banden, die sie gefangen halten und lähmen.

Schweigen ist ein Bumerang, Schweigen ist ein zweischneidiges Schwert. Ein Schweigen so dicht, dass man es mit einem Messer schneiden kann ... genau dies löst Lilith aus und sie verletzt sich damit selbst. Und wieder einmal ist sie ein Opfer ihrer eigenen Kompromisslosigkeit, stirbt sie vor lauter Schweigen in ihrem Verlangen, gehört zu werden.

In ihrem Buch «L'Ombre et le Nom» schreibt Michèle Montrelay über Marguerite Duras (Konjunktion Sonne/Schwarzer Mond in Widder):

«In ihren Romanen entfaltet Marguerite Duras die gleiche Welt aus Betroffenheit und aus Schweigen. Man könnte aufzeigen, dass dieses Schweigen, dieses Nicht-Sprechen, stets ein Zeichen ist für diese faszinierende Dimension weiblichen Mangels, egal, ob Duras dieses Schweigen nun ‹sprechen› lässt als Schrei (‹Moderato Cantabile›) oder als ‹Musik›. Erinnert sei nur an dieses Zitat aus ‹Le ravissement de Lol. V. Stein›: ‹Man hätte ein Nicht-Daseins-Wort gebraucht, ein Füll-Wort (...). Man hätte es nicht auszusprechen brauchen, es hätte nur einfach widerhallen können.›»

Genau das ist Lilith: ein Dasein, ein Nicht-Dasein, Schweigenfüller, die widerhallen, eine Art Echo, das aus dem tiefsten ihrer Selbst aufsteigt. Und für Adam ist es etwas, das er wie ein Ablehnen erlebt, wie ein Entfernen, wie ein Fehlen, das man nicht ausfüllen kann und das jeden an seine Einsamkeit verweist. (21)

Es sei denn, dass Adam endlich sich zur Gralssuche entschliesst und sich damit dem weiblichen Aspekt in sich öffnet, der ihm den Zugang zu seinem eigenen Geheimnis, zu seinem eigenen Unterbewusstsein ermöglicht.

Zugang zu dem, was man seine *Anima* nennt.

* * *

Schrei in dieses Schweigen

Ein Mund, zum Bersten offen
Ausgestreckte Arme, grosse Gesten
Hände, die sich klammern
Sie dehnen und kentern Zeit und Raum.
Das Blut der Schreie rieselt über die Steine
Richtet einen Wall voll Schweigen auf
Gegen den sie aufprallen
Ohne Widerhall, ohne ein einziges Echo.
Schliesse die Augen, um nicht zu hören
Dieses schrille eingeschlossene Schweigen.

J. de Gravelaine, 10. Februar 1962

Innerhalb der Begriffe und Grundideen im Zusammenhang mit dem Schwarzen Mond und Lilith muss man dem Begriffspaar *Anima* und *Animus* eine Sonderstellung einräumen.

Von Anima gibt es die verschiedensten Definitionen. Es gibt einfache, manchmal sogar zu einfache; und es gibt wiederum andere, die sehr kompliziert sind, manchmal sogar unverständlich. Aber dies ist auch ganz normal, denn Anima ist der Inbegriff einer unendlich subtilen, psychischen Realität.

Ganz einfach kann man sagen, dass Anima die Projektion der weiblichen Psyche auf den Mann ist, das Gesicht seines eigenen Unterbewusstseins oder seines Doppelbildes; dagegen ist Animus das Abbild der männlichen, rationalen, intellektuellen und autoritären Seite der weiblichen Psyche.

Für C. G. Jung gibt es eine Verbindung zwischen der Anima sowie «dem Mysterium und der archaischen Vergangenheit, was nicht zuletzt das Erscheinen der guten Fee ermöglicht», die ihrerseits direkt verbunden ist mit dem Schicksal, der Prophezeiung, dem *Fatum*, der Zauberin, der Prostituierten, der Heiligen, und die in enger Verbindung steht mit Tieren wie etwa Vögel, Tiger, Schlange oder Schwan. Dieser Aspekt ist uns nicht unbekannt, kennen wir doch die Schlangen-Lilith, die grosse Prostituierte Ischtar, die wilden Tiere der Grossen Göttin und Zauberin Kybele (22), Trägerin einer unzulässigen Freiheit in den Augen des Gesetzes des Vaters, das von Lilith und ihren Gesinnungsgenossinnen stets abgelehnt wird; wir kennen auch diejenige, die für den andern in sich Wahrheit, Einweihung und Erlösung birgt und die auf seiten der Heiligen oder von Sophia steht.

James Hillman (23) steuert unserer Untersuchung ein wesentliches Element bei, indem er bestätigt, dass die Phänomenologie der Anima sich nicht auf das männliche Geschlecht beschränkt, und dass es «Anima-Frauen» gibt, die für den andern und für sich selbst diese Werte verkörpern. Er schreibt hierzu: «Auch Frauen können den Kontakt verlieren und dazu veranlasst werden, über ihr Schicksal, ihren Tod und ihre Unsterblichkeit nachzudenken. Auch sie machen diese Seelenerfahrung und leiden unter seinem Mysterium und seiner Verwirrung.»

Und ein wenig weiter fügt er hinzu: «Warum heisst das gleiche Verhalten bei dem einen Geschlecht ‹Anima› oder ‹weibliche Natur›, aber ‹Schatten› bei dem andern Geschlecht?» (24)

Für Hillman haben die Frauen «eine gewisse Seelentiefe, oder vielmehr, sie sind Seele (...), aber die Psyche, dieses intime Seelengefühl, kennt die Frau nicht, weil sie eben Frau ist».

Was wiederum Jean Carteret zu der Äusserung veranlasst, bei der Frau gehöre der Körper zum Mond, das Leben zur Sonne, die Seele zum Schwarzen Mond und der Geist zur Schwarzen Sonne, während beim Mann der Körper zur Sonne gehöre, das Leben zum Mond, die Seele zur Schwarzen Sonne und der Geist zum Schwarzen Mond; ferner meint er, die Einheit gehöre zum Schwarzen Mond und die Vielheit zum Schwanz der Schwarzen

Sonne ... Er sagt ferner, dass der Schwarze Mond mit der wachsenden Komplexität des Wesens auftauche, was uns ganz eindeutig wieder an die Definition der Anima verweist, wie wir sie bei James Hillman finden.

Wenn bei Jung die Anima wie eine «Leere» erscheint, so erklärt Hillman hierzu: «Wir können diese Leere nicht erläutern mit Begriffen wie ‹unbewusster Schatten› oder ‹nicht entwickelter Animus› (...), diese Leere muss vielmehr als eine authentische, archetypische Erscheinungsform der Anima angesehen werden.»

Man kann mit diesem Autor behaupten, dass das Bewusstsein selbst eher auf der Anima beruht als auf dem *Ich*, was daran erinnert, dass Jung seinerseits die Tatsache, «dass der Orient das Bewusstsein als eine Wirkung der Anima ansieht», gelten liess, was ebenfalls genau der neuplatonischen Tradition entspricht. In der Tat darf man nicht reine Vernunft mit der Vernunft des *Ichs* verwechseln, wobei letztere eher der Begriffsbestimmung für Animus entspricht. Das Bewusstsein ist «Imagoträger», das heisst nahe den Werten, wie sie die Anima vertritt; deswegen ist diese auch die Personifizierung des kollektiven Unbewussten und spielt eine Verbindungsrolle zu diesem kollektiven Unbewussten. «Sie ist die Vermittlerin mit dem Unbekannten und handelt», so fährt Hillman weiter fort, «als Psychopompos gegenüber dem Unbekannten oder zeigt sich mit den Zügen des Unbekannten.»

Aber gleichzeitig ist sie, wie wir noch später sehen werden, der einzige Zugangsweg zum vertikalen Überbewusstsein.

Lilith mit ihrer *rätselhaften, faszinierenden, weder greifbaren noch zugänglichen* Natur erinnert uns an dieses Unbekannte. Sie ist entweder «auf Abstand» oder «verschleiert» wie Isis, oder sie enthüllt sich, indem sie die zahlreichen Schleier, meistens sind es sieben, wie Humbaba oder Salome ablegt; sie ist stets der Grund vieler Phantasmen und vielfältiger Projektionen.

Zitieren wir nochmals Hillman: «Wenn Jung an bestimmten Stellen auf die ›unbekannte‹ Natur der Anima anspielt, meint er damit dieses grundlegende Unbewusste des Archetypus, das Fehlen von Licht, Moral, Sinn, Konflikt und Absicht (...).»

Was nun folgt, ist wesentlich für das Verständnis des Sinns der Anima und, von da ausgehend, der Rolle der Lilith und die des Schwarzen Mondes im Geburtshoroskop:

«Es ist unmöglich, die unbewusste Psyche kennenzulernen, denn dies ist genau die Aufgabe des Unterbewusstseins. Dies bedeutet nichts anderes als eine psychische Unbewusstheit, und genau dieses Unbewusste ist ‹der Kanal› für die Anima. Sie macht uns unbewusst. Und da sie eben gerade den masslosen Aspekt, den Wahnsinn des Lebens darstellt, macht sie uns verrückt. Alles im Zusammenhang mit der Anima, ist numinos, das heisst unbedingt, *gefährlich, tabu und magisch.*» Man versteht nun sehr gut die Angst und die Ablehnung, denen Lilith, Hekate, Kybele und all die andern zum Opfer fielen ... Denn es ist ganz klar, dass dieses Kanalisieren der

Anima weder auf sanfte noch auf bequeme Art und Weise vonstatten geht, dass die Kräfte, die man unterwegs antrifft, gewalttätig, manchmal sogar geradezu entfesselt sind, und wenn die Anima den Zugang zum Licht ermöglicht, dann nur unter der Bedingung, dass man die Schattenfelder durchquert, genau wie Beatrice, die Dante die Hölle entdecken lässt, bevor sie ihn zum Paradies geleitet.

Die folgenden Zeilen von Hillman sind von äusserster Wichtigkeit: «Die Erklärungen der *Anima enthüllen das Unbewusste und lassen uns damit gleichzeitig noch ein wenig unbewusster werden.* Sie mystifiziert und ist am Ursprung der Rätsel der Sphinx, sie bevorzugt die unterirdische, okkulte Welt, wo sie verborgen bleiben kann (...). Mich mit meiner Anima vereinen, bedeutet mein Einswerden mit meiner Psychose, meiner Angst vor dem Wahnsinn, meinem Selbstmord.»

Aber inwiefern kann dann die Begegnung mit Anima-Lilith-Schwarzer Mond dem Menschen noch mehr Einsicht, mehr Wahrheit, mehr Aufrichtigkeit bringen?

Das Bewusstsein der Anima ist das des eigenen Unterbewusstseins, der hellsichtige Zugang zum Unbewussten. «Sie bietet die Möglichkeit, in der Sprache des Unbewussten zu überlegen.» Vergleichbar etwa mit dem Überbewusstsein, von dem Jouve spricht, oder dem «Bewusstsein des Bewusstseins», um mit Valéry zu sprechen.

In der Tat macht uns die Anima als Vermittlerin des Unterbewusstseins nicht bewusster im intellektuellen Sinn des Wortes, sondern sie lenkt uns in die Tiefen unseres Unterbewusstseins, genau wie Hekate, die Demeter auf ihrem Weg durch das höllische Labyrinth begleitet und ihr mit ihrer Fackel den abgrundtiefen Weg ausleuchtet.

Sie macht uns immer unbewusster, das heisst sie bringt uns unserer verborgenen und tiefen Natur immer näher. «Sie ist da reichlich vorhanden, wo das Unterbewusste am Werk ist», «sie antwortet auf eine phantasievolle und magische Weise» mittels Bilder und nicht mittels einer abstrakten Abhandlung. Sie ist «etwas», das uns unser Schicksal vorausahnen, das uns uns selbst entdecken lässt; dies erklärt auch ihre Beziehung zur Sibylle, zur Seherin, zur Zauberin, zur Fee. Ihre Macht, daran sei hier noch einmal erinnert, ist die der Nacht. Und vielleicht gibt auch der Schwarze Mond aus diesem Grund immer noch nicht auf, und deswegen kann er auch den Widerstand des Unterbewusstseins, das sich der Entdeckung entziehen will, darstellen.

«Nichts von den Mysterienreligionen der weiblichen Gottheiten sowie dem vorbewussten Leben der Natur oder sogar dem Tod ist unserem Verstehen zugänglich», und genau dies ist der Lieblingsbereich von Anima, von Lilith und dem Schwarzen Mond. Jung unterstrich bereits, dass die Anima «die Grundlage darstellt für alle Göttinnen und Halbgöttinnen, und zwar von der Antike bis hin zur Jungfrau Maria». Und er zählt Aphrodite, Selene, Persephone, Hekate, Athena, Kore und Pandora zu ihnen. Noch viele andere hätte er hinzufügen können, denn das Antlitz der Grossen Göttin ist gleichzeitig vielgestaltig und einzig sowie vollkommen universal.

Die «barbarischen Seelengründe» und das dämonisch-primitive Unterbewusstsein bei einigen dieser Göttinnen schliesst keineswegs den «einigenden» und «verbindenden» Aspekt der Anima und des Schwarzen Mondes aus. Die Anima vermittelt uns den Kontakt mit dem Mysterium und enthüllt es für uns; sie stellt eine Verbindung her zu unserer Vergangenheit und zeigt uns, was in uns veraltet ist; sie ist Arm des Schicksals, «für mich unbekannt bleibende Inspiratorin meiner Phantasiewelt und meiner Überlegung, durchaus fähig, meine Liebe in Schwingung zu versetzen», wie Hillman hinzufügt. Die Anima hat die Rolle, uns über die Vielschichtigkeit unseres Unterbewusstseins und der Welt klar werden zu lassen, um so deren Integration zu ermöglichen. Sie geht von aussen nach innen, denn das Ganze liegt in der Mitte.

So versteht man nun auch besser, wieso der Schwarze Mond das Abbild der Anima sein kann, und dies vor allem im Geburtshoroskop; es wird ebenfalls klar, dass die von ihm besonders geprägten Autoren (Stellung des Schwarzen Mondes am Aszendenten, am Medium coeli, in einer Winkelposition, in Konjunktion oder im Aspekt zur Sonne oder zum Herrscher oder zum Analogzeichen des Sonnenzeichens) wie durch Zufall – als wenn es diesen Zufall überhaupt gäbe, ganz gleich, was Mallarmé dazu meint – in ihren Werken diese unbekannten, geheimnisvollen und faszinierenden Schicksalsgöttinnen beschworen haben, Frauen, die entweder Angst einflössen wie der Schatten oder wohltätig sind wie die Mutter Gottes. Man versteht auch besser, warum er im Geburtshoroskop des Mannes die Natur seiner Anima darstellen kann, dieses Spiegel-Bild seines Ichs im Weiblichen; im umgekehrten Fall, im Geburtshoroskop der Frau, ist er die Inkarnation und die Umsetzung ihrer Animusnatur, das Spiegel-Bild ihres verborgenen männlichen Teils.

Es kann nur Liebe auf den ersten Blick sein, wenn man es mit einer Konjunktion oder einem Aspekt zu tun hat zwischen den Schwarzen Monden zweier Wesen, die fest daran glauben, dass der eine für den andern für alle Ewigkeit bestimmt ist, und für welche diese Beziehung unvermeidlich, «fatal» im weitesten Sinn des Wortes, aber auch zerstörerisch und manchmal sogar tödlich sein kann wie die des Blauen Engels und des Professors Unrat, oder im Gegenteil leuchtend und glänzend wie die einer Laura und eines Petrarca.

Als Archetypus des imaginären Männlichen in der Frau, womit nicht nur der männliche, starre, intellektuelle oder rationalisierende Aspekt gemeint ist, wird der Animus in den weiblichen Geburtshoroskopen durch den Schwarzen Mond dargestellt (eventuell auch schon mal durch Priapos oder durch den Schwanz des Schwarzen Mondes). Die Ideen, die an anderer Stelle bezüglich dieser verschiedenen Aspekte entwickelt werden, können nur die Vielfalt der möglichen Bilder widerspiegeln. Man kann in ihnen nur einen kleinen Hinweis, eine Art Ariadnefaden sehen, der zur Erfahrung dieser Verbindungen mit dem Alten Weisen oder dem Puer Aeternus, dem Fremden oder dem Dichter, um mit Jung zu sprechen, beiträgt, oder mit allen, denen man Namen geben kann wie Nobler Wilder, Fliegender Holländer, Don Juan, Peter Pan, Faust ... oder mit all den mehr oder minder unwiderstehlichen Kreaturen.

* * *

Eine andere Bezeichnung aus dem Wortumfeld des Schwarzen Mondes, die mit dem bisher Gesagten in vollem Einklang steht, ist der Begriff *Rätsel.*

Dieses Wort war bereits im Zusammenhang mit der Sphinx erwähnt worden, aber die Tochter der Echidna und des Tartaros ist nicht die einzige Frau der Geschichte, die Rätsel aufgibt. Es gibt viele andere, die im Zohar natürlich mit Lilith in Verbindung gebracht werden. Man denke nur an die Königin von Saba, was uns wiederum manchmal auf Semiramis verweist, die offenbar der legendären assyrischen Königin entspricht, die als Witwe bis nach Indien Krieg führte. Nach anderen Angaben soll Nebukadnezar der Sohn der Königin von Saba und des Salomon sein, und Semiramis seine Frau. Auf jeden Fall bleibt man innerhalb der grossen Familie der Amazonen-Frauen, die die Macht besitzen und nicht daran denken, sie mit dem Mann zu teilen. Erhabene und majestätische Königinnen, stolz und schrecklich zugleich; P. Valéry lässt sie in seiner «Hérodiade» ausrufen (25): «Ich watete im Blut der Männer und der Raubtiere.»

Das klingt wie ein Echo auf folgenden Vers der grossen Dichterin Delmira Agustin:

«Fiera de amor, tengo hambre de buitres
De hombres, de corazones y de leones ...» (26)

Und so geht die Königin von Saba, «Königin des Südens», von Äthiopien oder Ägypten, Belquis oder Bilqis, die über Arabien herrscht ... egal, auf jeden Fall geht eine Göttin, die sicherlich Athar oder Ischtar nahesteht, auf Salomon zu und stellt ihm «knifflige Fragen».

Saba war das Land der Magier, und bestimmte Autoren glauben, dass dort Geheimwissenschaften sowie Astrologie betrieben wurden. Die Königin von Saba war demnach notwendigerweise selbst Expertin in diesen Künsten. Sie will also Salomon auf die Probe stellen, kennt sie doch seinen Ruf von Stärke und Weisheit, von Macht und Verführung. Fühlt die Rätselstellerin sich geschlagen, hat ihr Gegner also die richtigen Antworten auf ihre Fragen gefunden, dann bleibt ihr nur die Wahl zwischen dem Tod (wie beispielsweise die Sphinx oder die Sirene) oder der Unterwerfung (wie beispielsweise die Königin von Saba), wobei in diesem Fall ihre Haltung vielleicht auch von der Liebe diktiert sein kann, die ihr erlaubt, auf ihre phallische Macht zu verzichten.

Demjenigen, der antwortet, bleibt gegenüber einer unerträglichen Wahrheit nichts anderes übrig, als sich, wie Ödipus, zu blenden. (Oder tut er dies, weil er zurückfallen möchte in den nunmehr verbotenen mütterlich-matriarchalischen Schoss, oder etwa, weil er nun das innere Auge vollkommen öffnen will, wozu ihn seine Blindheit nun befähigt?)

Rikvah Schärf Kluger (27) schreibt: «Das archetypische Modell, das einer solchen Frage zugrunde liegt, besteht darin, dass der Verlierer bezahlen und auf all sein Hab und Gut, wozu auch sein Leben gehören kann, verzichten muss.»

Es gibt viele Beispiele, wo es im Rätsel um Leben und Tod geht. Erinnert sei nur an Samson, dessen Frau sein Rätsel lösen kann und ihm damit gleichzeitig sein Geheimnis entreisst. Oder etwa an jenes Ungeheuer, das in einem Schloss haust, und all denen, die eine Antwort auf das von ihm gestellte Rätsel suchen, eine Frist von zwanzig Tagen einräumt. Findet er nicht die passende Antwort, dann verschlingt das Ungeheuer den so Vermessenen. Im Wartburgkrieg entbrennt ein Kampf zwischen Wotan (es wurde bereits erwähnt, dass er sich ein Auge ausstach, um so besser sehen zu können) und dem Riesen Wafthrudhuir, wobei die Waffen nichts anderes als Rätsel sind. Die persische (und nicht chinesische) Prinzessin Turandot, die dank der Werke Schillers und Puccinis unsterblich geworden ist, will nur den Prinzen heiraten, der auf ihre «Fragen» eine richtige Antwort geben kann. Ist der Kandidat hierzu unfähig, so wird er enthauptet und sein prinzliches Haupt auf den Wehrgängen des Palastes zur Schau gestellt. Sie möchte nicht wegen ihrer strahlenden Schönheit geliebt werden, sondern um ihrer selbst willen. Antinea, die Königin von Atlantis, entspricht einem Frauentypus, der «schön wie Venus, intelligent wie die Schlange und wild wie eine Raubkatze» ist. Auch sie benutzt die Männer als Siegeszeichen oder verwandelt sie in Statuen, indem sie sie zu Stein werden lässt. (28)

All diese Lilith-Frauen rächen sich an den Männern, die «Jahrhunderte hindurch die Frau herabgewürdigt und entwertet haben», wie an anderer Stelle R. S. Kluger schreibt.

Die Sphinx ist Lilith durchaus ähnlich. Wird sie in der Tat nicht mit einem hübschen Gesicht und einem Schlangenkörper beschrieben, etwas von einer Sirene wie Melusine, etwas von einem Löwen. . . . Egal, es handelt sich hier auf jeden Fall um Kreuzungen, die nicht unbedingt einer Frau ähnlich sind. Und die Mutter der Sphinx, Echidna, ist selbst eine Tochter der Gaia, der Mutter Erde, und des Tartaros, der Unterwelt. Die Gorgone, Zerberus und andere Drachen sind ihre Kinder; alle verfügen über schrekkenerregende Kräfte, die mit dem passiven, sanften und beruhigenden Bild der Frau nichts mehr gemeinsam haben.

Kluger bestätigt dies, wenn er schreibt: «Sie gibt ein sehr eindrucksvolles Bild von der verschlingenden Mutter, diesem Rätsel der Natur unter ihrem alles verzehrenden Aspekt.» Dies ist sicher richtig, aber es ist auch die Zurschaustellung dessen, was in der Frau verborgen bleiben muss.

Und J. B. Friedreich meint: «Ein gelöstes Rätsel ist kein Rätsel mehr, es wird durch diese Tatsache selbst getötet.» Womit nicht zuletzt die Identifikation des Rätsels mit der Rätselstellerin deutlich wird.

Die Königin von Saba ist besiegt; sie beugt sich vor Salomon und erlebt das, was einige Autoren als ihre Erlösung ansehen, so als ob sie jetzt von ihrer dämonischen Tendenz reingewaschen und mit ihrer passiven weiblichen Natur wieder in Einklang gebracht worden wäre. Als die Königin von Saba dann den Sohn Salomons zur Welt bringt, zeigt sie allerdings zunächst noch «einen gewissen Widerstand», denn auf die Frage des Kindes, wer sein Vater sei, meint sie nur, dass eine solche Frage keinen Sinn habe, da sie *gleichzeitig sein Vater und auch seine Mutter sei.* Später sendet sie den Sohn zu seinem Vater und überlässt ihm den Ring, den Salomon ihr einst anvertraut hatte, damit so der König der Könige seinen Spross erkennen könne. Dann dankt die Königin von Saba zugunsten ihres Sohnes ab und erlässt eine Verordnung, die besagt, dass von nun an keine Frau mehr über Saba herrschen solle. Kugler sieht hierin einen symbolischen Sinn, nämlich die für Jung so wichtige «Vereinigung der Gegensätze», oder den für Freud so bedeutenden Verzicht auf die phallische Macht. Aber dies hindert uns nicht, einen anderen Aspekt hervorzuheben, den Kugler selbst nahelegt: «Dies bedeutet nichts Geringeres als das Ende des Matriarchat-Gesetzes und die Beendigung der Herrschaft der Amazonenkönigin.»

In der Tat scheint diese Abdankung der Königin von Saba das Ende der weiblichen Macht zu bedeuten. Ein Verfasser namens J. J. Bachofen, den man lange Zeit verachtet und beargwöhnt hat, hat dies treffend geschildert, und heute beginnt man, ihm einige Bedeutung beizumessen.

Ich bitte für dieses etwas weite Ausholen um Entschuldigung, aber es schien mir notwendig zur Definition dieses Matriarchats, das andere lieber Gynäkokratie nennen.

Robert Briffault (29) unterstreicht einen wesentlichen Aspekt, nämlich das Missverständnis, das im Matriarchat die Herrschaft der Frau über den Mann sehen will; diese Meinung ist vollkommen absurd, da eine solche Haltung gegen die Natur und auch gegen die Natur der weiblichen Macht selbst ist.

Beim Manne taucht die Tendenz zum Patriarchat auf, sobald er in einen Produktionsprozess eintritt. In den frühen primitiven Gesellschaften fehlen Besitztum und Produktionsprozesse fast ganz. R. Briffault schreibt sehr treffend: «In den primitiven Gesellschaften gründet der Einfluss der Frau nicht auf einer wirtschaftlichen Macht, sondern vielmehr auf der Bildung einer sozialen Gruppe. Die Gruppe des Urmenschen ist aus den gleichen Gründen matriarchalisch wie die Tiergruppe. Die Gruppe überlebt dank der Mutterinstinkte und wird auch von diesen beherrscht; aber dies bedeutet keineswegs die Herrschaft des Weiblichen über das Männliche.»

Beim Mann geht es immer ums Handeln, Planen, Werden ... bei der Frau geht es ums Sein.

Man kann auch davon ausgehen, dass die Frau eine grundlegende Macht besass, solange die Menschen nicht sesshaft waren; denn sie allein wusste um die entscheidende Rolle, die der Mann bei der menschlichen Vermehrung spielt. Als dann die Tierzucht begann, konnte die Frau ihr Geheimnis nicht länger hüten und verlor damit auch ihre Macht. Und der Mann begann, allen seine Gesetze aufzuzwingen.

In bezug auf das Matriarchat kann man nicht von politischer Macht oder vom *Gesetz* sprechen, selbst wenn es *Regeln* gibt, die die Frau der Gemeinschaft aufgedrückt hat. Dagegen wird das Gesetz des Vaters von Lilith immer wieder abgelehnt.

Lassen wir Bachofen (30), den Anwalt des «Mutterrechts» zu Wort kommen: «Die matriarchalischen Zivilisationen weisen zahlreiche verschiedene Formen und sogar juristische Formeln für diesen Aspekt des mütterlichen Prinzips auf. Dies ist die Grundlage der universalen Freiheit und Gleichheit, die bei den Matriarchatsvölkern gang und gäbe ist; es ist die Basis ihrer Gastfreundschaft und ihrer Abneigung gegen Einschränkungen aller Art. (...) Bei den Matriarchatsvölkern macht man sich besonders schuldig, wenn man Menschen oder auch Tieren einen körperlichen Schaden zufügt – und dies ist nicht die unbedeutendste ihrer Eigenschaften. (...) Und ein Hauch von sanfter Menschlichkeit, den man selbst in der ägyptischen Bildhauerkunst noch nachempfinden kann, durchweht die Zivilisation dieser Welt.» Und zuvor meinte der Autor: «Das Mutterrecht ist ein materiell-körperliches und nicht etwa ein hoch-geistiges Recht.» Und er zeigt die matriarchalische Welt «als ein Produkt des ‹Mutterirdischen›, und nicht etwa als eine väterlich-uranische Haltung gegenüber der Existenz».

Haben wir es also vor dem Auftauchen des Gesetzes des Vaters anstelle dieser blutrünstigen Kreaturen nicht eher mit Geschöpfen voller Freiheit und Leben, mit festlich geschmückten Tänzerinnen zu tun?

Es sei denn, dass Michèle Montrelay (31) recht hat, wenn sie schreibt: «Nehmen Sie sich vor der Musik in acht. (...) Sie singt, tanzt, lädt zum Feiern ein, erlaubt zu leben; aber wenn man sich zuviel mit ihr beschäftigt, dann tötet sie wie Kali. Deswegen muss man ihr einige Grenzen setzen. Der Mensch begrenzt den Ton wie den Phallus, der sich für einen winzigen Augenblick enthüllt, wenn die Schwingung des Namens koaguliert und plötzlich *feste Form annimmt.* Aber dies ist ein anderes Rätsel ...»

Die kreischende Kybele und die entfesselten Mänaden aus dem Gefolge des Dionysos, der selbst ein Sohn der Kybele ist, müssen mit Orpheus, dem Sänger des väterlichen Förderers Apollon, versöhnt, wenn nicht sogar wiederversöhnt werden, damit der Klang der Tamburine und die Schreigesänge sich in abgewogene, wohltemperierte Musik verwandeln.

Kali ... ist eine von ihnen, eine Göttin des Lebens und des Todes, eine ebenso unerbittliche Naturgöttin wie Lilith, Anat, Humbaba, Semiramis,

Judith oder Turandot und die vielen andern, die es überall in der Welt gibt. Diese Göttinnen verbreiten Angst und Schrecken mit ihrer Sichel-Harfe, die die Erde Gaia ihrem jüngsten Sohn Kronos als Waffe gegeben hat, diesem Letztgeborenen, den die Mütter stets besonders innig lieben und der sich als letzter Kämpfer für die Grosse Göttin hervorgetan hat. All diese Göttinnen sind mit Schwertern, Degen, Messern und Pfeilen bewaffnet.

* * *

Womit wir bei dem *Opfermesser* wären, einem anderen Schlüsselwort des Schwarzen Mondes und seinem «Schwertsyndrom», denn, so schreibt Gilbert Durand (32), «die Transzendenz ist immer bewaffnet».

Das Syndrom des Schwertes, vom dem Lilith befallen zu sein scheint, ist eine neue und doch altbekannte Krankheit, die nicht von einer übertriebenen, unbeugsamen Strenge zu trennen ist, und die vielleicht bereits im Zohar unter dem etwas abschätzigen Begriff der Unerbittlichkeit angeprangert wurde.

«Das Rationale findet seine Ergänzung im Abstrakten, im Unbeweglichen, im Festen und im Starren (...); es ist kalt wie die abstrakte Welt, es unterscheidet und trennt; deswegen haben in seiner Weltsicht die Dinge mit scharfen, schneidenden Umrissen auch eine Sonderstellung.» (33)

In der Haltung Liliths deutet alles auf Abstand, auf Herabschauen, auf stolzen Aristokratismus, auf Flucht oder auf Ablehnung hin, oder, allgemein ausgedrückt, auf Trennung.

Seit der Trennung des androgynen Urmenschen, als Jahwe nämlich entscheidet, seine erste Kreatur in zwei Teile zu spalten, ist Lilith zweifellos wie ein «schwingendes Schwert»; sie ist besessen von ihrer männlichen und weiblichen Doppelnatur, und sie hat diese Art von Gemüt, das stets in Bewegung ist, «mal nach rechts, mal nach links» schwingt und das man fast als nicht greifbar bezeichnen könnte. (34)

Diese schwingenden Degen flössen den Menschen Angst und Schrecken ein. Denn Degen und Schwert, beides unerbittliche Verlängerung des Armes wie das Gerechtigkeitszepter oder der Kommandostab, versetzen ihren Träger in einen Rausch von unübertrefflicher Macht.

Wie könnte man auch die Faszination, die seit der Eisenzeit eine schöne Klinge auf den Mann ausübt, in Abrede stellen? Die Krieger haben sie zu allen Zeiten bearbeitet, ziseliert, geschmückt: sei es nun der Kris, dieser Malaiendolch mit seiner schlangenförmig gewundenen Klinge, der Krummdolch der Afghanen oder das Schwert mit seiner gebogenen Klinge, das die Erinnerung an die mit verstümmelten Leibern übersäten Schlachtfelder wachruft. Oder der siegesbeladene Degen des Ritters, der sich mit ihm begraben lässt, oder das gezückte Schwert des Jahwe-Engels, der damit Adam den Zutritt zum Paradies verwehrt; oder der Pfeil des Schützen, das

Symbol des Über-sich-selbst-Hinausgehens und der Identifikation mit der Suche selbst; oder das «tête-mère» (35) genannte Beschneidungsmesser, das das Weibliche vom Männlichen trennen soll; oder der Stich in Dornröschens Finger, diese Entdeckung des ersten Blutes seiner Weiblichkeit; oder die Konfrontation mit der Spindel der Parzin Atropos, die den menschlichen Schicksalsfaden durchtrennt ... Ganz gleich, welches die Wurfwaffe des afrikanischen Jägers oder das Buschmesser ist, das dem Mann erlaubt, sich einen Weg durch den Urwald zu schlagen, immer ist die Blankwaffe ein beliebtes Objekt für Projektionen und Phantasien, die sich um reine Macht und um Opfer drehen.

Opfern bedeutet «Heiliges tun». (36) Ohne Opfer gibt es keinen Übergang zur Transzendenz, gibt es weder Initiation noch Konfrontation mit dem Tod, gibt es weder ein Über-sich-Hinausgehen noch eine Beziehung zu den himmlischen Kräften. Wer sich eines Messers bedienen kann, ist ein Mann, und die Waffe verleiht ihm die Macht zu töten.

Die Psychoanalyse sieht in dem Messer bekanntlich das erste phallische Objekt, ein Penissymbol, dessen Aufgabe es ist, in die Haut einzudringen und seine Vorherrschaft, falls erforderlich, durch Mord und Totschlag sicherzustellen; es ist vergleichbar etwa mit einem Pflug, der mit seiner Schar die Erde aufreisst, um so deren Befruchtung zu ermöglichen.

Dem Ritualmord, wie etwa, wenn das Herz dem geopferten Gefangenen von dem mit seinem Obsidianmesser bewaffneten Priester herausgerissen wird, stehen wir mit einem Gefühl des Abscheus gegenüber; aber gegen unseren Willen lässt er uns teilhaben an diesem heiligen Beben in Anbetracht des verflossenen Blutes und der Mittlerrolle, die es spielt.

Wie seltsam mutet uns das geheime Einverständnis zwischen dem berühmten Henker Deibler und seiner Guillotine an, wenn er sie «Die Jungfrau», «Meine Schweigsame» oder etwa «Die Witwe» nennt ...

Hier stossen wir wieder auf Lilith, die selbst weder Gericht noch Urteil noch Schuld ist, sondern *auslösendes Element der Verurteilung*, unwiderrufliches Herabsausen der Klinge auf das Haupt des Opfers; sie ist vergleichbar mit Semiramis, mit Salome-Herodias, die den heiligen Johannes den Täufer enthaupten lässt, weil er ihre Liebe abgelehnt hat; sie aber begehrt ihn inbrünstig, stellt er doch in ihren Augen die Manifestation des unerreichbar Absoluten und die Inkarnation des Heiligen dar. Voller List entlockt sie Herodes ein Versprechen, das ihr dann erlaubt, diese heiligen Lippen zu küssen. P. Valéry lässt seine Semiramis ausrufen:

«Dank meiner Ränke, dank meines Mutes,
Dank der Unerbittlichkeit meiner Absichten
Und dank der Liebreize meines Körpers
Und des Dunkels in meinen Augen
Hab' ich der Macht furchtbare Gipfel erreicht
Hab' ich dem Sterblichen sein Wenig an Göttlichem genommen.»

Die Klinge funkelt in Liliths Hand und saust nieder, um zu trennen, um das Unabwendbare der Trennung zu unterstreichen, um den Übergang vom Leben zum Tod, von einem bestimmten Tod zu einem andern Leben zu schaffen, um die Einweihung vorzunehmen. Genau wie Hekate es mit ihrem Dolch tat.

Denn Einweihen bedeutet durch die Todeserfahrung gehen – Téleutai (37). Und daraus wird dann ein Neubeginn.

Es gibt einen engen Zusammenhang zwischen dem bei den Einweihungsriten stets gegenwärtigen Messer und den Skarifikationen auf dem Körper und dem Gesicht afrikanischer Einwohner oder den Schmissen auf den Wangen der Heidelberger Studenten: Wer den Einweihungsweg durch das Messer geht, wird damit zu einem Mann!

Die Narbenspur ist ein späterer Beweis des Mutes dessen, der die Schnittwunde erlitten und der dem Schmerz getrotzt hat. Die Narbe erscheint vor allem als Erinnerungsspur an einen alten und überwundenen Schmerz. (38)

Die Wunde ist geschlossen, aber ihre Spur bleibt; die bleibende Hautnaht ist Zeugnis, ist Erinnerung.

Zirkumzision, Exzision, Subinzision? Alles Etappen, die dem jungen Mann, die dem jungen Mädchen aufgezwungen werden, um eben damit diese Trennung der Geschlechter zu unterstreichen oder für den Übergang zum Erwachsenenstatus ein Zeichen zu setzen.

Aber da, wo das Göttliche weiblich war oder wo es dies noch immer ist, kann man der Doppeldeutigkeit dieser Identifikation mit der Grossen Göttin nicht entgehen, kann der Mann dieser Versuchung nicht widerstehen, wie sie zu bluten oder sogar bis zum Äussersten, bis zur Entmannung zu gehen.

Es gibt kaum etwas, das so unklar ist wie die Metaphysik der Beschneidung, über die doch so viel geschrieben wurde. Eingeführt wurde sie ursprünglich als Zeichen des Bundes mit Jahwe, als Spur im Fleisch des auserwählten Volkes, als «Taufe durch Herausreissen des schlechten Blutes, der Elemente von Korruption und Verwirrung».

Bei den Bambara ersetzen die Zähne der Menschenfresserin Mousso Koroni das Messer, und sie nimmt auch die erste Beschneidung vor. Diese Menschenfresserin erinnert uns an Tiamat und an die Grossen Urgöttinnen.

Man muss sich natürlich fragen, mit wem eigentlich der Bund eingegangen wird, mit dem Vater oder mit der Mutter. S. Leclaire meint, dass man «das Auffüllen, Reparieren und Vernähen» vor allem der Mutter und ihrer Pflege zu verdanken hat. In Afrika, der animistischen Muttererde, gehen die Dinge vielleicht anders vor sich und sind Zeugnis von sicherlich sehr alten Riten.

Entspricht die Beschneidung einem Wunsch der Frau oder ihrem Begehren, lieber einen Penis ohne Vorhaut als ein unbeschnittenes Geschlecht zu haben? Rufen wir uns in Erinnerung, was Bettelheim in «Les blessures symboliques» (39) bezüglich dieser Einweihungsriten mit Klinge und Messer hervorgehoben hat und deren Analyse er im Zusammenhang mit den Fruchtbarkeitsriten der Mutter-Göttin sieht.

Das vergossene Blut führt uns wieder auf den Begriff des Heiligen zurück, denn in der Erinnerung der Menschen ist es verbunden mit dem Zyklus von Leben und Tod, der dem menschlichen Schicksal seinen Rhythmus aufdrückt und der sie an die einzige grundlegende Fragestellung und an die einzige, wirklich bedeutsame metaphysische Angst verweist.

Wer mit einem Messer bewaffnet ist, kann wählen, ob er seinen eigenen Lebensfaden durchschneiden, sich die Venen öffnen oder eine andere Person erdolchen will. Durch diese Möglichkeit wird er Gott gleich und masst sich höchste Macht an; er stellt sich dem Schicksal in den Weg und fordert damit Gott heraus, genau wie es auch der Teufel getan hat. (40)

Damit der Akt des Tötens den Urmord an Abel durch Kain tilgt – ein Mord, der Gott missfiel und für Adam zur Folge hatte, dass der Tod für ihn und seine Nachkommen verkündet wurde –, muss er sich des Heiligen annehmen. (41) Und etwas in der Geste Kains, auf den Jahwe sein Zeichen setzt, scheint sehr wohl Träger dieser Macht zu sein. Gott schützt ihn auf seiner Flucht und tut auch das Nötige, um zu verhindern, dass er bei seiner Heimkehr getötet wird. Damit ist das Gespenst des Verbrechens abgewendet, zumindest für den Augenblick.

Nach Meinung von Carlo Suarès (42) wurde Kain mit Jahwes Hilfe geschaffen. Er ist demnach «kein Kind des Fleisches». Im Gegensatz zu Abel, geboren aus der Fleischeserde Eva und aus dem Universalmenschen Adam, ist Kain Geist. In dem Mord Kains an Abel kann man eine Analogie zum Mord des Geistes am Fleisch sehen. So «wird Abel unendlich oft ersetzt, aber der verruchte Kain wird von Jahwe geschützt und auch gerächt (...) Später tötet Jesus seinen Abel in sich mit Hilfe seines Kain, denn er ist die Inkarnation des willigen Opfers».

Der Zohar berichtet uns, dass Adam sich nach diesem Brudermord an Abel nicht mehr mit seiner Frau vereinen wollte. Rabbi Yosse meint: «Dies geschah von dem Tag an, wo der Tod für ihn und für die gesamte Welt verkündet wurde. Adam sagte sich also: Wozu nützt es jetzt noch, Kinder zu zeugen? Und er trennte sich von seiner Frau. Zwei weibliche Dämonen vereinten sich mit ihm und er zeugte mit ihnen Kinder. Diese waren Dämonen und man nennt sie die ‹Plagen der Menschheit›.»

Und weiter heisst es: «Auf seiten Kains gab es ein männliches Wesen namens Thubal-Kain und ein weibliches, das die Männer verführt und sich Naamâ nennt» (auch hier wieder eine enge Verbindung mit Lilith). «Dieses Weib gebar andere Dämonen und auch Teufel; sie schweben in den Lüften und berichten alles den Dämonen, die auf Erden sind. Und Thubal-Kain war es, der die todbringenden Waffen erfunden hat.»

Nach Aussagen des Zohar erzieht Lilith alle Kinder dieser Dämonen. Und auch sie wird «Plage» genannt. («Nichts kann ihr etwas antun, und die

Plage kommt ihrem Zelt nicht zu nahe. Ist der Mann nicht fromm, erscheint Lilith und nimmt ihm seine Kinder.»)

So tauchen sowohl die Todeswaffen als auch die Plagen auf, die die Erinnerung an Pest und andere Geissel wachrufen, aber auch diese Frauen, die man «schwingende Schwerter» nennt.

Am Rande sei vermerkt, dass Adam 130 Jahre benötigte, um sich zu entscheiden, mit Eva ein anderes Kind zu zeugen (Seth, der an Abels Stelle trat; aber dieser Sohn wurde ihm von den Elohim geschenkt und nicht von Jahwe); in der Zwischenzeit liessen Adam und Eva es sich nicht nehmen, mit «Dämonen» Kinder zu zeugen: «Alle anderen Kinder Evas waren die Früchte ihres Bundes mit Samael» (Zohar I. 55a)! Wir haben richtig gelesen! Eva hurt mit Samael? Offenbar will man uns hier etwas durcheinanderbringen . . . Hat Eva Samael geehelicht oder war es etwa Lilith? Hat Eva vom Apfel gegessen oder Lilith? Sind sie nicht ein und dieselbe Kreatur und versuchen die Rabbiner nicht etwa, die Schlange zu ertränken und Eva die Verbrechen Liliths anzulasten . . . oder ist es etwa umgekehrt? (43)

Behalten wir lediglich im Gedächtnis, dass Lilith eine Plage ist, aber auch ein Schwert. Sie ist gleichzeitig die Wunde und die Waffe, die diese Wunde geschlagen hat. Sie ist nur Plage – und nicht nur eine Geissel des Unsegens, sie ist nur Schmerz, aber auch schwingendes Schwert, wie das Flammenschwert in der Hand des Erzengels, der den Lebensbaum bewacht, der dem Urpaar für immer untersagt ist.

Die Schwert-Frauen, die zum grossen Missfallen der Rabbiner die «Männer beherrschen», ähneln natürlich phallischen und herrschsüchtigen Frauen. Von Bebora bis Judith, ohne die Matriarchen zu vergessen, berichtet die Bibel uns laufend von dem Leben dieser Frauen, die die Macht innehaben oder sie übernehmen.

Dies ist der Fall bei Judith, die den Mut hat, Holofernes zu enthaupten. Da, wo Männer feige fliehen oder vor Angst zittern, siegt Judith mit dem Schwert in der Hand, jenem Schwert, das Unverzagtheit und Redlichkeit symbolisiert.

Man spürt, dass Judith, die ebenfalls mit der Nacht Lavhla in Verbindung gebracht wird, wegen ihrer Kühnheit bewundert wird, und dass ihr Name, obwohl sie eine echte Kriegsheldin ist, vor allem mit dem Begriff des Verbrechens verbunden bleibt: Judith verführt und verrät dann den schlafenden Mann, sie macht ihn trunken, um ihn so besser töten zu können, und ihre Tat ruft mehr Abscheu als Bewunderung hervor:

«Meine Schönheit ist wie die Frucht der eisigen Nacht
Sie schmeckt nach Wahnsinn und bringt Tod.» (44)

Hinter diesen kreisenden Schwertern zeichnet sich der Schatten von Artemis Phakelitis ab, der Göttin mit den Lebensruten, der von Aditi aus den Veden «mit der Honigpeitsche» und vor allem der von Hekate, der Göttin des Zauberwesens, der Göttin mit dem Dreigesicht, deren Attribute die Fackel, die Peitsche, der Schlüssel und der Dolch sind; sie trägt diese phallischen Symbole bei sich, um damit die Strasse zur Hölle zu beleuchten, die verschlafenen Seelen zu geisseln, die versiegelten Tore zu öffnen und die Opferklinge zu benutzen.

Die Frau mit der Peitsche spielt eine grosse Rolle in der masochistischen männlichen Vorstellungswelt und ihrer Suche nach «Beherrscherinnen»; sie erinnert an die Unterwerfung der Gallen unter Kybele...

Schwert und Peitsche sind die Kriegsattribute der Frau...

Man denke an den Speer der Athena, «die aus der Axt des Hephaistos und der Stirn des Zeus hervorgesprungen ist» und deren Waffen die Kräfte der Vergeistigung und der Sublimierung darstellen sollen.

Aber hinter diesen Waffen tauchen alle männlichen Phantasmen auf, wie man sie zum Beispiel in Moorcocks Space Opera mit dem Titel «Der Nekromant Elric» findet, deren Titelheld ein magisches, diabolisches Schwert namens Stormbringer besitzt und dem schreckliche Kräfte innewohnen. Es «trinkt die Seelen». In seinem Drang nach immer mehr Blut entzieht es sich der Kontrolle seines Herrn, sobald dieser mit ihm einen Kampf führt; je mehr es sich am Blut seiner Opfer berauscht, desto mehr neue Opfer braucht es und desto unbesiegbarer wird es. Dies geht sogar soweit, dass es die von Elric heissgeliebte Frau tötet, ohne dass dieser in der Lage ist, sein dämonisches Schwert loszulassen!

Degen und Schwert haben vornehmlich die Aufgabe zu «lösen, zu zerreissen, zu trennen, den Menschen von seinen engen Fesseln zu befreien», selbst wenn es sich dabei um Liebesbindungen handelt.

Unter seinem edlen Aspekt dient der Degen dem Ritter zur Krönung, und selbst der Tod kann ihn von ihm nicht trennen. Man hat den Eindruck, als gäbe es eine Identifikation zwischen dem heiligen Degen und der geliebten Frau.

Was ist nun wirklich dieses Schwert? «Mal ist es männlich, mal ist es weiblich», Symbol des Mutes und der Männlichkeit des Mannes, der sich mit ihm identifiziert, oder Symbol eines Begleiters zu seinem Schutze, dem er bis in den Tod treu ist?

Überall findet man diese Ambivalenz, wie zum Beispiel bei Jeanne d'Arc, die verbrannt wird, weil sie sich Elemente der Männlichkeit angeeignet hat: Degen, Pferd, Hose ... aber vor allem den Krieg. Also muss sie als Hexe verbrannt werden.

Das Schwert ist die Waffe der Unerbittlichkeit. Verzicht und Aufbau gleichzeitig. Athena gegen Arachne. Das Schwert gegen das Band. Der Krieger gegen den Zauberer. Es gibt also einen Kampf zwischen zwei Kräften. Und Lilith vereint in sich diese beiden Kräfte, die der «bindenden» Zauberei und die der Kriegerin, deren Klinge trennt und befreit.

Diese gleiche Ambivalenz taucht wieder auf, sobald man sich mit dem Opfer beschäftigt. «Wenn ein Opfer immer durch eine heiligende, initiatische oder taufende Handlung eingeleitet wird», schreibt Gilbert Durand, «dann hat dies seinen Grund darin, dass damit der Austausch, die Substitution erleichtert werden soll. Der Doppelcharakter des Opferpriesters und des oft zweigeschlechtlichen Opfers erleichtert den Opfervorgang. Auf Grund seiner mystischen Rolle ordnet sich der Tod in diese Opferzweideutigkeit ein und setzt so auf die Doppelverneinung durch den Tod des Todes.» (45) Man kann die Einweihung nicht von «Heiligem Tun» trennen, indem man Zuflucht nimmt zu einer gewissen Gewalttätigkeit, zu dem heissen Wunsch, über sich selbst hinauszugehen; denn statt sich gegen den andern zu wenden, muss dies von dem auf sich genommen werden, der auch bereit ist, sich zu opfern. Man findet eine solche Haltung bei der Inderin, die sich zusammen mit dem verstorbenen Gatten einäschern lässt, aber auch bei jungen Mädchen und Männern, die sich für den Preis einer Freiheit selbst verbrennen, lauter Antigones, die durch die Mythen wandeln . . .

Damit wird das Opfer zu einem Vermittler, zu einem Boten zwischen Menschen und Göttern, genau wie jener Jüngling, der für den Opfergang geschmückt ist und dem während drei Tagen und drei Nächten niemand das Geringste abschlagen darf, dessen Wünsche man alle erfüllen muss. In diesem kurzen Zeitraum erlebte er die Gesamtheit eines erfüllten und glücklichen Lebens; er war geliebt, umhegt und geehrt, wie niemand anderes es jemals erwarten konnte. Dieser geopferte Jüngling, der den Auftrag hat, für die Ablösung der Sonne und den ersten Tag eines neuen Jahres zu sorgen, hätte keinem andern Sterblichen seine Privilegien überlassen. Zweifelsohne war er sich des Heiligen bewusst, das ihn erfüllte, und der Kraft, die ihn über sich hinausgehen liess und aus ihm einen soterischen (46) Helden machte.

Diente demnach das Opfer nicht dazu, den Tod zu relativieren, ihn natürlich, freundlich, nützlich, ja sogar begehrenswert zu machen, ihm eine gewisse Grösse zu verleihen?

Das Opfer, das heisst wir bei jedem Tod, vereint sich mit dem ersehnten Tod, verschmilzt mit ihm und kehrt somit zur Mutter der Fruchtbarkeit und des Blutes zurück. Genauso wie die Geliebten-Söhne der Göttin, die sterben müssen, um so über die Schwelle treten zu können. (47)

Wir haben es hier zu tun mit dem Aufgehen des in die Erde gelegten Samenkornes, mit einem Agrarkult um das Ableben des Korn- oder des Blumen-Gottes, mit der Erfahrung des «vorgekeimten, chaotischen Urzustandes», wie Mircea Eliade es nennt, mit der «Macht, die das Schicksal zwingt und dann die Weltordnung nach menschlichem Belieben verändert», um mit Hubert und Mauss zu sprechen, mit einer Abmachung, «die einen Ersatz im Spiel der Entsprechungen findet, ein Verdoppeln, das eine vikarierende Wiederholung ist, durch die der Opferpriester oder das Opfer selbst Herr werden über die Vergangenheit oder über die Zukunft, indem sie nichts schuldig bleiben», um Gilbert Durant zu zitieren, der in den Initiationen und den Opferhandlungen auch «eine natürliche Verbindung» sieht zu dem «orgiastischen Treiben im Rahmen der negativen Epiphanie des Mond- und Pflanzenzyklus».

Marcel Griaule fügt folgende wichtige Idee hinzu: «Die Zerstörung des Opfers hat lediglich die Aufgabe, den Kräfteaustausch auszulösen und in Bewegung zu setzen.» Wir werden wieder im Rahmen der Erlöserrolle Liliths darauf zu sprechen kommen ...

Die Initiation verändert das menschliche Los und gewährleistet ihm den Übergang zu anderen Dimensionen, Selbst wenn sie dem Mond-Agrar-Schema folgt, also dem Weg des Samenkornes mit «Opfer, Tod, Grab und Auferstehung», die zu den eleusinischen Mysterien gehören, so stellt sie eine grundlegende Verpflichtung für den Menschen dar.

Das Opfer versetzt die menschliche Lage in eine Vertikale, und das Messer wird zum Instrument der Macht des Heiligen.

Lilith ist ihrerseits ebenfalls ein Todesinstrument; Jahwe bedient sich ihrer, um die Kinder zu töten, deren Seelen verloren sind. Aber vor allem ist sie ein Werkzeug der *Erlösung*.

Als Lilith an den Ufern des Roten Meeres von Jahwes Engeln eingeholt wird, verteidigt sie sich und protestiert gegen den üblen Streit, den man mit ihr führt, und gegen die Ungerechtigkeit, der sie zum Opfer gefallen ist. Welchen Sinn hat es auch, ihr zu drohen, jeden Tag hundert ihrer eigenen Kinder zu töten, wurde sie doch geschaffen, um die zu töten, die Jahwe ihr auf eine gewisse Art und Weise nennt!

In diesem Punkt ist diesmal der Zohar sehr klar (Zohar II. 96a, 96b), wenn es in Exodus XXI, 7 heisst: «Wenn ein Mann seine Tochter als Sklavin verkauft, wird sie nicht heimgehen, wie die andern Sklavinnen es gewohnt sind.» Dieser Vers bezieht sich auf die Seelenwanderung derer, die gesündigt haben. Das Wort «Sklavin» bezeichnet die schlechte Seite des Menschen. Es gibt Seelen, die der Heilige, gesegnet sei er, den Dämonen überlässt. Was sind das für Seelen? Es handelt sich hier um die Seelen kleiner Kinder, für die der Heilige, gesegnet sei er, eine schlechte Führung während ihrer gesamten künftigen Seelenwanderungen voraussieht. Um nun dieser Seele so viele unnötige Seelenwanderungen zu ersparen, überlässt der Heilige, gesegnet sei er, sie der Sklavin namens «Lilith». Sofort bemächtigt sich diese der Kinder und veranlasst ihren Tod, während sie noch der Pflege ihrer Mutter bedürfen. Die Seelen, von denen man weiss, dass sie eines Tages während irgendeiner Seelenwanderung Gutes tun werden, werden niemals der Sklavin überlassen, sondern stets nur diejenigen, die immer nur Böses tun. Aber sobald Lilith das Kind getötet hat, nimmt der Heilige, gesegnet sei er, wieder die Seele an sich und erzieht sie hoch droben in seiner Residenz. Denn Gott hatte Lilith diese Seele nur mit dem Ziel überlassen, deren Körper zu töten; denn Lilith gefällt es, zunächst das Fleisch des Kindes zu zerstören. *Aber eben dieser frühe Tod ermöglicht nun die Erlösung der Seele*, und deswegen nimmt der Heilige, gesegnet sei er, diese Seele wieder auf. Dies ist der Sinn der Worte der Heiligen Schrift, wenn es heisst: «Wenn ein Mann seine Tochter an die Sklavin verkauft, wird sie nicht heimgehen wie die anderen Sklavinnen. Bedenkt, dass alle Menschen eine feste Sterbestunde haben mit Ausnahme des Kindes, dessen Seele Gott Lilith überlässt; diese verfügt dann über das Kind nach ihrem Gutdünken.»

In bezug auf das weitgehende Privileg Liliths ist hier von *Erlösung* die Rede. Sie tut also ein gutes Werk, indem sie diese noch gestillt werdenden Kinder tötet, die noch kein Bewusstsein für das Gute und das Böse haben. Indem Lilith sie tötet, erspart sie ihnen die langen und schmerzlichen Wechselfälle des Lebens, zu welchen diese so hartnäckig bösen Seelen verurteilt sind. Lilith ist demnach vollkommen gerechtfertigt.

In Verbindung mit der Grossen Göttin, von Isis bis Kybele, von Kwan-Yin bis Aphrodite, von Ischtar bis zur Jungfrau Maria, taucht stets das Kind, der Geliebte-Sohn der Göttin auf. Auch er hat den Tod oder die Entmannung zu erdulden, den Diasparagmos (48) dieses Körpers, der zerstört, zerschnitten, zerstückelt werden muss wie Osiris (49), damit er zu einem neuen Bewusstseinszustand wiedergeboren werde. Man muss «in die Erde hinabsteigen, um sich zu regenerieren»; alle Einweihungsriten, alle Mysterien von Eleusis oder von anderswo sowie die «kleinen Mysterien der Isis» sprechen davon. (50)

Im Zohar erscheint die Persönlichkeit Liliths äusserst zwiespältig, was nicht zuletzt ein deutliches Zeichen der Angst ist, die sie den Rabbinern einflösst. Auf der einen Seite haben wir das Verschlingen, den Kannibalismus, das Dämonische und die Wollust, auf der anderen nichts Geringeres als die Erlösung der verlorenen Seelen. Wie soll man sich da noch zurechtfinden? Wie kann der Mann sich zurechtfinden, wenn er gefangen ist von der Faszination, die von diesem Bild der allmächtigen Mutter ausgeht, von dem Ewig-Weiblichen, von der «Natura naturante», um diese Formel aus der Kabbala zu benutzen, und die Vollmacht hat über Leben und Tod ... und die der Ursprung aller Ängste vor Kastration, vor Verschwinden und vor dem Stürzen in das Nichts ist?

Aber trotz alldem, kann der Mann überhaupt ohne sie mit dieser Situation fertig werden? Kann er dieser Einweihung entgehen?

In allen Traditionen vollzieht der Mann die Initiation des jungen Mannes, und dies geschieht stets ausserhalb des Blickfeldes der Frauen. Aber wenn der Jüngling seine Nacht – oder seine Nächte – allein ausserhalb seines Stammes verbringt, dann wird er von den Schatten bedrängt, hört er den Schrei der Raubkatzen (die übrigens mit der Grossen Göttin in Verbindung gebracht werden), fühlt er sich umgeben von der schrecklichen Macht der Nacht Lavlah. (51) Er hat keine Angst vor den Männern, sondern vor ihr, vor der Natur, der Mutter, der Macht der Nacht. In Wirklichkeit ist sie es, der er Stirn bieten muss, will er ein Mann werden und von nun an zur Gruppe der Krieger gehören, das heisst zu denen, die sich von der Mutter getrennt bzw. sie besiegt haben.

Sie ist es endlich, die ihn nach diesen Hochzeitsnächten zur Welt bringt, die uns an die «umgekehrte Stellung» erinnern: Die Frau liegt auf dem Mann, Nut ist in ein sternenübersätes Gewölbe verwandelt – im Tibet und in Indien ist diese Stellung von Bedeutung, während sie im Islam verpönt ist ... Wir finden sie sicherlich wieder in den Tempeln, wo die heilige Prostituierte, die heilige Tänzerin oder die Priesterin sich mit dem Priester oder mit dem Mann auf seiner Suche nach Einweihung paarte. Nach J. Evola soll der Hierophant dann ausgerufen haben: «Die Grosse Göttin hat den heiligen Sohn geboren; die Starke hat den Starken gezeugt.»

Alle Jungfrau-Göttinnen wie Isis oder Kybele haben einen Geliebten-Sohn, der lange Zeit ihr Begleiter ist, bevor er sie schliesslich verdrängt, nachdem er sich zuvor mit ihnen gepaart hatte bis zur hermaphroditischen Verschmelzung (Venus Barbata), so wie wir es bei vielen Avatars beobachten können. Aber durch den Übergang vom Matriarchat zum Patriarchat wird er eines Tages zum Verschwinden verdammt, genauso wie Lilith aus der Bibel verschwunden ist.

«Offenbar beginnt die Genesis dort, wo der babylonische Mythos aufhört», schreibt Erich Fromm. Und: «Ein männlicher Gott erschafft die Welt durch das Wort.» Das Wort taucht nach den Urwassern auf.

Und all diese Erzählungen haben immer den gleichen Inhalt: Kybele und ihr Sohn Attis, Aphrodite und Adonis, Isis und Osiris, Tiamat und Marduk ... all diese Göttinnen lieben ihren Geliebten-Sohn und begehren ihn, aber dieser muss sterben, will er eines Tages sein Recht auf Existenz und sein Mehr an Seele erlangen, will er «den Namen und das Denken erlangen, die ihn seinerseits zum Schaffen oder zum Zerstören befähigen.»

Man kann in diesem symbolischen Tod, in dieser Einweihung, den Einschnitt erkennen, den die Mutter selbst an ihm vollzieht, das Durchtrennen der Nabelschnur, was der Sohn allein nicht vollziehen kann, träumt er doch nur von seiner Rückkehr in den Schoss Edens. «Man kann beobachten», schreibt Martin Grotjahns, «dass die Mädchen immer Mütter sein wollen, während die Jungen eher die Neigung haben, Söhne zu bleiben.» Und deswegen spielt sich alles, das Gute wie das Böse, im Rahmen dieses wichtigen Mutter-Sohn-Bandes ab, das seit Jahrtausenden das gleiche Entsetzen und die gleiche Bewunderung von seiten des Sohns und die gleiche Leidenschaft und das gleiche Opfer von seiten der Mutter verzeichnet.

Dies gehört sicherlich seit Urzeiten zu unserem «Bioregelwerk», zu unserer genetischen Programmierung. Und W. Lederer meint treffend (52): «Man *ist* eine Frau, aber man lernt erst, ein Mann zu *werden*.»

In der Tat ist der Werdegang des Mädchens ganz anders als der eines Jungen. Des Mädchens erster Schritt ist die Identifikation mit der Mutter, was ihm erlaubt, leichter zu seinem «Ich» vorzustossen. Aber auch der Mutter fällt es sehr schwer, sich von ihrem Kind zu trennen, und deshalb verlängert sie offenbar diese Trennungszeit auf eine narzistische Art und Weise.

Die weise Demeter, eine der seltenen Muttergöttinnen mit einer Tochter und nicht mit einem Sohn (53), akzeptiert nur schwer die vom Höllengott Hades aufgezwungene Trennung; dieser hat nämlich Kore-Persephone bezaubert und bringt Demeter für die Hälfte eines jeden Jahres um den Anblick ihrer Tochter. Hades hat aus Kore eine Frau gemacht, indem er ihr Schicksal beschleunigte; er hat sie unter sein Gesetz gestellt und damit dem Gesetz der Mutter entzogen.

Identifiziert sich die Tochter mit der Mutter, dann antwortet die Mutter darauf mit der Projektion ihrer Wärme, ihres Bedauerns, ihrer Fehler und ihres sehnsüchtigen Verlangens auf ihre Tochter. Sie erwartet von ihrem Kind, dort erfolgreich zu sein, wo sie selbst es nicht sein konnte; sie fordert von ihrer Tochter, schöner, glücklicher, strahlender zu sein als sie selbst. Und damit sieht sich die Tochter vor einer dieser Angstfallen, die ihre eigene Mutter ihr gestellt hat.

Bei einem Sohn läuft alles ganz anders. Liebt er seine Mutter in possessivem Ineinanderaufgehen, und träumt er davon, wieder in ihren Paradiesschoss voller Sicherheit und Glück zurückzukehren, dann ist für ihn die Versuchung gross, bei einer anderen Mutter-Frau Zuflucht zu suchen und auf diese Art und Weise wieder zu seiner Mutter «heimzukehren». Dies bedeutet aber, dass er den magischen Kreis niemals vollkommen durchbrechen kann.

Der Sohn «will umkehren». Und dies ist ohne Zweifel, wie Ferenczi schreibt, der Ursprung des männlichen Begehrens, das ihn dazu treibt, die Frau zu besitzen und sich mit seinem Penis zu identifizieren (was nicht zuletzt auch die Überbewertung dieses Objektes bis zu seiner Verehrung erklärt). Und genau dies verursacht dem Homosexuellen ein Grauen, empfindet er doch den Geschlechtsteil seiner Mutter als einen unergründbaren Schlund.

Aus dem Dunkel der Mythennacht steigen zweifellos auch die schreckenerregenden Bilder der Gorgone, die dem Dämon Lilith durchaus ähnlich sieht, und die ein mütterliches Geschlecht hat, um mit Freud zu sprechen. Dies entspricht auch der Hydra von Lerna, die Herkules niederringt, oder auch Tiamat, die Marduk besiegt. Diese Urbilder geben den nachhaltigen Eindruck von teuflischen Mächten, von Ungeheuern, die nur ein Sonnen-Held erlegen kann.

Es geht hier immer wieder um eine Macht, die vernichten, in Stein verwandeln oder verschlingen kann, genau wie der Walfisch, der Jonas verschlungen hat, oder die dicke Kalebasse, die fast alle Dorfeinwohner verdaut hat . . . Aber dies ist der Preis der Initiation (54). Und nur die Frau, die Mutter, die Göttin kann den Mann auf seiner Lebensbahn begleiten, denn sie stellt gleichzeitig die Macht dar, Leben zu schenken, als auch die Kraft, den Tod herbeizuführen.

Orpheus' Geschichte ist die einer verpassten Initiation, und dies auf Grund seiner Schwäche; die meisten Einweihungsmythen vermitteln uns den tiefen Sinn dieses «Hinabsteigens» in die Tiefe der Erde, der darin besteht, das Starke zu zeugen.

Das Fortleben des Schwarzen Madonnen-Kultes ist hierfür ein Zeugnis. Hier ist alles bereit für die Auferstehung des Pilgers, nachdem dieser zuvor in die heilige Krypta hinabgestiegen ist.

Diese Schwarzen Madonnen, Schwestern von Lilith, Kybele, Isis, Schwestern der schwarzen Demeter von Phigaleia in Arkadien, der ebenfalls schwarzen drawidischen Kali bis hin zu Maria der Ägypterin oder zu Sara, der schwarzen Schutzpatronin der Zigeuner, alle bekennen sie sich zu ihrer Zugehörigkeit zu den Mächten der Nacht und zu den Geheimwissenschaften, die mit den Tiefen der Erde und der Welt des Unterirdischen, in Verbindung stehen.

Wie es im Ägyptischen Totenbuch heisst, muss man alles durchlaufen, von einem Pfeiler zum andern und von einem Tor zum andern laufen, um Hoffnung auf Aufsteigen, auf Auferstehen haben zu können.

So hat Lilith – und mit ihr alle Grossen Göttinnen – die Aufgabe, uns für die Einweihung zu öffnen und uns die Botschaft der göttlichen Mächte zu übermitteln, genau wie Pythia, die ihre Eingebung in dem Rauch fand, der den tiefen Erdspalten entstieg. Pythia, weibliche Pythonschlange, Erd-Frauen, die in erster Linie Mittlerinnen sind zwischen Himmel und Erde, zwischen den höllischen Gottheiten und der Menschheit.

Am Anfang wie am Ende ist die Mutter da, um uns zu wiegen, um uns in ihre Arme zu nehmen, um uns zu helfen, alle Übergänge zu meistern und alle Schwellen zu überschreiten, die des Geborenwerdens wie die des Sterbens.

Die Frau stellt ständig die wichtigste Verbindung dar zum Leben, zum Kind und zum Mann. Aus diesem Grund erfolgt ihre eigene Initiation nur mittels Losreissen.

Viel mehr als sie hat der Mann das Bedürfnis, sich mit der Welt, «mit der Bruderschaft der Welt» in Beziehung zu setzen und sich so zu öffnen für ein weites Universum; sie dagegen erscheint vielmehr als Schliessung, als «Insel», als verschlossene Welt, als Intimität, als uterine Wärme, als Sicherheit. Und die Grosse Göttin, Isis und ihre heilige Barke, erschien so als Matrix, von der alles ausgeht und wohin alles zurückkehrt.

Aus diesem Grund kann Lilith Adam nur das ewige Leben vermitteln, indem sie ihm ihren Tod zum Geschenk macht. Mit diesem Ableben vermittelt sie ihm das Bewusstsein. In ihren Hauptfunktionen erscheint sie uns als Mittlerin und Einweiherin, was wir in den vom Schwarzen Mond geprägten Geburtshoroskopen dann auch später sehen werden.

Um ihre eigene Initiation zu ermöglichen, «vertreibt» sie den Geliebten-Sohn und setzt sich so einem äussersten Zerreissen aus. Denn Adams Opfer hängt eng mit dem Opfer Liliths zusammen. Und die Erlösung des einen ist nicht ohne die Erlösung des andern möglich.

Welch eigenartige Unterlassung von seiten der analytischen Literatur, die stets Wert legte auf die Angst vor der Entmannung, aber niemals auf die Furcht oder den Schmerz des Zerreissens!

Ist die erste Drohung, die auf Lilith lastet, nicht die der Prophezeiung der Jahwe-Engel: «Hundert deiner Kinder werden jeden Tag sterben»? Und Lilith protestiert und entrüstet sich. Wie kann sie eine so ungerechte und absurde Strafe auf sich nehmen? Und dennoch: Lilith, und damit auch wir durch sie, erleben dies jeden Tag ...

Die erste Trennung, die gewiss einen befreienden Charakter hat, erlebt die Frau, wenn sie das Kind, das in ihr im Schutze ihres Schosses aufgewachsen ist, hinaustreibt. Ein erstes Zerspringen der Ursymbiose, ein erster Bruch in dem Einverständnis, dem stillschweigenden Dialog, dem mysteriösen Einverständnis, ein erstes Abstandnehmen.

Und dann wird das Kind lernen, sich zu trennen, wird versuchen, ein zweites Mal geboren zu werden, diesmal ausserhalb des mütterlichen Schosses, wird die Welt erobern, wobei es aber jedes Mal die Hand nach seiner Mutter ausstreckt, sobald eine Angst es überkommt. (55)

Schliesslich wird es weggehen. Diese neue Prüfung wird von beiden geteilt, aber sie ist grausamer für die, die alleine zurückbleibt, als für den, den das Leben mit offenen Armen aufnimmt.

Die Frau und Mutter erringt, wenn auch nur unter Zerreissen ihres eigenen Fleisches, diese Opferliebe, dieses Selbstverleugnen, von dem man sagt, dass es ihrem Leben einen Sinn gebe.

Denn wie oft kommt es vor, dass sie nach der Trennung von dem Kind nun auch noch den Verlust der Liebe selbst, den Verzicht auf den geliebten Mann verkraften muss, der sie nun allzu lange als Mutter erlebt hat und noch zu wachsen glaubt, indem er sie verlässt?

Hinzu kommt der Verlust von all dem, was ihre Verführungskunst, ihre Anziehungskraft, ihre sexuelle Zaubermacht ausmachte ... auch hier ist alles zerrissen. Das Los der Frau heisst Verzicht. Und diese Verfremdung gegenüber ihrem Narzissmus, ihren Leidenschaften, ihren gewitterartigen Ausbrüchen und ihrer Begierde bringt schliesslich für sie eine Art von Autonomie und Ausgeglichenheit mit sich; endlich erfasst sie den Sinn ihres eigenen Bewusstseins und findet so zu ihrer eigenen Anima zurück.

Die Frau bewirkt beim andern den Übergang vom Unterbewusstsein zum Bewusstsein, oder (wie wir es bezüglich der Anima nach der Theorie von James Hillman bereits gesehen haben) zu mehr Unterbewusstsein, das das Wesentliche entdecken lässt, wobei dies auch mittels ihres Körpers geschehen kann. Sie muss ihn aufgeben, will sie zur Freiheit vorstossen; genauso, wie sie auch den Tod auf sich nehmen muss.

Das *durch* Lilith dargebrachte Opfer kann man wie eine Entmannung erleben; das *von* Lilith gebrachte Opfer heisst *Einsamkeit*. Manchmal weisen Namen wie *Selbstmord* und *Tod* auch auf Lilith hin, denn ihr Absolutheitsanspruch führt sie ganz logischerweise bis zum höchsten Selbstopfer. Gibt es keinen Ausweg mehr, dann nimmt der nächtliche Begleiter Tod Lilith in seine Arme auf. Ein unsichtbarer Faden verläuft von dem Tod des andern bis zu ihrem eigenen.

Edgar Herzog (56) meint hierzu: «Die Göttin ist gleichzeitig die Mörderin und auch die Ermordete. Die chthonische Mutter kennt die Fatalität des Todes und wird zum Leichnam, und damit dann, in diesem Sinne, Fruchtbarkeitsträgerin.» Und etwas weiter heisst es: «Man kann behaupten, dass, sobald der Todesdämon den Aspekt der chthonischen Mutter annimmt, er zwar seinen numinosen und schreckenerregenden Aspekt beibehält, dass aber *das Todesereignis selbst* etwas von seiner schrecklichen Absurdität verliert.»

Indem in der Tat Lilith dem Tod einen Sinn gibt, gibt sie vor allem dem Leben einen Sinn.

Nachdem Adam von der verbotenen Frucht gegessen hat, *gehen ihm die Augen auf* . Und dies bedeutet, dass er sich des unabwendbaren Todes bewusst wird. Zweifellos besteht die göttliche Bestrafung darin, dass wir von nun an an den Tod *glauben* müssen. Man verliert sein unschuldiges Nicht-Wissen und man akzeptiert den Tod, denn um nichts anderes geht es in der Initiation.

Lilith will sich nicht unschuldig geben. Sie bekennt sich weder schuldig noch nicht schuldig. Die objektive Wahrheit des Todes kennt weder Schuld noch Unschuld.

Später veredeln die Männer dieses Ausgangsbild der Frau. Die Grosse Prostituierte wird zur Heiligen Jungfrau. Isis wird zum Symbol geistiger Wiedergeburt; die Frau verliert ihr menschliches Gesicht und wird zu Sophia, zur Mutter des Himmels und ist nicht mehr Mutter der Erde.

Die Männer erfinden dann die Sünde, um sich besser gegen das «allmächtige Weib» zu schützen und sie zu Samael zurückschicken zu können; gleichzeitig erlaubt dies ihnen, für sie eine verfluchte Schlangennatur zu erfinden und aus ihr eine «Plage» zu machen.

Aber gerade da ist ihr Opfer ungerechter und grausamer denn je. Um sie nicht wie eine ständige Bedrohung zu erleben, sind sie gezwungen, sie in zwei Hälften zu teilen – genau wie Gott, der den Androgynen halbierte – und auf die eine Seite die Sünderin zu stellen und auf die andere die Heilige!

Der Schwarze Mond und die Astrologie

Je nach Stellung des Schwarzen Mondes im Geburtshoroskop, dem Sektor, den er einnimmt, dem Zeichen, wo er sich befindet, und den Aspekten, die er bildet, ändert sich die Interpretation wesentlich, wie es übrigens bei allen Planeten oder astrologischen Färbungen der Fall ist.

Da er Träger *radikaler* Werte ist, die manchmal so plötzlich auftauchen wie der «Insight» in der Psychoanalyse oder der Schritt zum selbstmörderischen Akt, kann er das Beste, aber auch das Schlimmste zu einem Lebensthema beisteuern: die vertikale und reiche Initiation, die Rolle des Vermittlers schlechthin, aber auch dem Kriminellen die Waffe in die Hand drücken oder manchmal gegen sich selbst das Opfermesser richten. Er kann die Ambivalenz von Verlangen und Ablehnen anzeigen, aber auch den schnellen Zugang zum Unterbewusstsein, wie auch den blinden Widerstand gegen dieses Unbewusste.

Aber vor allem ist es wichtig, jede mögliche Verwechslung mit Saturn (und dies ungeachtet der Encyclopedia Judaïca) und mit Pluto auszuschliessen, auch wenn Lilith mit diesen beiden Planeten einige Berührungspunkte hat.

Bei Saturn kennen wir die Frustration und das Schuldgefühl, das heisst alles, was im Bereich des Fehlens und der Trauer liegt, aber wir haben bei ihm weder die «Bestrafung mittels Guillotine» noch einen direkten Opfervorgang.

Mit Pluto kennen wir die Sühne, das Höllengericht, die Angst, die Veränderung und auch die Wandlung, aber auch da handelt es sich um einen langsamen Prozess, genauso langsam wie das Vorrücken dieses langsamsten Planeten unseres Sonnensystems. Mit Pluto gibt es kein plötzlich auftretendes Ereignis. Saturn lässt das Schuldgefühl erleben, das dann zur plutonischen Bestrafung führt, aber der Schwarze Mond bewaffnet den Henker und führt das Urteil aus.

Wenn es übrigens so etwas wie ein Opfer im Wesen von Saturn und Pluto geben sollte, so haben doch weder der eine noch der andere das geringste zu tun mit Gesetzesüberschreitung oder mit Ungehorsam. Und wir werden später sehen, wie die vom Schwarzen Mond geprägten Künstler in ihrem Schaffen dieses «Schwarze Mond-Klima» darstellen, das mit nichts anderem zu vergleichen ist.

Eine andere Hauptaktion des Schwarzen Mondes besteht darin, dass er eine *Infragestellung* auslöst, die bis zum radikalen Wechsel, zum endgültigen Ablehnen oder zur erleuchtungsähnlichen Bewusstwerdung gehen kann, je nachdem, welche Planeten und Häuser betroffen sind. Und dies natürlich vor allem beim Transit durch das Geburtshoroskop.

Man kann behaupten, dass überall da, wo er auftaucht, er seine stark leuchtende Unterschrift hinterlässt, und dies insbesondere in den Achsensektoren, wenn er stark aspektiert ist oder zu den Himmelskörpern in Verbindung tritt.

Unsere Beziehung zum Absoluten hängt ebenfalls von ihm ab, jedenfalls mehr als von jedem anderen Planetenwert. Und schliesslich ist er bestimmend für unser archetypisches Bild der Anima und des Animus, je nachdem, ob wir Frau oder Mann sind, und sogar für unsere «Rolle als Anima-Frau» in bestimmten Themen, die vom Schwarzen Mond beherrscht sind.

* * *

Es folgen jetzt einige Notizen, die ich im Laufe der Jahre bei meiner Arbeit mit Jean Carteret gemacht habe. Sie vermitteln einen Eindruck von der Dialektik zwischen Schwarzem Mond/Schwarzer Sonne, manchmal auch zwischen Schwarzem Mond/Priapos (oder dem Schwanz des Schwarzen Mondes, dem anderen Achsenpol).

Bewusst stelle ich diese Wörter und Wortspiele, die aus unserer gemeinsamen Forschungstätigkeit hervorgegangen sind, ohne jeden Kommentar vor, wie es auch Jean Carteret selbst getan hätte.

Der Schwarze Mond ist Sperre. Der Schwanz des Schwarzen Mondes ist Verschwendung.

Der Schwarze Mond ist das Skelett, die Schwarze Sonne ist das Fleisch.

Der Schwarze Mond ist absolut, die Schwarze Sonne relativ.

Die Schwarze Sonne ist Glauben, Umherirren, Salbung und Kommunion.

Der Schwarze Mond ist Hellsichtigkeit und Abstand.

Der Schwarze Mond ist «Begrenzung». Der Schwanz des Schwarzen Mondes ist «Unbegrenztheit».

Er ist auch Aufzählung, während der Schwarze Mond Zählung ist.

Steht der Schwarze Mond vor Merkur, dann stellt dies die Steinbock-Werte der Sprache dar: kalte, klare, schneidende Sprache, kleiner Dolch, Vorbedacht, Vergeltung. Eine Spinne, die ihr Netz baut.

Der Schwarze Mond schweigt, der Schwanz des Schwarzen Mondes spricht aus den Kulissen.

Der Schwanz des Schwarzen Mondes ist Lawine, Ausbreitung, Sich-den-Situationen-hingeben.

Der Schwarze Mond ist Kontrolle und Beherrschung.

Schwarzer Mond: Aristokrat, Herr, Monokel, blind, Stelzen; Gift.

Schwarze Sonne: Hausmeister, Hüter; lahm; einäugig. Polyphemos. One-eyed-Jack.

Schwarzer Mond: Notwendigkeit zur Askese.

Schwarze Sonne: erlittene Notwendigkeit.

Der Schwanz des Schwarzen Mondes geht bis zum Schwarzen Mond: Staubsauger. Vom Schwarzen Mond bis zum Schwanz des Schwarzen Mondes: Haartrockner oder Gebläse. Solve et coagula.

Schwarzer Mond: Vampir. Hält das aufgesaugte Blut fest. Überwinterung. Schwanz der Schwarzen Sonne: Ort, von dem die Dauer abhängt. Das Riff, der Felsen.

Schwarzer Mond in Löwe: Thron. Dynastie.

Der Schwarze Mond ist Faszinationsrausch, wodurch der andere geisteskrank wird und er selbst der Verursacher.

Der Schwarze Mond ist Kommunikations- und Begeisterungsrausch, womit der andere sich identifiziert und verschmilzt.

Schwarzer Mond: ständige innere Vertikalität bis zur Unnachgiebigkeit.

Schwarzer Mond: Wachsamkeit; Wachen; Ausguckposten; Nachtwächter; Wachposten (nebenbei bemerkt, eines der letzten Bücher von Robert Hossein trägt den Titel: «La sentinelle aveugle» – Der blinde Wachposten). Sein Schwarzer Mond steht am Aszendenten. Anti-Schlaf. Überwachen. «Alles schläft, ich wache». Anti-Sichgehenlassen. Nichtung.

Schwarzer Mond: Nein! (die Energie des Nein, das bestimmte Nein). Doch! (unter der Voraussetzung, dass die Widerrede überwunden ist). Hier!

Schwarzer Mond: der kalte Krieg. Die Einstellung des Verfahrens.

Der Schwarze Mond «trinkt für sich allein».

Schwarzer Mond: Selbstmord (mal diesseits, mal jenseits gehen).

Schwarzer Mond: betrifft das Ich. Man macht sich nicht die Finger schmutzig. Aristokratisches Bemühen um Würde. Weiss sich oder fühlt sich einzig und einmalig.

Schwarzer Mond: Reduzierung auf das Wesentliche (der grösste Wert unter seiner kleinsten Form: As oder Diamant). Die Bergspitze. Die Gipfelkonferenz.

Schwarzer Mond: Zuschauer seines eigenen Schauspiels. Schaut von oben herab. Das «Ich sah mich sehen» oder das «Ich bin, der ich bin und sehe mich, mich anschauen» eines Paul Valéry (Schwarzer Mond am Aszendenten).

Schwarzer Mond: Eis, Spiegel, kalt, Scharfblick. Luzifer. Kaltes Licht im Gegensatz zur Schwarzen Sonne, die Rhythmus und Wärme ist.

Schwarzer Mond gegen Schwarze Sonne: Nordhemisphäre gegen Südhemisphäre. Das Über-sich-selbst-hinauswachsen ist wesentliches Element des Schwarzen Mondes. Er lehnt die Kommunikation auf niederer Ebene ab, aber wenn der Schwarze Mond über sich hinausgeht, ist die Kommunikation ausgezeichnet.

Schwarzer Mond: Hekatombe (Opfer von hundert Stieren).

Schwarzer Mond: eins, einzig. Einhorn.

Schwanz des Schwarzen Mondes: Masochismus.

Schwarzer Mond: Sadismus. Schwanz des Schwarzen Mondes: reden wie ein Wasserfall; offengelassener Wasserhahn.

Schwarzer Mond: Schweigen. Schliessung; geschlossener Wasserhahn.

In Verbindung mit dem Tarot:

Schwarzer Mond: die Kraft. Die Schwarze Sonne: die Liebenden.
Der Schwanz des Schwarzen Mondes: der Turm.
Der Schwanz der Schwarzen Sonne: der Eremit.

Sonne und Schwarzer Mond: metaphysische Himmelskörper.

Sonne und Mond: physische Himmelskörper.

Der Schwarze Mond ist für die Schwarze Sonne das, was die Struktur für die Masse ist.

Schwarzer Mond: Widerspruch, Antagonismus, Duell, Winkel, Riff. Unbeweisbares, aber fundiertes Urteil.

Schwarzer Mond: Porträt. Schwarze Sonne: Landschaft.

Schwarzer Mond: Poetik. Schwarze Sonne: Poesie.

Schwarzer Mond: unübertrefflicher Risikozustand. Schwarze Sonne: Wunder, Mysterium.

Der Schwarze Mond kennt die Dinge besser, als dass er sie lebt. Die Schwarze Sonne lebt eher die Dinge, als dass sie sie kennt.

Schwarzer Mond: Einschränkung, Ausnahme. Schwarze Sonne: Salbung. Unerschöpflich.

Schwarzer Mond: Obelisk. Schwarze Sonne: Wildbach. Heiliges Öl. Honig.

Der Schwarze Mond: Mime. Perle. Vampir, Vamp, Schlange. Die Schwarze Sonne: Clown. Achilles. Unwiderstehlich.

Schwarzer Mond: Rätsel. Schwarze Sonne: Mysterium.

Schwarzer Mond: Regel. Ordensregel.

Die Einhorn-Frau glaubt sich frigide, weil sie Aufgeben und Loslassen nur schwer akzeptieren kann, aber sie hat ein starkes Lustbewusstsein.

Der Schwarze Mond: verweigert sich oder ist unersättlich (Schwarzer Mond gegen Priapos, was Ausschweifung oder Trunkenheit bedeutet).

Schwarzer Mond: Der Durst ist besser als dessen Stillung.

Schwarzer Mond: Abscheu davor, in Ohnmacht zu fallen, den Kopf zu verlieren, vor Schwindelgefühl.

(«Ich fühlte mich noch mehr bekannt als verletzt», sagt die junge Parze.)

Schwarzer Mond: Entfernung, Einsamkeit, die für ein starkes Ich-Bewusstsein günstig ist.

Schwarzer Mond: Humor, schwarzer Humor, der ein Distanzieren bedeutet.

Schwarze Sonne: Wortspiel; Schüttelreim.

Schwarzer Mond: Hüter seines Geheimnisses; geheime und abgeschiedene Orte, Umfriedung. Wald, Insel. Weicht aus ins Schweigen oder ins Nicht-Dasein.

Schwarzer Mond: Introspektion, Reflexion. Unzugänglichkeit.

Schwarzer Mond: Drittes Auge, Doppel-Spiegel (Narziss).

Schwarzer Mond: männliche Frau, die den Odaliske-Troubadour-Mann beherrscht, im Grunde aber die Konfrontation mit dem Supermann sucht.

Slawische Seele (unterwirft ihren Körper, nicht aber ihre Seele). Man benutzt den Mann als Phallus-Objekt. Jungfrau. Witwe. Amazone.

«Im Grunde», gesteht mir eine Fische-Frau (Aszendent Ende Löwe, Schwarzer Mond in Jungfrau im ersten Haus), «mochte ich nie, dass jemand mich berührt.» Diese vertrauliche Mitteilung machte sie mir nach ihrer vierten Ehe.

Der Schwarze Mond ist revolutionär in seiner Wesenheit und reaktionär in seiner Existenz (intellektueller Anarchist).

Die Schwarze Sonne ist reaktionär in ihrer Wesenheit und revolutionär in ihrer Existenz (die Dauer-Revolution).

Der Schwarze Mond ist für die Schwarze Sonne dasselbe, wie das Schweigen für den Ton.

Schwarze Sonne: Schamanen-Trommel. Donner und Doria! Tam-tam. Rhythmus.

Schwarzer Mond: Stachel, Stich (führt über das Sterben), Dornröschen.

Schwanz des Schwarzen Mondes: Penner. Clochard.

Schwanz der Schwarzen Sonne: der Abgelehnte. Schwarzer Mond: die Ablehnung.

Schwarzer Mond: Erkundung des Unsichtbaren. Vivisektion; Mikroskop.

Schwarzer Mond: Wissen, das Liebe umfasst.

Schwarze Sonne: Liebe, die Wissen umfasst.

Schwarzer Mond: Reaktion. Schwarze Sonne: Leidenschaft.

Schwarzer Mond: Krypta, Nacht, Brunnen, Geheimnis, Barke, Baum, Segel, Spur, Narbe.

Die Sonne ist sensorisch, der Mond emotional, der Schwarze Mond intellektuell und die Schwarze Sonne affektiv.

Schwarzer Mond: Stein der Weisen. Schwarzer Stein der Kaabah.

Schwarze Sonne: das Blut Christi.

Schwarze Sonne: Verschleiss (sterben). Schwarzer Mond: Tod (Nicht-Dasein).

Schwanz der Schwarzen Sonne: heilig.

Schwarzer Mond: Opfer.

Der Schwarze Mond soll Tages-Gebieter des Steinbocks und Nacht-Herrscher des Löwen sein.

Man kann ihn auch überschwenglich in Löwe und als Herrscher in Steinbock sehen.

Nach Carteret soll er in Stier in nächtlichem Überschwang, in Jungfrau in Tages-Freude und in Zwillinge in Nacht-Freude sein.

Die Schwarze Sonne soll Herrscher des Wassermanns und Nacht-Gebieter des Krebses sein, überschwenglich in Waage im Tagesmodus und in Widder im Nachtmodus; Tagesfreude in Fische und Nachtfreude in Schütze.

Der Schwarze Mond soll in Krebs im Exil und in Wassermann im Fall sein.

Die Schwarze Sonne soll in Löwe im Exil und in Steinbock im Fall sein.

Der Schwarze Mond in den Häusern

Der Schwarze Mond im ersten Haus

Hier ist der Schwarze Mond natürlich vorherrschend, denn er prägt die gesamte Psychologie der Person, ihre Reaktionen gegenüber dem Leben, ihre Verhaltensweise, ihre äussere Haltung sowie das, was sie von sich zeigt.

Man erkennt ihn sehr oft an «seinem Blick», von dem wir bereits erwähnt haben, dass er über das Sichtbare hinausschauen kann und dass er der Ausdruck eines besonderen Anspruchs ist. Picassos Blick ist gleichzeitig geprägt vom Skorpion und vom Schwarzen Mond am Aszendenten . . . Man erkennt den Einfluss des Schwarzen Mondes an der Entfernung, die er zwischen sich und den andern schafft, an dem, was die einen als hochmütig ansehen, die andern als aristokratisch und schliesslich wieder andere als «störend».

Der Schwarze Mond am Aszendenten übt auf die andern eine gewisse Faszination, einen Bann, eine subtile Macht aus. Im allgemeinen ist er nicht sehr gesprächsfreudig und lässt eher seinen Blick für sich sprechen.

Der Schwarze Mond im ersten Haus entspricht natürlich der «Lilith» par excellence, und zwar mit allem, was dazugehört; aber je nachdem, in welchem Zeichen er steht, heisst er dann eben Einhorn oder Hekate, Artemis oder Antinea, Sirene oder Kybele, Anat oder Pandora . . .

Er ermöglicht die Anima-Frauen oder die, denen man vorwirft, einen mächtigen Animus zu besitzen, einen phallischen oder autoritären Charakter zu haben oder zuviel zu «palavern». . .

In einem männlichen Geburtshoroskop prägt er der Anima des Mannes seinen Stempel auf oder bildet die «Anima-Söhne» (1) der Mutter-Göttin, die Dichter, Künstler, Troubadoure, Denker, Philosophen, Mystiker und die «weiblichen» Männer, was nicht bedeutet, dass es sich um verweiblichte Männer handelt. Jedenfalls sind sie die Antithese des Mannes der Tat oder des Soldaten.

In der Tat prägt er manchmal die männliche Homosexualität als einen Wert «metaphysischer Umkehrung», als einen Versuch, die Norm abzulehnen, als einen Wunsch, seine Eigenheit zu bestätigen oder auch als Quintessenz hochmütiger Männlichkeit (vgl. Montherlant).

Er definiert ebenfalls die bei den vom Schwarzen Mond geprägten Künstlern so typische Atmosphäre, die man auch bei den Personen antrifft, die zum Beispiel von der Konjunktion oder der Opposition Sonne/Schwarzer Mond geprägt sind.

Oft spielt das Schwarze Mond-Wesen – vor allem bei einem Schwarzen Mond im ersten oder zehnten Haus – seine Rolle als Vermittler oder Wegbereiter (als Psychologe, Psychoanalytiker, oder als Astrologe, als derjenige, der dem andern hilft, den Schritt zu einem grösseren Bewusstsein zu vollziehen).

Von allen Positionen des Schwarzen Mondes handelt es sich hier um diejenige, die am stärksten die Integration der ihr innewohnenden Symbolwerte erlaubt, deren Verständnis ermöglicht und diese als offenkundig empfinden lässt . . . sobald man sie nicht mehr ablehnt (denn zunächst kann es vorkommen, dass Ablehnungsfärbungen sich genau am Schwarzen Mond manifestieren können, und dies vor allem bei den Männern, die ihn normalerweise viel mehr fürchten als die Frauen).

Wer sich besser mit der Symbolik Liliths vertraut machen möchte, sei auf das vorige Kapitel verwiesen (Liliths Sprache); er kann aber auch gewisse Autoren lesen, die im Laufe ihres Schaffens letzten Endes nur von ihr sprechen.

Der Schwarze Mond im zweiten Haus

Oft haben wir es hier mit einer selbstmörderischen Haltung gegenüber den materiellen Dingen oder gegenüber dem Geld zu tun. Gleichzeitig empfindet man das Verlangen nach materiellem Besitz, wie auch dessen Ablehnung. Man verspürt den Drang nach Freiheit, dessen Garant das Geld ist, aber man weigert sich, wie ein Sklave abhängig zu werden von den Elementen, die zum Verdienen dieses Geldes nötig sind.

Psychologisch gesehen ist das Verhältnis zum Geld mehr als zweideutig (2). Man kann in eine wahre Misserfolgsneurose verfallen, sobald sich der finanzielle Erfolg abzeichnet. Dank des Schwarzen Mondes im zweiten Haus versteht man auch, inwiefern Geld etwas ganz anderes ist als eben nur Geld; man lernt seine Beziehung zur Macht, zur Sühne, zum Opfer und zur psychologischen Manipulation kennen.

Es ist klar, dass die Entschlüsselung der psychoanalytischen Beziehungen eines Menschen zum Geld wesentlich erleichtert werden kann dank der Analyse des Schwarzen Mondes im zweiten Haus in bezug auf seine Aspekte und das Zeichen, worin er steht. Man kann auch ganz einfach sich selbst Geld verweigern, genauso wie man sich selbst abstreiten oder seine gesellschaftliche Identität dank seiner Mithilfe in Abrede stellen kann . . .

Unter seinem Einfluss kann man auch auf materielle Dinge verzichten, auf die man ein Anrecht hat, etwa auf eine Erbschaft; das Gleiche gilt übrigens bei einem Schwarzen Mond im achten Haus. Die Oppositionsaspekte haben dank des Schwarzen Mondes noch mehr Einfluss, da er auf einer Achse Schwarzer Mond/Priapos «funktioniert», die auf der Dialektik von Schliessen und Öffnen, von Retention und Hämorrhagie beruht.

Mit einem Schwarzen Mond im zweiten Haus kann man auf finanzielle Schwierigkeiten, auf Prüfungen oder auf gewollte oder ungewollte Opfer stossen.

Der Schwarze Mond im dritten Haus

Erfasst man das dritte Haus nacheinander auf den drei Interpretationsebenen, die an seine Analogie mit dem dritten Sternzeichen, Zwillinge, erinnern, dann bekommt man eine Information entweder über die Beziehung der Person zu ihren Geschwistern oder über ihr Verhältnis zu ihrer Lehr- und Studienzeit, oder aber über ihre beziehungsbedingte Anpassungsfähigkeit und damit auch nebenbei über ihre Haltung gegenüber dem Reisen, was eng mit der Mobilität der Häuserachse drei/neun zusammenhängt.

Die Anwesenheit des Schwarzen Mondes im dritten Haus prägt mit einer ungewöhnlichen Häufigkeit den Tod eines Bruders (oder einer Schwester), der entweder vor der Person (diese nimmt dann den Platz eines Verstorbenen ein, indem sie ihm sozusagen das Leben raubt) oder nach der Person verstorben ist, was sie zu der Erkenntnis bringt, dass ein Kind sterben «kann», dass es nicht unverwundbar ist und dass folglich auch die Person selbst eines vorzeitigen Todes sterben kann.

In einem solchen Fall empfiehlt es sich immer, hierüber etwas mehr zu erfragen: Manchmal ist die Antwort direkt – und erschütternd, manchmal handelt es sich nur um eine Fehlgeburt der Mutter, die aber der Person zu Ohren kam, weil man versuchte, diese Tatsache mit dem Mantel des Geheimnisses zu umhüllen, oder weil die Mutter abwesend oder bettlägerig war. Rein analytisch gesehen ist dieses Ereignis niemals wertneutral.

Man kann hiermit auch gewisse Misserfolgsneurosen erklären, wo man den Eindruck hat, als untersage sich die Person, «an Stelle» ihres verstorbenen Bruders oder ihrer Schwester Erfolg zu haben. Und sei es nur aus dem jeder Trauer anhaftenden Schuldgefühl heraus.

Was ich hier schreibe, ist weder ein psychoanalytisches Vagabundieren noch eine intellektuelle Laune. Sozusagen als Beleg möchte ich einen kurzen Auszug aus der Doktorarbeit eines Kinder- und Jugendpsychiaters (3) zitieren:

«Der Tod eines Bruders oder einer Schwester hat eine ganze Reihe von Veränderungen zur Folge, die über das einfache Verschwinden einer einzigen Person hinausgehen. Hat ein Kind eines seiner Geschwister verloren, dann hat es damit gleichzeitig das Bild seiner Eltern verloren, (...) die es allmächtig wähnte. Kann dieses Kind nun die Vorstellung, dass ‹seine Eltern eines seiner Geschwister haben sterben lassen› akzeptieren, was für das Kind ein nicht wiedergutzumachendes Zeichen ihrer Ohnmacht ist? Oder wird es diese Idee ins Negative umkehren, beispielsweise durch ein ‹Sie haben es zum Sterben gebracht›, was auf eine erschreckende Elterngefährlichkeit hinausläuft?

Die meiste Zeit pendelt das Kind zwischen diesen beiden Polen hin und her, aber auf jeden Fall hat sich sein Elternbild verändert. Verändert vor allem auch deswegen, weil die Eltern selbst von der Trauer betroffen sind. Je nach seinem Temperament kann das überlebende Kind Objekt eines zusätzlichen Interesses werden, eines Übermasses an Liebe elternseits, oder aber im Gegenteil Objekt der Entbehrung eines Teils dieser Liebe. Diese Überinvestition in das lebende Kind und dieser Liebesmangel sind in der Tat die beiden Aspekte einer Überinvestition in das tote Kind. (...) Dieses Kind läuft im Extremfall Gefahr, sich nur dann geliebt zu glauben, wenn es nicht mehr lebendig ist. Zusätzlich zur Trauer über den Bruder oder die Schwester muss es noch diejenige um seine Eltern tragen, oder aber gewissermassen deren Trauer ausmachen. Der Verlust ist zweifach: einerseits der des Bruders oder der Schwester und andererseits der der Eltern der Zeit vor dem Todeserlebnis. Und deswegen ist auch die Trauer um einen Bruder oder um eine Schwester besonders schwierig.»

Es gäbe viel zu sagen über die Rolle des Schwarzen Mondes im dritten Haus; aber allein schon die Tatsache, dass man diese schmerzliche Frage der Trauer anschneidet, hat einen nicht zu unterschätzenden Befreiungseffekt im Laufe der Konsultation.

Oft trifft man da das Mädchen anstelle des erwarteten Jungen an, oder den Sohn, wo man eine Tochter erhoffte.

Manchmal kann es sich auch um einen symbolischen Tod im Zusammenhang mit dem Inzestverbot handeln: Bruder oder Schwester sind «verloren», da sie unberührbar sind. Aber man begegnet auch der Faszination am Inzest beziehungsweise der inzestuösen Beziehung selbst. Dies ist zum Beispiel der Fall bei Lord Byron und bei Cesar Borgia. Diese Haltung findet man auch im Geburtshoroskop von Thomas Mann, dem es in seinem glänzenden und humorvollen Roman «Der Erwählte» nur um das Thema Inzest geht. (4)

Das dritte Haus steht in enger Beziehung zur Kommunikationsfähigkeit des Individuums, seinen Talenten oder seiner Gabe zu schreiben und zu dichten; es ist deswegen nicht selten, dass man hier den Schwarzen Mond bei Künstlern antrifft, die die «Schwarzer-Mond-Themen» aufgreifen, weil sie den inneren Drang verspüren, diese auszudrücken, sie «bekanntzumachen»: Dies ist zum Beispiel der Fall bei Céline, Eugène Ionesco oder Alain Resnais.

Der Schwarze Mond im dritten Haus prägt manchmal, nun einmal ganz abgesehen vom Geschwisterproblem oder der Suche nach dem fehlenden Bruder, ein Opfergefühl beim Studium, oder dessen Unterbrechung, bisweilen auch eine Orientierung, die anders verläuft als ursprünglich geplant. Auf diesem Niveau haben wir es mit Triebverdrängung oder mit Frustration zu tun.

Manchmal hat diese Person oft schon in ihrer Jugend Schwierigkeiten im Kommunikationsbereich; sie fühlt sich gehemmt oder ganz einfach unfähig, mit den andern in Kontakt zu treten oder sich auszudrücken. Bisweilen prägt auch der Schwarze Mond im dritten Haus so sehr einen Perfektionismus im Schriftbereich, dass dies bis zum Schreibverbot gehen kann.

Im Bereich des Reisens kommt es nicht selten vor, dass die Person unbewusst «wählt», einen Unfall zu haben, und dies zu einem Zeitpunkt, wo sie, natürlich ebenfalls ganz unbewusst, auf der Suche nach Selbstbestrafung ist.

Der Schwarze Mond im vierten Haus

Das vierte Haus verweist uns, wie wir wissen, auf die Ursprünge, auf alles, was uns vorausgeht, auf die «Familiensaga», deren Erben wir alle sind, auf das Familienklima und das Familienleben selbst, auf das Haus als Symbol des mütterlichen Schosses.

Der Schwarze Mond in diesem Haus ist oft ein Zeichen der Trennung vom Ursprung, ein Symbol des «Loches»; ganz gleich, ob es sich um ein Adoptivkind, um eine Emigration, um eine Unkenntnis bezüglich der Herkunft oder um Dramen und Opfer, die die Familie gezeichnet haben, handelt. Es geht hier manchmal um Trauer, um authentische Tote, um Deportation, bisweilen auch um den Ruin des Vaters oder um grundlegende Veränderungen in den Lebensbedingungen der Eltern.

Oft kommt es vor, dass derjenige, dessen Schwarzer Mond im vierten Haus steht, sich dort nicht wohl fühlt, wo er lebt. Er zieht oft um, stellt dabei Wohnungen oder Häuser in Frage, und ist niemals mit seiner Umgebung zufrieden. Oder aber er findet sich durch schmerzliche Umstände verjagt.

Eine Trennung von Vergangenheit und Familie erscheint hier als notwendig. Das Gewicht der Familie und ihre Geschichte lasten im allgemeinen sehr schwer auf der Person. Ich bin im Besitz mehrerer Geburtshoroskope, die besonders von einem sehr dissonanten Schwarzen Mond im vierten Haus geprägt sind; eines ist das eines Muttermörders, ein anderes das eines Notzuchtverbrechers und Mörders ...

Man kann auch den Schwarzen Mond im vierten Haus als eine Ambivalenz gegenüber der Familie interpretieren, die entweder geliebt oder verworfen, erwünscht oder abgelehnt wird; oder aber auch als eine schmerzlich empfundene Ambivalenz in der Haltung der Familie gegenüber der Person. Auch da werfen die Aspekte des Schwarzen Mondes etwas mehr Licht auf die Situation, und das Gleiche gilt beim entsprechenden Sternzeichen.

Vergessen wir auch nicht, dass er hier eine Achsenstellung hat und von daher allein schon sehr mächtig ist.

Der Schwarze Mond im fünften Haus

Traditionsgemäss erlaubt das fünfte Haus all das anzusprechen, was im Bereich des Schöpferischen liegt, und dabei insbesondere das, was das Kind, die Liebe als Widerspiegelung und das Erschaffen im allgemeinen betrifft. Die Liebe versteht sich hier als Anerkennung durch den andern, als Liebe, die auf einer narzistischen Ebene begründet ist und nicht als Verpflichtungs-Liebe. Es scheint, dass eben dieses fünfte Haus, sei es nun durch das Schöpferische, das Kind oder die Liebe, besonders günstige Grundlagen schafft für diesen Narzissmus, ohne den wir unserer Meinung nach nicht existieren können. Das Kind erweist uns Ehre oder entehrt uns, das künstlerische Schaffen vermittelt uns Ruhm oder gibt uns der Lächerlichkeit preis, und die Liebe bezeichnet diesen Spiegel, in dem wir uns sehen oder nicht sehen können.

Die Anwesenheit des Schwarzen Mondes in diesem Haus vermittelt uns sehr aufschlussreiche, getrennte oder auch gleichzeitige Angaben über diese drei Ebenen.

Wieviele Frauen mit dem Schwarzen Mond im fünften Haus gibt es, die in bezug auf die Mutterschaft eine unleugbare Ambivalenz verspüren! Der Wunsch nach dem Kind und dessen Ablehnung sind eng miteinander verknüpft und oft Zeichen eines verletzten Narzissmus, der verhindert, sich ohne Angst «fortzupflanzen».

Die Anwesenheit von Lilith, der «Kindsmörderin», im fünften Haus prägt oft Fehlgeburten, Abtreibungen, Schwierigkeiten bei der Schwangerschaft selbst oder bei der Niederkunft, oder eine Ambivalenz bezüglich des geborenen Kindes, das unbewusst abgelehnt wird und das dann als Folge manchmal seinerseits durch Ablehnung reagiert.

Drama, Trauer um das Kind, Opfer oder Prüfung in Verbindung mit dem elterlichen Leben sind hier ebenfalls nicht selten.

Ich habe einen Mann gekannt, Vater von vier Kindern, der ohne Zustimmung seiner Frau bei sich eine Sterilisation durchführen liess. Die Folge war eine Scheidung, die er selbst nicht gewünscht hatte. In seinem Geburtsbild stand der Schwarze Mond im fünften Haus in Opposition zu Pluto.

Sehr oft prägt der Schwarze Mond im fünften Haus einen sehr grossen Vollkommenheitsdrang in bezug auf die schöpferische Tätigkeit, der manchmal als erwünscht und unzugänglich, als willkommen und verboten zu gleicher Zeit erlebt wird. Durch den festen Wunsch, ein vollkommenes Werk zu schaffen, verschafft man sich gute Gründe, nichts;9 zu tun. Die beste Art und Weise für einen Kunstschöpfer, den Schwarzen Mond im fünften Haus zu erleben, besteht darin, dass er die für den Schwarzen Mond typischen Themen zum Ausdruck bringt.

Dies ist etwa der Fall bei François Mauriac (Schwarzer Mond im fünften Haus in Steinbock mit Trigon zu Neptun und einem Quadrat zur Sonne). Von «Nœud de vipères» – Natterngezücht- bis zu «Genitrix» – Der Tod der jungen Frau – und «Asmodée» (letztere wird auch zweite Lilith oder Jung-Lilith genannt) oder zu anderen weiblichen Persönlichkeiten wie «Thérèse Desqueyroux» ist die Schwarze Mond-Atmosphäre überall in seinem Werk zu spüren.

Hinzu kommt noch, dass der Schwarze Mond im fünften Haus auf einer emotional-sexuellen Ebene die Ablehnung der Norm bedeuten kann, wie zum Beispiel die Entscheidung für Homosexualität oder die Ablehnung eines jeglichen Liebeslebens. Ganz gleich, welche Definition man auch mit dem Schwarzen Mond im fünften Haus verbindet, auf jeden Fall muss man hervorheben, wie notwendig es für diese Person ist, dass der andere für sie in Sachen Liebe unzugänglich ist.

In bezug auf das Bild, das jemand von sich selbst hat, auf den Narzissmus und auf das Ich-Ideal gibt es immer wieder Schwierigkeiten mit dem Schwarzen Mond im fünften Haus; selbst bei günstigen Aspekten, aber noch mehr bei Dissonanzen – die zum Beispiel von der Sonne oder dem Mond herrühren und die die Nicht-Widerspiegelung des narzisstischen Bildes in dem von dem Vater oder der Mutter hingehaltenen Spiegel prägen – hat die Person Schwierigkeiten, sich mit dem Bild, das sie sich von sich selbst macht, zufriedenzustellen und leidet unter ihrer Unvollkommenheit.

Der Schwarze Mond im sechsten Haus

Auch das sechste Haus berührt mehrere Realitätsebenen. Zunächst das Alltägliche unter seinem mühseligen Aspekt: Berufsumfeld, mehr oder minder undankbare, sich ständig wiederholende Aufgaben, das ist die «Schufterei-Natur» des sechsten Hauses. Und auch die Haltung, die wir gegenüber der Arbeit, gegenüber der sozialen Stellung haben. Und dann die Gesundheit. Schon seit jeher verbindet man plötzlich auftretende Beschwerden mit dem sechsten Haus und die chronischen Leiden mit dem zwölften, aber die astrologische Erfahrung verbietet eine solche Unterscheidung. Vergessen darf man hier nicht die Analogie zwischen dem Jungfrau-Zeichen und dem sechsten Haus, genau wie diejenige zwischen Löwe und dem fünften usw. Dieses Jungfrau-Haus ist geprägt von der Wiederholung, von der Unsicherheit, den tagtäglichen Sorgen, den kleinen Besessenheiten und Manien sowie auch von Organisation und Wirksamkeit. So kann der Schwarze Mond im sechsten Haus bezüglich der Arbeit andeuten, dass man die tägliche Sklaverei ablehnt, dass man dazu tendiert, sich «in der Arbeitslosigkeit» häuslich niederzulassen oder sie zu erleiden, dass man versucht, sich einer Arbeit zu entledigen, die man als entwertend ansieht.

Manchmal sieht man auch darin die Schwierigkeit der Integration in das Berufsmilieu; man erkennt die Autorität der Dienstvorgesetzten nicht an oder man wird selbst schlecht in dem Unternehmen oder in der Firma ertragen, da man als Protestler oder als mehr oder minder schlecht integriert verschrien ist.

Da der Schwarze Mond im sechsten Haus im Gesundheitssektor und damit auch im Krankheitsbereich liegt, erinnert er an das Messer, das Skalpell, das Operationsmesser als Instrument zum initiatischen Hinüberschreiten, zum Exorzisieren oder zur unbewussten Sühne. Man weiss, dass der chirurgische Eingriff die Möglichkeit bietet, «etwas anderes» auszutreiben und ein unklareres Problem auf den Körper umzulenken.

Man muss sich stets die Frage nach der Art und Weise stellen, wie man den Schwarzen Mond im sechsten Haus benutzt, um sich im Opferbereich zu bewegen; leider ist es sehr oft so, dass man unbewusst die Verstümmelung als Opferform wählt. Wieviele Frauen mit dieser Schwarzer Mond-Stellung – und dazu zum Beispiel noch in Skorpion – scheuen keine sexuelle Verstümmelung wie etwa die Hysterektomie oder die Ablation eines Eierstocks oder einer Brust bzw. die Entfernung von Zysten usw!

Manchmal bringt der Schwarze Mond im sechsten Haus, je nachdem, in welchem Tierkreiszeichen er steht, auch Gesundheitsprobleme, Unfälle, Schnittwunden und Verletzungen mit sich, deren Ursachen fast immer im psychosomatischen Bereich oder in Selbstopferung zu suchen sind. In einigen Fällen handelt es sich ganz einfach um eine Schönheitsoperation, wobei man sich vorstellen kann, was sie alles an Ablehnung gewisser Wirklichkeiten beinhalten kann ...

Im psychischen Bereich ist es nicht selten, dass der Schwarze Mond im sechsten Haus Depressionen mit starken Gewaltausbrüchen und Selbstmordanwandlungen mit sich bringt. Aber es kommt ebenfalls vor, dass man diese Position des sechsten Hauses im Laufe seines Lebens als dramatisch von Gesundheitsproblemen geprägt erlebt, die zum Beispiel eine nahestehende Person betreffen.

Man «benutzt» am besten den Schwarzen Mond im sechsten Haus, indem man Chirurg oder Psychiater wird. Es kann hier die Faszination der Zerstörung, des Wahnsinns oder des Todes des andern auftauchen, aber mit ihrer Hilfe kann man seine eigene Initiation durchführen. In einigen Fällen haben wir es mit einer Herabwürdigung medizinischer Kompetenzen zu tun wie zum Beispiel im Fall des Dr. Petiot, der in sehr trauriger Erinnerung geblieben ist (5), und der einen Schwarzen Mond im sechsten Haus in Stier im Quadrat zu Sonne/Merkur hat. Ich fand ihn im sechsten Haus (oder auch im zwölften) bei mehreren perversen Psychiatern und, mit einer starken Häufigkeit in Jungfrau oder im sechsten Haus, bei schwerer Psychopathie oder bei Drogenkonsumenten.

Der Schwarze Mond im siebten Haus

Dieses astrologische Haus steht in klarer Beziehung zu dem andern, denn es ist wie ein umgekehrtes Echo des ersten Hauses, dem Sektor des Ego. Es ist ein Ort der Verpflichtungen und der Verträge, der Prozesse und der Unterbrechungen, der Ehe, der Vereinigung, egal, ob dies nun emotional ist oder nicht. Ein Ort, der manchmal den andern darstellt, ihn selbst, in seinem Verhalten und seiner Natur und als Hauptdarsteller in unserem Leben. Es kommt häufig vor, dass man mit einem Saturn im siebten Haus einen Saturnmenschen heiratet und mit einem Uranus einen Uranusmenschen.

Mit dem Schwarzen Mond im siebten Haus tauchen verschiedene Möglichkeiten auf: In gewissen Fällen haben wir es mit Trauer um den andern zu tun, mit Witwenschaft, mit Opfer des andern. Aber es ist natürlich klar, dass es sich hier nicht immer um ein Zeichen einer echten Witwenschaft handeln kann. Es gibt mehrere Arten und Weisen, wie man den andern als abwesend oder als ablehnend, als tot oder als Mittel zu unserer eigenen Initiation erleben kann.

Der Schwarze Mond im siebten Haus bezeichnet eine der Abwesenheitsformen des andern: Ablehnung der Hochzeit, Verlust des Gatten, Gatte mit abweisender oder unzugänglicher Haltung, oder ganz einfach der andere «Schwarze Mond»; er ist von diesem Wert geprägt und man geht sicher auf ihn zu, wenn man auf der Suche nach Einweihung oder nach einer als notwendig erachteten Vermittlerrolle ist. Man kann also seine Anima und seinen Animus «heiraten».

Hier kann natürlich auch die phantasmatische Projektion auftauchen mit allem, was sie an Überwältigendem, an Unwiderstehlichem und an Faszinierendem hat. (6)

Übrigens haben wir es hier wieder mit einem Schwarzen Mond in Achsenstellung zu tun, der oft so gelebt wird, als stünde er im ersten Haus, indem man mehr den Akzent auf dieses Spiel von Ablehnung und Begehren legt oder auf das Leiden dessen, der durch seine entfremdende Haltung selbst bis zur Geisteskrankheit entfremdet wird. Man denke dabei etwa an Antonin Artaud. (7)

Die Position des Schwarzen Mondes im siebten Haus bedeutet ebenfalls eine Art von Abstandnehmen gegenüber dem andern, aber es handelt sich dabei nicht immer um die Gefühlsebene. Man kann sich dafür entscheiden, einen gewissen Abstand zu wahren, sich nicht gerne zu binden oder manchmal sich als scharfzüngiger, humoristischer Beobachter zu distanzieren.

Man kann davon ausgehen, dass der Schwarze Mond im siebten Haus keine Idealstellung für Verbindungen aller Art darstellt. Der Partner läuft Gefahr, eines Tages in Abrede gestellt zu werden; die Verbindung wird dann in Frage gestellt, der Vertrag gebrochen und das Band zerschnitten. Aber die Schwierigkeiten, denen man bei dem nicht einfachen Versuch begegnet, dauerhafte Bande zu knüpfen, können notwendige Bewusstwerdungsprozesse im Bereich der Beziehungen zu andern auslösen.

Der Schwarze Mond im achten Haus

Hüten wir uns vor denen, die unter Hinweis auf den Schatten-Wert des achten Hauses hieraus sofort einen Todes-Wert machen wollen.

Sicherlich kann der Schwarze Mond im achten Haus eine gewisse Tendenz zum Selbstmord fördern, vor allem dann, wenn andere Angst- und Depressionselemente noch hinzukommen. Auch Trauerfälle sind nicht ganz aus dem Leben der Person (8) wegzudenken. Es ist durchaus möglich, dass Leute aus ihrem engen Kreis sich umbringen oder verschwinden. Sie durchläuft oft grosse Opfererfahrungen, die eng mit der gesamten Lilith-Symbolik verbunden sind.

Betrachtet man das achte Haus auf seiner Achse zum zweiten Haus, von der man weiss, dass sie in Beziehung steht zu den materiellen Gütern, zu Erbschaften – vor allem zu letzterem sowie zu gut angelegtem Geld, also alles, was weder tägliche Anstrengung noch Mühe noch Schweissvergiessen verlangt –, dann kann der Schwarze Mond im achten Haus die Notwendigkeit anzeigen, auf dieses ererbte Vermögen oder dieses vom Himmel – oder aus der Hölle – gefallene Geld zu verzichten. In einem solchen Fall kann man sich fragen, ob «der Preis», den man in klingender Münze «zu zahlen hat», nicht verhindert, dass man «mit dem Preis seines Blutes bezahlen» muss. (9)

Versteht man das achte Haus in seiner erweiterten Symbolik, das heisst in Verbindung mit dem Tod als wesentliche metaphysische Erfahrung, dann kann der Schwarze Mond in diesem Sektor uns die grossen Fragestellungen, ja sogar manchmal eine wahre Besessenheit vom Tod nicht ersparen. Er benutzt dabei oft seine Ambivalenz, indem er einerseits eine Todesablehnung, die fast so heftig sein kann wie die bei einer Drachenstellung im achten Haus, als «vertikalen Einwand» gegen den Tod bezeichnet, und indem er andererseits eine gewisse Todesfaszination, die seines eigenen Todes als auch der anderen, und ein Todesbegehren ausdrückt, wobei der Todeswille durchaus bewusst, hellsichtig und ebenfalls vertikalisiert ist.

Manchmal kann es auch vorkommen, dass man aus dem Tod des andern eine initiatische Erfahrung für sich selbst ableitet.

Der Schwarze Mond im neunten Haus

Das neunte Haus, das dem dritten gegenüberliegt, bildet die beweglichste Achse des Geburtsbildes. Analog dazu bedeutet das neunte Haus (in Analogie zu Schütze) die Stelle des Überschreitens von allen Grenzen, sowohl geographischer als auch innerer Art; dies ist das Haus der Reisen, der wirklichen wie der symbolischen. Dank logischer Ausweitung findet man dann hier auch die intellektuellen Aneignungen, die uns erlauben, unsere Begrenzungen zu reduzieren oder über unsere ursprünglichen Lernbedingungen hinauszugehen. Dieses Haus wird somit zu einem typischen Ort für «das Studium», wie es auch schon traditionsgemäss das der Reise und der Beziehung zum Ausland ist.

Der Schwarze Mond bedeutet hier vornehmlich jedes Ablehnen von Grenzen. Ablehnung aller Begrenzungen. Zweifel an allem, was gelehrt, was weitergegeben wird, solange man es nicht selbst anhand seiner eigenen Erfahrung oder seiner persönlichen Aufschlüsselung überprüft hat. Ablehnung der bisherigen Betrachtungsweisen, der bürgerlichen Moral, des Dogmas. Liliths entschiedenes «Nein!» findet hier seinen vollen Ausdruck. Und ohne grosse Überraschung entdeckt man einen Schwarzen Mond im neunten Haus bei Léautaud, der die Dummheit voller Eifer und Agressivität angeprangert hat.

Lilith im neunten Haus kann sowohl die Faszination der Reise, der Fremde ... oder des Fremden anzeigen, wie auch die Weigerung, über althergebrachte Grenzen hinauszugehen; manchmal kann dies eine Hemmung vor dem Erlernen von Fremdsprachen sein, oder manchmal auch ein aktiver Fremdenhass. Aber hier gibt die Erfahrung den Ausschlag: In der Tat ist die Faszination viel häufiger als die Ablehnung. Oder die Reise selbst kann Gelegenheit bieten zu einem «initiatischen Übergang».

Man kann den Schwarzen Mond ebenfalls im neunten Haus mit der Forderung nach innerer Suche in Verbindung bringen, aber auch hier ist nie eine Spur von Köhlerglauben, von passiver Gesetzesanerkennung.

Die Suche nach dem Gral stellt kein Problem dar, aber nur nach seinen eigenen Anforderungs- und Initiationskriterien! Diejenigen, die im neunten Haus einen Ort sehen, wo wir unseren Lehrer, unseren Meister oder unseren Guru treffen, dürfen nicht erwarten, in Lilith einen nachsichtigen Initiator anzutreffen. Mit einem Schwarzen Mond ist der initiatische Übergang stets ein Weg durch ein Nadelöhr ...

Genau wie im dritten Haus bedeutet der Schwarze Mond im neunten, in bezug auf das Studium, manchmal Frustration, Opfer oder das Umsetzen eines gewissen Wissens oder einer Kenntnis, die man sich meistens als gesellschaftlicher Aussenseiter und Autodidakt aneignen muss.

Jeder muss natürlich gemäss seinem ganz persönlichen Verständnis seines Geburtsbildes dessen Symbolgehalt vertiefen und die Einflussweisen des Schwarzen Mondes in diesem neunten Haus erfassen.

So kann ich denen, die in der Spitze des neunten Hauses den Ausgangspunkt des fetalen Lebens sehen (wobei man in Richtung Aszendent als Darstellung der Geburt geht), in der Tat bestätigen, dass ich ziemlich oft – bei einem Schwarzen Mond nahe der Spitze des neunten Hauses – ein Kind angetroffen habe, das die Mutter ursprünglich abgelehnt hatte; oder es handelte sich um einen Abtreibungsversuch von seiten der Mutter, oder um tragische und grausame Umstände, die den Zeugungsakt begleitet hatten, und die die Mutter und eventuell auch der Fetus selbst erlebt hatten, was man heute durchaus anzunehmen bereit ist.

Der Schwarze Mond im zehnten Haus

Aus mehr als einem Grund ist der Schwarze Mond hier sehr mächtig: Achsenstellung, Kulminationspunkt und Anwesenheit in einem dem Steinbock analogen Haus, einem Tierkreiszeichen, dessen Herrscher er ist.

Er bezeichnet hier Schicksale, die aussergewöhnlich sind, die ausserhalb der Norm liegen; er bringt einen dazu, wie de Gaulle eines Tages «Nein!» zu sagen, einen Tatbestand oder eine Situation in Abrede zu stellen, oder er ist sich seiner Einzigartigkeit bewusst und kann demnach auch nur ein aussergewöhnliches Los haben. Auf der Kollektivebene kann man ein Mythosbild, das Abbild eines einzigartigen Wesens inkarnieren, das unnahbar und im Besitz von Kräften ist, die es von der Masse unterscheiden. Häufig finden wir hier Personen, die einen Platz innerhalb der Aristokratie haben.

Der Schwarze Mond im zehnten Haus bedeutet manchmal eine reine Aussteigerrolle, die Weigerung, sich in die «Reduktionsform» pressen zu lassen; und dies hat zur Folge, dass man sich für ein Leben entscheidet, das verschieden ist von dem der meisten andern Leute (de Gaulle, François Mitterand). Bei dem künstlerischen Schöpfer dominiert eine stolze, etwas kühle und auch wieder aristokratische Haltung. Man denke etwa an Georges Mathieu, dem im Wassermann geborenen Maler mit Aszendent Widder und dem Schwarzen Mond im zehnten Haus in Steinbock, der die Kühlschränke, die im Eingang seines Hauses herumstanden, bemalte und königliche Thronsessel sammelte.

Aber öfters offenbart der Schwarze Mond im zehnten Haus diejenigen, die als Vermittler, als Seelenhelfer oder als Initiator tätig sind. Sie helfen bei der Bewusstseinswerdung. Deswegen finden wir auch diese Position häufig bei Psychoanalytikern, bei Psychiatern, Psychologen und Astrologen oder bei bestimmten Ärzten, für die Psychosomatik mehr als nur ein leeres Wort ist. Wir finden sie ebenfalls bei dem Pflegepersonal, das sich vom klassischen Weg entfernt und das nach neuen Möglichkeiten sucht . . .

Es ist von Interesse festzustellen, dass Transite des Schwarzen Mondes auf MC oder auf Planeten des zehnten Hauses sich häufig durch eine Infragestellung der ursprünglichen Berufswahl oder der Situation an sich auszeichnen, ganz gleich, ob dieses Infragestellen freiwillig und absichtlich geschieht, oder ob es durch Umstände aufgezwungen und als Opfer oder Drama erlebt wird, was manchmal im Rentenalter der Fall ist.

Man findet den Schwarzen Mond im zehnten Haus oft bei denen, die häufig den Beruf wechseln, sei es aus allgemeinem Protest gegen den, den sie ausüben, oder aus Reaktion gegen die Methoden und Techniken, die sie benutzen. Oder sie haben einfach einen Sättigungspunkt erreicht, verspüren die Notwendigkeit, etwas anderes zu tun, einen Schritt weiter zu gehen und sich selbst herauszufordern. Boris Vian, von dem man weiss, dass er «alle Berufe» ausgeübt hat, hatte den Schwarzen Mond am MC.

Stets protestiert der Schwarze Mond im zehnten Haus gegen die Gesellschaft und ihre Gesetze und lehnt deren Spielregeln ab. Und man kann sein Leben damit verbringen, diese anzuprangern ...

Es kann auch vorkommen, dass der Schwarze Mond im zehnten Haus ein selbstmörderisches Verhalten in bezug auf das, was man sozialen Erfolg zu nennen pflegt, mit sich bringt. Eines Tages entscheidet man sich zum Verzicht auf die Macht, von der man ein Quentchen in Händen hält, und auf den Ruhm. Man schafft also Umstände, um so ein berufliches «Harakiri» zu erleichtern. Wie dies der Fall war bei de Gaulle, als er sich für die Volksbefragung zu seiner Politik entschied, über deren Ausgang es für ihn keinen Zweifel geben konnte.

Der Schwarze Mond im elften Haus

Wir haben es hier mit dem Haus der Freundschaften zu tun, vor allem in seiner Analogie zum Wassermann, mit einer Öffnung zur Welt hin, mit Universalität, mit Ausweitung des Austausches, mit Solidarität, mit Sinn für das Kollektive.

Der Schwarze Mond bezeichnet hier die höchste Anforderung in Dingen der Freundschaft. Die Auswahlkriterien sind furchtbar. Ein grobmaschiges Sieb hält nur grosse Klumpen zurück. Wer seinen Schwarzen Mond im elften Haus hat, zögert nicht, die Freunde zu köpfen, die sich in seinen Augen schuldig gemacht haben. Die Guillotine «Schwarzer Mond» hat ein scharfes Fallbeil. Manchmal geht dies aber auch über den eigentlichen Willen der Person hinaus, die nicht immer diese Einsamkeit wünscht und die einige ihrer Freunde, vom Leben getroffen, «verschwinden» sieht, symbolisch oder auch in Wirklichkeit. Manchmal hat die Person auch das schmerzliche Gefühl, dass das Schicksal eine Leere um sie schafft, und dass sie keine Freunde mehr findet. Alle Möglichkeiten stehen nun offen: Selbstmord der Freunde, plötzlicher Tod, radikaler Verlust, unwiderrufliche Trennung oder Unmöglichkeit der Kommunikation. Aber im Kern dieser Beziehung zum Absoluten und zur Vollkommenheit der freundschaftlichen Bindung gibt es stets eine Ambiguität, also eine Zweideutigkeit zwischen Ablehnung und Verlangen. Der ständige Zweifel an diesen Banden und die Schwierigkeit, seinen Platz in der Freundesgruppe zu finden, bedarf hier auch einer Prüfung.

In den Geburtshoroskopen eines Vincent Van Gogh und eines Drieu La Rochelle – Schwarzer Mond im elften Haus – entdeckt man sofort das Leiden derer, die viel zu geben haben und die niemanden gefunden haben, der imstande ist, sie zu verstehen oder diese Gaben anzunehmen.

Interessant ebenfalls die Stellung des Schwarzen Mondes im elften Haus bei Jean Moulin (sollte etwa der Schwarze Mond im elften Haus auf einen Verrat durch seine Freunde hinweisen?) und auch bei Benito Mussolini, bei dem man ohne Mühe den Verlust der alten Verbündeten und die Umkehrung der Freunde in Feinde beobachten kann.

Wenn man das elfte Haus mit Projekten, mit dieser ständigen Öffnung auf die Welt der Zukunft und der Entdeckung assoziiert, dann bedeutet der Schwarze Mond in diesem Haus den ständigen Zweifel an diesen Projekten; diese Art zu Handeln erinnert an gewisse psychologische Prozesse, die vom Misserfolg gekrönt sind: Man träumt von Dingen, die so grandios sind, dass man nur ein ruhiges Gewissen hat, wenn man sich nicht damit befasst

Wie im fünften Haus wird der schöpferische Akt manchmal gebremst oder gar verhindert durch diesen Vollkommenheitsdrang, der die Sprunglatte auf drei Meter legen lässt, um so ja keinen Sprung mehr zu ermöglichen!

Der Schwarze Mond im zwölften Haus

Eine subtile und komplexe Position in einem Sektor, der selber so doppeldeutig wie das Tierkreiszeichen Fische ist, an das er erinnert. Hier hat man es zu tun mit dem ganzen Gewicht des Geheimen, des Verborgenen und Okkulten.

Versteht man das zwölfte Haus unter dem Aspekt der Prüfungssymbolik, dann hat diese hier stets einen Opfercharakter. Manchmal bedeutet es auch Verzicht auf Vergnügen oder Verlust der Freiheit, wozu auch Gefängnis, Anstalt oder Krankenhaus gehören. Manchmal ist es auch die Beschäftigung mit dem Älterwerden oder der Einsamkeit, die schlecht ertragen werden.

Der Schwarze Mond im pathologischen zwölften Haus kann chirurgische Eingriffe bedeuten wie im sechsten, psychische Verwirrungen (auch die Faszination für den Wahnsinn der anderen) oder verborgene und geheime Dramen.

Eine Verbindung mit dem Geheimen, dem Eingesperrtsein, der «Parenthese», dem «inneren Labor», besteht immer noch. Der Schwarze Mond löst manchmal Bestrafungen aus, die die Person selbst unbewusst wünscht. Er kann sie ins Gefängnis bringen – in Wirklichkeit oder nur symbolisch;

konkret im Fall von Landru, dessen zwölftes Haus gut besetzt war und auch den Schwarzen Mond umfasste, der bei ihm offenbar auf allen Ebenen des Geheimnisses und des Rätsels seinen Einfluss offenbarte; es kann auch das Krankenhaus sein, um dort gepflegt zu werden oder selbst zu pflegen, oder um der Wirklichkeit zu entfliehen, wie es bei zahlreichen Drogenabhängigen der Fall ist, es kann sich auch um ein Kloster handeln, um zum aktiven Leben in der Welt «Nein» zu sagen ...

Der Schwarze Mond im zwölften Haus begünstigt die Arbeit am Unterbewusstsein, an den vertikalisierenden Bewusstwerdungsprozessen, an der Alchimie, der Schwarzkunst, in diesem Athanor, den das zwölfte Haus symbolisiert ... wie er auch dort mit jeder Art von Schwindelgefühl, mit Halluzinationen und mit dem Wahnsinn in Verbindung gebracht werden kann.

Einige sprechen beim Schwarzen Mond von Karma. Andere wiederum benutzen diesen Begriff eher für die Mondknotenachse, das achte Haus, Pluto oder das zwölfte Haus.

Man kann so viele Phantasmen projizieren, so herrlich – und manchmal nicht ohne Gefahr – die Einbildungskraft eines jeden Menschen stimulieren, ohne aber in der Lage zu sein, den geringsten Beweis für die Gültigkeit einer solchen Aussage zu führen; deswegen dünkt es mich zumindest notwendig, sehr vorsichtig mit dem umzugehen, was man «karmische Astrologie» nennt.

Wenn natürlich der Schwarze Mond auf unsere Vorstellung von Anima (oder vom Animus) einwirkt, und wenn wir glauben, dass wir dank dieser Begegnung mit ihr (oder mit ihm) unsere verlorene gleichgesinnte Seele wiederfinden können, dann ist der äussere Eindruck dem einer «karmischen Begegnung» ähnlich.

Sieht man das zwölfte Haus als die offenkundigste Versinnbildlichung eines Endes an, als die Erwartung eines neuen Zyklus, eines Neubeginns oder einer Wiedergeburt, die dann im ersten Haus ihren Platz haben, dann kann man in der Tat versucht sein, im Schwarzen Mond im zwölften Haus die Hypothese einer Bewusstwerdung bezüglich einer früheren Erfahrung zu sehen.

Interpretiert man den Schwarzen Mond als initiatische Opfererfahrung, dann ist nichts verlockender, als das zwölfte Haus, und natürlich auch das achte, mit der Strafe in Verbindung zu bringen, die ein in einem früheren Leben begangener Fehltritt nun zur Folge hat.

Aber auch da muss man sich zunächst einmal über den Begriff der Reinkarnation klar werden. Handelt es sich wirklich um aufeinanderfolgende Leben oder um eine archaische Erinnerung, die uns die Gesamtheit aller menschlichen Erfahrungen seit der Erschaffung der Welt zu kennen erlaubt? Handelt es sich etwa um ein Evolutionsprinzip, das auf sich ständig folgenden und stets tiefergehenden Bewusstwerdungsprozessen beruht?

In allen Fällen ist immer eine gewisse Vorsicht geboten. Was wir als

Erfahrung eines früheren Lebens glauben gelebt zu haben, ist vielleicht nur die Darstellung von dem, was ein dunkler oder verborgenem Teil von uns gerne gelebt hätte, oder was er gerne gewesen wäre, die Inkarnation unseres Schattens, unseres Doppels!

Der Schwarze Mond und die Aspekte

Wie jeder andere Planet muss auch der Schwarze Mond auf der Basis seiner Aspektbeziehungen, der astrologischen Häuser und der Tierkreiszeichen, in denen er steht, interpretiert werden.

Unter den aufschlussreichsten Aspekten stehen die des Schwarzen Mondes zu den Himmelskörpern an erster Stelle. Die vornehmlich psychoanalytischen Informationen, die diese Konfigurationen vermitteln, kann man von keiner anderen Planetenbeziehung erhalten.

Schwarzer Mond/Sonne

Jeder Aspekt des *Schwarzen Mondes zur Sonne* erscheint von wesentlicher Bedeutung. Wenn es sich dann auch noch um die Konjunktion zwischen Schwarzem Mond und Sonne handelt, dann erfährt die Person mit aller Macht in sich die metaphysischen Werte dieses Himmelskörpers.

In diesem Fall haben wir es oft mit einer «Vatereklipse» zu tun, die entweder durch sein frühes Ableben oder durch mangelnden Kontakt, durch Ablehnung des Vaters oder durch das Gefühl, von ihm abgelehnt zu werden, hervorgerufen wird.

Die Konjunktion der Sonne zu Saturn prägt auch oft die wirkliche oder symbolische Trauer um den Vater; aber hier handelt es sich eher um die Frustrations- oder Verlustfärbungen, während die Sonne/Schwarzer Mond-Aspektierung mehr auf dem Einschnitt, dem Opfer, dem Nicht-Dasein beharrt. Der Spiegel, mit dem der Vater normalerweise ein gewisses Bild von uns selbst vermittelt, ist zerbrochen oder blind.

Die Problematik steht also oft in Verbindung mit dem Ursprung, dem Namen, dem Gesetz des Vaters (das fast immer in Frage gestellt wird).

So prägt im Geburtsbild von Marguerite Duras, das wir später in seiner Beziehung zum Schwarzen Mond noch genauer untersuchen werden, die Konjunktion Sonne/Schwarzer Mond ganz klar den Tod des Vaters, die Abwesenheit des Vaterbildes und das vergebliche Warten auf den Mann.

J. J. Bachofen, daran sei hier nur kurz erinnert, nennt in der ersten Hetärenphase der Heiligen Prostituierten, die er mit Aphrodite in Verbindung bringt, den Vater noch «Niemand».

Wenn die Sonne und der Schwarze Mond in Opposition oder in Konjunktion stehen, oder ein Quadrat bilden, ist die Identifikation mit dem Vaterbild unmöglich oder zumindest sehr schwierig. Was manchmal bei gewissen Frauen eine Ablehnung des Vatergesetzes zur Folge hat oder bisweilen bei Männern oder Frauen eine Suche nach dem allmächtigen und göttlichen Vater als Ersatz für den nicht existierenden, leiblichen Vater. Dies kann der Beginn eines mystischen Prozesses sein. Ist das Mutterbild sehr stark, verwandelt sich der Junge oft in einen Anima-Sohn oder in einen Animus-Sohn. (1)

Bei harmonischen Aspektbeziehungen zwischen Sonne und Schwarzer Mond geht im allgemeinen die Identifikation ohne Schwierigkeiten vor sich. Das Vaterbild wird akzeptiert und auf eine positive Art und Weise integriert. Hier gibt der Vater eine Identität und einen Namen.

Ich bin meinerseits nicht so sehr für die Theorie, die eine Verbindung herstellt zwischen Saturn und dem Vater. Zweifellos greift Saturn als Über-Ich ein, aber nur die Sonne scheint mir die Vaterimago und seine Funktion als Identitätsgeber darzustellen.

Schwarzer Mond/Mond

Jede Dissonanz zwischen dem Schwarzen Mond und der Sonne kennzeichnet den Vater, der in Frage gestellt, abwesend, abgelehnt oder voller Schweigen ist; und dies geht sogar soweit, dass er ganz aus der bewussten Erinnerung der Person verdrängt wird.

Im Falle einer *Aspektbeziehung Mond/Schwarzer Mond* bedeutet der Mond die Mutterfunkution, die Mutterimago, die Mutter selbst.

Bei einer Konjunktion zwischen diesen beiden Elementen stellt sich immer die Frage nach der besitzergreifenden, phallischen oder entmannenden Mutter, manchmal auch die nach der abwesenden, toten, eingebildeten oder unnahbaren Mutter, nach der «Muttereklipse».

Ich erinnere mich an den Fall eines Mannes, der diese Konjunktion im neunten Haus mit einer Opposition zu Neptun hatte. Für mich ist die Position des Mondes im neunten Haus bereits ein Hinweis auf die abwesende und unnahbare Mutter, die symbolisch gesehen entfernt ist, «auf Reisen», «weit weg»; die Opposition zu Neptun verstärkte die Gefahr einer imaginären Mutter. Aber erst die Konjunktion Schwarzer Mond/ Mond brachte mich auf die Idee, ihn danach zu fragen, warum er sich kein Mutterbild machen könne. Ich wollte wissen, was wohl in seinem Leben geschehen sei, das in ihm dieses «Loch», dieses «Nichts» in bezug auf das Mutterbild hervorgerufen habe. Und er antwortete mir, dass er seine Mutter nie gekannt habe, dass sie ihn verlassen habe oder vielmehr, dass ihr Vater sie verjagt habe und dass er jetzt auf der Suche nach ihr sei; er konnte den Gedanken, dass sie ihn wirklich habe aufgeben können, nicht ertragen. Aber ihr Nicht-Dasein war für ihn tragisch.

Zwischen dem Fehlen und dem übermässigen Dasein gibt es in einem solchen Fall immer eine Toxizität des Mutterbildes, was oft beim Sohn einen Kastrationskomplex oder bei der Tochter die Unmöglichkeit einer Mutteridentifikation hervorruft. Die Mutter wird – egal aus welchem Grund – als drohend empfunden, selbst – und vor allem – wenn sie schon tot ist.

Die phallische wie auch die kastrierende Mutter richten die gleichen Verwüstungen an. Halten wir fest, dass erstere sich einen «Phallus» gönnt, ihre eigene Weiblichkeit ablehnt oder auf ihren Sohn eine furchterregende Macht ausübt, während die zweite oft das Ziel der Phantasmen ihres Sohnes ist, der von seiner Mutter annimmt, dass sie «einen Phallus habe» oder dass er ihr einen gebe. Er wird seine Männlichkeit kaum auf anderem Wege besser bestätigen können.

Bei einer Opposition oder einem Quadrat zwischen Schwarzem Mond und Mond stellt sich das Problem der Identifikation der Tochter mit ihrer Mutter, oder auch das des negativen Mutterbildes für den Sohn, wobei man sich leicht die Konsequenzen für sein eigenes Gefühlsleben und seine Gefühlsentscheidungen vorstellen kann.

Gibt es dagegen einen Harmonieaspekt, so kann zwar durchaus die mütterliche Allmacht bestehen, aber sie wird vom Kind positiv introjektiert, so dass es selbst in diesem Mutterbild eine Quelle der Kraft finden kann. Es kann bisweilen hier so etwas wie Rivalität oder Herausforderung geben, was aber dann wieder einen stimulierenden Sprungbretteffekt haben kann.

Im Geburtsbild von Ingmar Bergman haben wir eine Mond/Schwarzer Mond-Konjunktion im Zeichen Waage. Diese Konjunktion ist umso stärker, als er selbst Krebs ist und die Aspekte des Mondes, des Herrschers dieses Zeichens, von grosser Bedeutung sind.

Man weiss, dass die in «Fanny und Alexander» erzählte Geschichte autobiographische Züge trägt. Diese hübsche, verführerische, verwitwete und unbewusst ablehnende Mutter ist seine eigene. Und ihre Phantasmen vom Anima-Sohn, vom Geliebten-Sohn der Mutter-Göttin, sind nichts anderes als seine eigenen.

Seine Frauenwelt steht ganz unter dem Einfluss des Schwarzen Mondes ... Seine Frauengestalten sind gleichzeitig mächtig und bedrohlich, Opfer und Einzelgänger, schweigsam und «voll tiefen Blickes» (2) ... während der Mann meistens brutal oder abwesend, grotesk oder karikiert erscheint.

Bei der Konjunktion Mond/Schwarzer Mond denkt man auch an das Geburtsbild von Jean Mermoz und seiner Beziehung zu einer angebeteten, missbrauchenden, abgelehnten und weit entfernten Mutter: jeden Tag schrieb er ihr, aber er stattete ihr keinen Besuch ab, egal ob er für kurze oder für lange Zeit in ihrer Stadt weilte. Eine Mutter, die nur annehmbar war in einer phantasmatischen Form und die er dann schliesslich wieder angetroffen hat als unwiderstehliche «Todesmutter» (Mond/Schwarzer Mond in Skorpion).

Die Dissonanzbeziehung zwischen dem Schwarzen Mond und dem Mond kann sehr weit führen, bis zum Muttermord, wie im Fall eines Jungen mit dem Schwarzen Mond im vierten Haus in Widder und einem gleichzeitigen Quadrat Mond/Venus. Natürlich führt die gleiche Konstellation bei einer anderen Person nicht notwendigerweise zum Mord an seiner Mutter ... aber bekanntlich gibt es ja tausend Arten zu töten, abzulehnen, Abstand zu nehmen.

Man findet die gleiche Dissonanz bei einem Jungen, der der Vergewaltigung mit Rückfall angeklagt wurde (Schwarzer Mond in Krebs, Spitze des vierten/fünften Hauses, Venus/Mond-Quadrat). Der Hass gegenüber der Mutter hat hier die unwiderstehliche Aggression gegen die Frau zur Folge. Ich zitiere noch den Fall eines jungen Drogensüchtigen, dessen Mutter Selbstmord begangen hat; er hat einen Mond im sechsten Haus mit einem Schwarzen Mond in Skorpion in Konjunktion zu Neptun und in Quadratur zu diesem Mond. Die gleiche Konstellation finden wir auch bei einem anderen Drogenabhängigen mit dem Schwarzen Mond in Skorpion und einem Mondquadrat in Neptun-Konjunktion.

Schwarzer Mond/Merkur

Die Konjunktion zwischen Schwarzem Mond und Merkur verlangt eine unterschiedliche Deutung, je nach ihrer Stellung im Geburtsbild. Aber immer muss man sich die Frage nach der Beziehung der Person zur Sprache, zur Kommunikation stellen. Die Person hat vielleicht in ihrer Jugend eine autistische Phase, eine Periode der Stummheit gekannt. Es handelt sich hier um «das abgeschnittene Wort»; manchmal auch um die schneidende, beissende Sprache, um den Satz, der den Nagel auf den Kopf trifft und den Gegner «sprachlos» werden lässt.

Manchmal haben wir es auch mit einer «Umpolung» der Sprache zu tun, mit ihrer Verlagerung in Richtung Humor zum Beispiel. Oder man sagt nichts, zeichnet aber dafür oder schauspielert, bringt durch Nichtssagen zum Lachen und zeigt mit andern Mitteln als mit Worten die Schwächen und das Lächerliche der Welt oder des andern. Jeder kann verstehen, was ich damit sagen will, wenn ich hinzufüge, dass man diese Konjunktion im Fische-Zeichen im Geburtsbild von Claire Brétécher findet!

Manchmal sagt die Person fast gegen ihren Willen «Nein!», so, als ob dies stärker wäre als sie selbst; dies ist in erster Linie ein Zeichen von Ablehnung.

In Opposition kann man diese Sprachveränderung als Mittel zum Abstandnehmen wiederfinden, wo der Humor seinen festen Platz hat, wie dies zum Beispiel bei Luis Buñuel (3) der Fall war. Oder auch bei P. Léautaud (im neunten Haus), was seine Tendenz zur Eigenheit und seinen Wunsch, sich von der Masse zu unterscheiden, noch verstärkte, und er tat dies mit seiner beissenden Sprache, für die er bekannt war!

Bei denen, die den Schwarzen Mond «auszudrücken» wissen, zum Beispiel durch Schreiben, findet man oft den Schwarzen Mond in harmonischem Aspekt zu Merkur (Sextil bei Norman Mailer, Trigon bei Paul Valéry und einigen andern). Es handelt sich dabei stets um ein Abstandnehmen, oder um eine fruchtbare Ausnutzung eines geistig erfassten Wissens oder einer Kultur, zu denen man den nötigen Abstand hat.

Das intellektuelle Weärkzeug ist also vom Schwarzen Mond geprägt, von seinen spezifischen Qualitäten wie Wahrheitssuche, klare Vorstellung, Unbestechlichkeit und unerbittliches Urteilen.

Schwarzer Mond/Venus

In dieser Konjunktion ist man natürlich sofort geneigt, die Bedeutung von Anima und Animus zu sehen, die der Emotionalität und der venusischen Sinnlichkeit ihre Färbung gibt. Diese Konjunktion findet man bei Wesen, die genau einem Archetypus entsprechen, der ständig wiederholbar und von einem Gesicht zum anderen übertragbar ist. So entsteht die Faszination stets bei denen, die sich wie Doppelgänger ähneln.

Manchmal ist der Archetyp so stark, dass er bei einem künstlerischen Schaffen Verwendung finden kann, wie dies bei Fellini der Fall ist.

Manchmal läuft man aber auch Gefahr, sich von dieser faszinierenden und allmächtigen Anima zerstören zu lassen. Die Obsessionen nehmen dabei manchmal seltsame Züge an. Bei Landru haben wir eine Konjunktion Venus/Schwarzer Mond im zwölften Haus ...

Bei den Spannungsaspekten kann es sich um Hass oder um Ablehnung des Weiblichen handeln, wie zum Beispiel bei Homosexuellen, oder bei Notzucht- oder anderen Verbrechern, aber auch bei den Vergewaltigten selbst. Die Spannungsaspekte Schwarzer Mond/Venus, vor allem in Opposition, scheinen eine Beziehung zur Hysterie zu haben. Definiert man die Hysterie als «Ablehnung des Begehrens des andern», dann ist eine solche Beziehung leicht verständlich.

Manchmal wird der Schwarze Mond im Spannungsaspekt zur Venus einfach als eine Schwierigkeit empfunden, seine Gefühlsbeziehung zu leben und sich damit zufriedenzugeben. Wie schreibt Valéry (Quadrat Schwarzer Mond/Venus), wenn er sich über die Liebe Fragen stellt:

«Was kann man aus einem *andern* machen?
Was kann man mit einem *andern* machen?»

Man denke auch an die «fatale» Form, die die Liebe annehmen kann, wie etwa im Fall Eva Braun mit einer Konjunktion Schwarzer Mond/Venus im ersten Haus und einer Opposition zu Neptun, die sie Hitler begegnen liess und sie schliesslich das Leben gekostet hat.

Ein schöner Venus-Aspekt zum Schwarzen Mond darf nicht mit überschäumender Begeisterung gesehen werden! Im allgemeinen ist er ein Zeichen für ein absolutes Begehren, die Suche nach dem Unmöglichen, was ich gerne «den Prinzessin von Kleve-Komplex» nenne, denn ihr sind der Tod oder das Schweigen lieber als eine unvollkommene, alltägliche, gewöhnliche, schuldbeladene oder der Wiederholung ausgesetzte Liebe. Wieviele Fehlschläge in Sachen Gefühl gehen auf das Konto dieser harmonischen Aspekte, die meinen: «Nur das Unmögliche ist wert, versucht zu werden!» Gewiss eine grossartige Vorstellung von Liebe, aber diese Suche ist im voraus zum Scheitern verurteilt ... Es sei denn, ein Wunder geschieht und man begegnet eines Tages seiner Anima (oder seinem Animus), mit der man dann endlich diese Liebe realisieren kann, wobei man versuchen wird, diese Beziehung stets nach Vervollkommnung, nach Fortschritt und nach ständigem und unermüdlichem Entdecken streben zu lassen.

Aber diese Vollkommenheit ist selten und die Suche nach dem Absoluten verbirgt mehr Gefahren als Freuden. Man denke nur an Camille Claudel, Schwarzer Mond im zehnten Haus mit einem Trigon zu Venus, und ihre verzehrende Leidenschaft sowohl zu Rodin als auch zu seiner Kunst ... und das alles hat sie mit ihrem Leben und ihrem Gleichgewicht bezahlen müssen.

Schwarzer Mond/Mars

Die Interpretation ist hier unterschiedlich, je nachdem, ob die Konjunktion sich in einem männlichen oder einem weiblichen Geburtsbild befindet.

Bei einem Mann lässt die Konjunktion stets eine Kastrationsangst, eine Angst vor dem Verlust der Männlichkeit oder dem frühzeitigen Verzicht auf seine sexuelle Aktivität hervortreten, wie es zum Beispiel bei Freud der Fall war (4).

Bei einer Frau kann es sich dagegen um die Wiedererlangung der phallischen Macht handeln, um die Identifikation mit dem Phallus des Vaters oder dem Mann im allgemeinen. Dies war zum Beispiel der Fall bei Indira Gandhi (Konjunktion Schwarzer Mond und Mars im ersten Haus, Quadratur zu Jupiter/Merkur, Trigon zu Venus, Sextil zu Pluto und Trigon zum MC). Der Schwarze Mond in Konjunktion zu Mars scheint ausserdem die Rolle der «Rückkehr zur Gewalt» gegen sie gespielt zu haben, denn bei ihrer Ermordung ging der Schwarze Mond durch Widder im 8. Haus in Quadratur zu Pluto/Venus und hat damit zwei harmonische Aspekte des Schwarzen Mondes im Geburtshoroskop aufgehoben.

Die Opposition dieser Schwarzer Mond-Energie bei einer Frau wird oft vom Mann als drohend empfunden. Sie nährt Phantasiebilder ihrer Allmacht, und er hat Angst vor ihr. Aber sie wird dann gewissermassen das Opfer ihrer eigenen Macht, des starken Einflusses, den sie auf den Mann ausübt. Ihre Forderung gegenüber dem Mann, den sie sich stärker als sie selbst wünscht – zumindest im phantasmatischen und im sexuellen Bereich – verstärkt ihre Kastrationswirkung.

Beim Mann findet man oft eine empfindliche Unsicherheit in bezug auf seine eigene Männlichkeit.

Bei einem Schwarzen Mond im harmonischen Aspekt zu Mars findet man oft eine Schwärmerei für das männliche Bild, wie etwa bei Montherlant – auch wenn sie in diesem Fall von einer überzeugten Homosexualität begleitet ist, was auch ganz logisch erscheint –, das sich entweder im Sport, in der kämpferischen Aktion, im Krieg oder in anderen, von Männern ausgeübten Tätigkeiten oder aber in einem Kämpfermythos (B. Cendrars) manifestiert.

Im Falle einer Quadratur heisst es aufpassen! Manchmal explodiert die Gewalt ganz plötzlich. Diesen Aspekt finden wir zum Beispiel im Geburtsbild von John F. Kennedy sowie in dem seines ebenfalls ermordeten Bruders Bob. Man kann ihn auch im Horoskop eines Notzuchtverbrechers und Mörders (Schwarzer Mond in Jungfrau im sechsten Haus mit Quadratur zu Mars) feststellen, was meiner Meinung nach die pathologische Seite der Aggression unterstreicht.

Schwarzer Mond/Jupiter

Bei dieser Konjunktion gibt es zwei Möglichkeiten: Entweder gab es eine zu frühzeitige Unterbrechung der Obhut, die jedes Kind braucht, eine Trennung von der inneren Sicherheit, die vom Selbstbild und vom existentiellen Vertrauen ausgehen (Fall eines jungen Drogensüchtigen: Schwarzer Mond in Krebs am MC in Opposition zu Mond/Jupiter), oder aber man erlernt frühzeitig die Unabhängigkeit und die Suche nach Selbständigkeit. Oder aber, auch das ist möglich, wir haben es (wie bei der Opposition oder beim Quadrat) mit einer heftigen Ablehnung des Gesetzes oder der Autorität und ihrer Vertreter zu tun. Es handelt sich hier um eine anarchistische Wahl, die lautstark ihre Ablehnung des mit Jupiter assoziierten Ordnungssystems verkündet.

Mit den Aspekten zu Jupiter kann man sich auch dafür entscheiden, den Ehrerweisungen einer gewissen Gesellschaftskomödie und ihren Götzen den Rücken zu kehren. Die Ehrenlegion, verschiedene Medaillen und Auszeichnungen, all diese Bilder gesellschaftlicher Macht betrachtet man mit Abstand, da man sich deren Lächerlichkeit und Absurdität voll bewusst ist. Man denke hierbei an die unerbittlichen Porträts, die Luis Buñuel (Quadrat

Schwarzer Mond/Jupiter) in seinem Film «Der diskrete Charme der Bourgeoisie» entworfen hat – und vielleicht auch an seine Auseinandersetzungen mit dem damaligen Franco-Regime.

Bei harmonischen Aspekten kann es sogar vorkommen, dass man diese «Auszeichnungen» verdient, aber man nimmt sie ohne Illusion und ohne Hochmut in Empfang! (Wie Marguerite Duras, Sextil Jupiter/Uranus zum Schwarzen Mond, die für ihr Werk ausgezeichnet wurde). Sitzt man an der Macht, dann kann ein Spannungsaspekt zu Jupiter zum Sturz führen (Indira Gandhi).

Schwarzer Mond/Saturn

Es ist unmöglich, hier die Wirkung des Schwarzen Mondes in Abrede zu stellen. Wir haben es diesmal mit einem sehr starken Aspekt zu tun, den man nie unterschätzen darf. Weder im «Radix» noch in Transit oder in Progression, noch bei der Sonnenrevolution . . .

Bei dieser Konjunktion findet man häufig Selbstmordgedanken oder, je nach dem besetzten Haus, brutale oder radikale psychosomatische Störungen (im sechsten, achten und zwölften Haus).

Findet zudem die Konjunktion Saturn/Schwarzer Mond noch irgendwo eine Verstärkung, dann verrät die Person ihr Verlangen nach dem Absoluten, ihre Ablehnung der Konzessionen und der Lügen, die «Vertikalität» ihrer Beschäftigungen. Sie «pflegt» mit der grössten Strenge ihre Ethik, fühlt sich von Zen angezogen und übt sich in Entsagung und in Loslassen ... Gewissermassen die beste Art und Weise, diesen schwierigen Aspekt zu benutzen!

Manchmal bedeutet der Schwarze Mond hier die Ablehnung der Saturnwerte, des Schuldgefühls oder der Frustration.

Auf positiver Seite begegnet man auch bemerkenswerten Bewusstwerdungsprozessen, einer Klarheit, wie sie vollkommener nicht sein kann, und diesem P. Valéry und P. J. Jouve so teuren Kult des Überbewusstseins.

Aber leider tauchen öfters im Geburtshoroskop auch Spannungsaspekte zwischen Schwarzer Mond und Saturn auf, wo dann Depression, Selbstmord – die äusserste Ablehnung existentieller Kompromisse – oder nicht akzeptierte Einsamkeit vorherrschen.

Man weiss, dass die amerikanische Schauspielerin Ava Gardner (Opposition Schwarzer Mond im ersten Haus zu Saturn) depressive Tendenzen hatte, zu denen noch Steinbock-Frustrationen kamen, und diese haben ihr ganzes Leben geprägt. Aber was für eine «Pandora»! Welch unvergessliches Anima-Bild, zunächst zerstörerisch, dann sublim und schliesslich, in der höchsten Opferung ihres Lebens, voller Glück, als sie ihrerseits dem «Fliegenden Holländer» begegnet, diesem Animus-Bild auf der Suche nach seiner verlorenen Seele und seinem untersagten Tod!

Mit dem Schwarzen Mond im Spannungsaspekt zu Saturn fehlt es nicht an Selbstmordversuchen: Lucien Morisse hatte die Konjunktion im fünften Haus, Quadrat zur Sonne und Opposition zu Mars. Als er starb, erreichte der Schwarze Mond Mars im zwölften Haus (und stand in Opposition zum Drachen und in Neptun-Quadrat. (5)

Eine Frau mit einem Schwarzen Mond im achten Haus und einem Saturn-Quadrat begeht einen Selbstmordversuch im Augenblick, wo der Schwarze Mond über die Radixposition geht. Eine andere Frau mit einem analogen Thema macht ebenfalls einen Selbstmordversuch, aber erlebt zuvor den Selbstmord ihrer Eltern.

Eine drogenabhängige Frau mit achtzehn Selbstmordversuchen hat den Schwarzen Mond in Krebs im fünften Haus, Opposition zu Saturn und Quadrat zur Sonne.

Ein junger Krimineller vergewaltigt seine Schwester und begeht ein sadistisches Verbrechen an einer alten Dame: Sein Schwarzer Mond steht im sechsten Haus in Widder mit Sonnen-Konjunktion und Saturn-Quadratur.

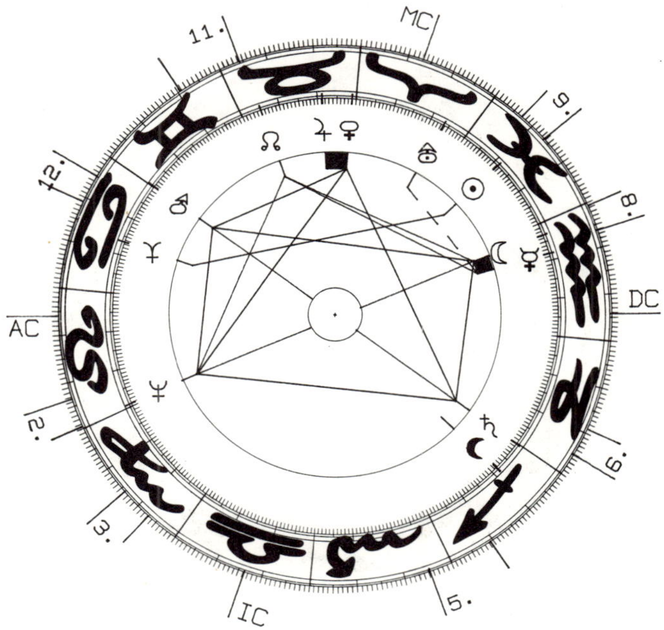

Lucien Morisse (SM 21°56' Schütze)

9. 3. 1929 LT 13.45 GT 13.45 Paris F AD-Placidus

☉ 18 ♓ 30'37"	♀ 0 ♉ 49' 3"	♄ 29 ♐ 43'36"	♅ 16 ♋ 17'26" R
☾ 26 ♒ 46'28"	♂ 29 ♊ 29'25"	♇ 6 ♈ 16'33"	☊ 24 ♉ 41'27" R
☿ 21 ♒ 43' 3"	♃ 8 ♉ 30'40"	♆ 29 ♌ 30'16" R	☊T 23 ♉ 35'44" R

Ein Junge stirbt an einer Überdosis mit Saturn im vierten Haus bei einer Mond/Schwarzer Mond-Quadratur.

Van Gogh hatte eine Schwarzer Mond/Saturn-Konjunktion und er starb, als der Schwarze Mond mit seiner Geburtsposition in Quadratur stand... Diese Reihe von Beispielen kann man endlos fortsetzen.

Ich habe eine vom Unglück verfolgte Frau vor einem plötzlichen Depressionsausbruch gewarnt; sie entschloss sich zum Selbstmord an dem Tag, als der Schwarze Mond über einen sehr spannungsgeladenen Geburts-Saturn ging. Sie verdankt ihr Leben nur einem glücklichen Zufall.

Wir haben es hier mit einem im allgemeinen schwierigen Aspekt zu tun, denn er beeinflusst einerseits die seelische Verfassung, andererseits die Gesundheit, und schliesslich vermittelt er den unter seinem Einfluss Geborenen eine so totale Forderung nach dem Absoluten, dass daraus nur verdorrte Pfade sich entwickeln können. Aber gleichzeitig, mit einem Transit des Schwarzen Mondes auf Saturn (oder umgekehrt), kann man mit Erfolg eine Arbeit über sich selbst oder eine Psychoanalyse beginnen.

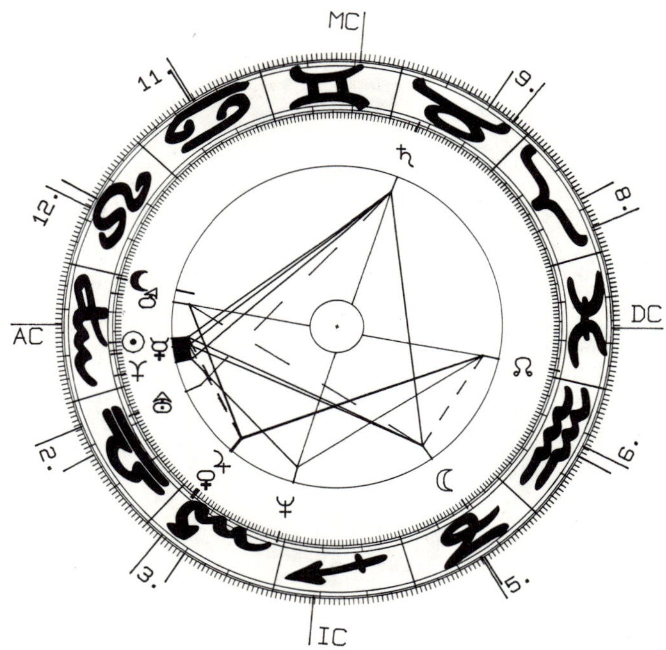

Tod von Lucien Morisse (SM 0°52' Jungfrau)

11. 9. 1970 LT 6.00 GT 5.00 Paris F AD-Placidus

☉ 18 ♍ 3' 4"	♀ 3 ♏ 43'33"	♄ 22 ♉ 35' 2" R	♇ 26 ♍ 52'28"
☾ 18 ♑ 49'16"	⚸ 5 ♍ 5'11"	⛢ 7 ♎ 50'36"	☊ 1 ♓ 52'35" R
☿ 21 ♍ 8'47" R	♃ 4 ♏ 15' 0"	♆ 28 ♏ 23'51"	☊T 2 ♓ 50'37"

Schwarzer Mond/Uranus

Je nachdem, ob die Aspekte harmonisch oder spannungsgeladen sind, erlebt man die Beziehung zwischen Schwarzer Mond und Uranus als leicht – oder als weniger leicht.

Für denjenigen, der die Originalität seiner Denkweise, das heisst sein exzentrisches Wesen und sein Talent zu schöpfen und zu erfinden, zeigen will, «funktioniert» der Schwarze Mond/Uranus bestens. Dies ist zum Beispiel der Fall beim Dichter und Dramaturgen J. Audiberti mit einem Trigon Schwarzer Mond/Uranus. Oder auch Céline mit seinem so eigenartigen und so wenig herkömmlichen Stil hat ein Sextil Schwarzer Mond/Uranus.

Bei Alain Resnais gibt es eine Schwarzer Mond/Uranus-Konjunktion im dritten Haus. Was er in diesem Sektor «mitteilt», ist umso deutlicher, da er in Zwillinge geboren ist und es demnach eine Analogie zwischen dem Sonnenzeichen und der Anwesenheit des Schwarzen Mondes im dritten Haus

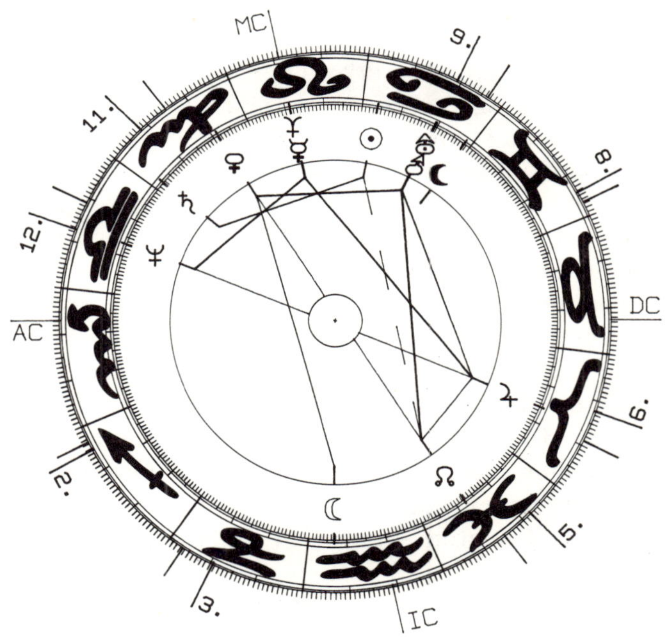

Frau, Selbstmordversuch (SM 1°45' Krebs)

19. 7. 1951 LT 14.30 GT 13.30 Paris F — AD-Placidus

☉ 26 ♋ 4'12"	♀ 8 ♍ 43'25"	♄ 27 ♍ 40'44"	♅ 18 ♌ 45' 4"
☽ 6 ♒ 45'46"	♂ 10 ♋ 25'58"	⚸ 10 ♋ 42'43"	☊ 12 ♓ 13' 1" R
☿ 18 ♌ 45'42"	♃ 13 ♈ 46'29"	♆ 16 ♎ 52' 9"	☊T 10 ♓ 42'21" R

gibt. Sein Filmschaffen ist ganz klar geprägt von Gewagtheiten, die man Uranus/Schwarzer Mond zuschreiben muss, sei es nun in «Providence» – Vorsehung – oder in «L'année dernière à Marienbad» – Letztes Jahr in Marienbad – oder aber in «L'amour à mort» – Liebe bis zum Tod –, wo der Einfluss des Rasters Schwarzer Mond sogar soweit geht, dass der Regisseur jedesmal das Bild «stoppt», sobald so etwas wie Gefühl hochkommen könnte: Abstandnehmen zum Zuschauer, aufgezwungenes Schweigen, Halt und Schnitt in der Aktion, Spiel mit der Nacht, dem Dunkel; die Filmleinwand ist wie ein Spiegel mit Löchern; sie zwingt den Zuschauer, sich mit dem Helden zu vereinen, der, nachdem er dank der Liebe seiner Frau dem Tode entgangen ist, nun nur von einer Sache träumt, die ihn ganz und gar erfüllt, und die schliesslich auch sie beherrscht, nämlich «zum anderen Ufer» hinüberzugehen, in dieses dunkle Todesloch zu tauchen, wohin sie ihm dann auch folgt. Mit ganz einfachen, aber wirkungsvollen Mitteln führt uns der Magier Resnais in seine Schwarzer Mond-Welt, und Uranus vermittelt ihm den Mut, in seinem tödlichen Spiel mit dem andern bis zum Ende zu gehen.

Wen es nicht stört, «anders» zu sein, kann seine Schwarzer Mond/Uranus-Aspekte ganz gut leben; wer aber seine Marginalexistenz ablehnt oder wen die Umstände zwingen, «ausserhalb der Norm» zu leben, läuft Gefahr, sein Leben als zerstört, «zerbrochen», zerplatzt anzusehen.

Nehmen wir den Fall eines jungen Drogensüchtigen mit Schwarzer Mond in Wassermann im sechsten Haus in Opposition zu Uranus und Quadratur Sonne/Pluto. Als er noch sehr klein war, starb sein Vater, und er konnte danach weder ein positives Identifikationsmodell noch ein Mittel zur Einordnung in das Gesellschaftsgefüge finden. Die Beziehung Schwarzer Mond/Uranus steigerte hier seine soziale Aussenseiterrolle und lehnte radikal jede Integration in die Erwachsenenwelt ab.

Man denke auch an den Fall Lucien Léger, den Mörder des kleinen Luc Taron. Léger hatte einen zerstörerischen Schwarzen Mond in Skorpion in Konjunktion zum Mond und in Opposition zu Uranus/Venus. Mehrere Elemente greifen hier ineinander über, aber die Opposition zu Uranus scheint das Element zu sein, das ihn dazu brachte, mit Gewalt seine Verschiedenheit zu manifestieren – und sich um jeden Preis bemerkbar zu machen.

Er hatte eine geisteskranke Frau geheiratet und war aus Opferbereitschaft Pfleger in der Anstalt geworden, wo seine Frau untergebracht war. Als Kind war er von seiner Mutter abgelehnt worden und war auch stets unfähig, sich bei den andern Anerkennung zu verschaffen. Der kleine Luc soll Léger darum gebeten haben, bei ihm bleiben zu dürfen. Gab es hier nicht eine Identifikation des Erwachsenen mit dem Kind? Hat er nicht an dem Kind, statt an sich selbst, «Selbstmord begangen»? Mit einem Uranus am MC suchte er auch ganz sicher den Ruhm um egal welchen Preis, wollte, dass man von ihm spricht, dass man ihn anerkennt, auch wenn er dies nur durch die abscheulichsten Taten erreichte. Hier hat Uranus seine Rolle als launischer Schicksalsherrscher perfekt gespielt.

Das Verbrechen fand statt, als Mars, der Herrscher des Sonnenzeichens des Mörders, in Opposition ging zu Mond/Schwarzer Mond in Skorpion, während der «Zufall» es wollte, dass bei seinem Opfer die Sonne auf seinen Geburts-Mars ging und dann von Mars zu seiner Geburts-Sonne, während sich am Himmel eine Mond/Schwarzer Mond-Konjunktion auflöste, wobei er selbst in seinem Geburtsbild schon eine Opposition Mond/Schwarzer Mond hatte. Am Tag des Mordes reaktivierte die Mond/Schwarzer Mond-Konjunktion die Opposition durch eine Doppelquadratur Mond/Schwarzer Mond zum Mond einerseits und zum Schwarzen Mond andererseits (Geburts-Schwarzer Mond bei 15 Grad Jungfrau und am Todestag bei 15 Grad Schütze). Dagegen stand die Skorpion-Konjunktion Mond/Schwarzer Mond in Légers Horoskop auf 13 Grad in Opposition zur Sonne in Löwe bei dem Kind ...

Kann man annehmen, dass es zwischen Mördern und ihren Opfern eine geheime Verbindung gibt, die sie beide auf das Schicksals-Schachbrett schiebt? Eine vergleichende Horoskopanalyse ähnlicher Fälle lässt eine solche Annahme zu.

Schwarzer Mond/Neptun

Ganz besonders in dieser Aspektbeziehung ist das Risiko sehr gross, dass sich die Ambivalenzen des Schwarzen Mondes voll entfalten. Bringt man den höchsten Wertträger an Klarheit und Bewusstsein mit dem irrationalsten aller Werte in Verbindung, dann kann entweder das Unbewusste ganz klar zu Tage treten, oder man kann eine «Offenbarung» haben; man kann aber auch eine Ablehnung dieses dunklen Teiles des menschlichen Wesens erleben oder sogar eine Art von Kurzschluss, der ihm nicht mehr erlaubt, sich selbst einzuordnen, und damit zu einer tiefen Verwirrung beiträgt. Er glaubt sich hellsichtig, da negativ eingestellt, und lehnt die echten Botschaften seiner Psyche ab. So findet man mit einer gewissen Regelmässigkeit diese Schwarzer Mond-Konjunktion zu Neptun bei Drogensüchtigen (bei einem haben wir es zu tun mit dem Schwarzen Mond im achten Haus in Opposition zu Venus, Uranus-Quadratur, Pluto-Sextil und Neptun-Konjunktion; bei einem anderen mit einem Schwarzen Mond in Haus Sechs in Skorpion in Konjunktion zu Neptun und Mond-Quadratur; bei einem dritten die gleiche astrologische Struktur wie zuvor, aber zusätzlich muss diese Person noch den Selbstmord ihrer Mutter verkraften).

Im Idealfall kann diese Konjunktion zu einer Ausleuchtung des Irrationalen und der Kreativität, die damit oft eng verbunden ist, führen.

Man findet den Schwarzen Mond am Aszendenten in Konjunktion zu Neptun bei Françoise Sagan, und bei René Char haben wir die gleiche

Schwarzer Mond/Neptun-Konjunktion. Die Schwarzer Mond-Aspektbeziehungen zu Neptun finden sich häufig bei den surrealistischen und symbolistischen Dichtern und Malern. Im Trigon zum Beispiel bei Salvador Dali, im Sextil bei Antonin Artaud, im Trigon bei Boris Vian oder Fellini und auch bei J. Lacan, im Sextil bei Paul Valéry usw. ...

Sobald das Irrationale, das überschäumende und unkontrollierbare Unbewusste eine Person überkommt, sind Dissonanzen nicht mehr weit: bei Marguerite Duras zum Beispiel haben wir es mit einer Quadratur zu tun. Selbst wenn die Konjunktion Sonne/Schwarzer Mond eine perfekte Gedankenklarheit erlaubt, so ist doch ein Überschwappen des Alkoholtriebes nicht ausgeschlossen. Im Falle des Selbstmörders Lucien Morisse ging der Schwarze Mond im Augenblick seines Todes in das Neptun-Quadrat in Konjunktion zu Mars im zwölften Haus und zum Drachenschwanz. Die Dinge laufen so ab, als sei der psychische Widerstand plötzlich ganz klein.

Man findet diese Spannungsfelder Schwarzer Mond/Neptun aber auch bei den ganz grossen künstlerischen Schöpfern (Picasso mit Schwarzem Mond am Aszendenten mit Mond-Trigon und einer Neptun/Saturn/Jupiter-Quadratur) oder bei einem Drogensüchtigen, der an einer Überdosis gestorben ist (Schwarzer Mond in Fische, Mond-Konjunktion, Sonnen-Opposition, Saturn-Quadratur und Trigon zu Neptun, lauter schöne Aspekte; die Droge wird hier sicherlich zu einer Möglichkeit, mit der «Todesmutter» zu verschmelzen – in diesem Fall war der Vater vorzeitig verstorben).

Wie man sieht, ist hier die Interpretation etwas heikel, wie übrigens immer, wenn wir es mit äusseren Planeten zu tun haben, die kollektive Wesenheit manifestieren und archaische und symbolische Elemente mit sich führen, wie es offenbar bei Neptun der Fall ist, vielleicht bei ihm sogar noch mehr als bei den andern äusseren Planeten.

Schwarzer Mond/Pluto

Auch hier begegnet man Positivem und Negativem nebeneinander. Auch hier kann man dieses «Unbewusste der Triebe», dieses Unbewusste der «Tiefe», wovon Jung spricht, entdecken und weiter hinein vorstossen, bis man zu einem reineren Bewusstsein Zugang findet oder im Gegenteil alle Zerstörungskräfte, Depression, Wahnsinn und Tod in sich erweckt. (6)

Wir haben es hier sicherlich mit einem der günstigsten Aspekte für persönliche Bewusstwerdung wie auch für wirkungsvolle Initiationen zu tun. Gleichzeitig ist es der schlimmste Aspekt, um latente Gewalttaten oder Busse und Sühne auszulösen. Entweder wird Samael hier besiegt – oder er gewinnt. So habe ich den Fall eines Jungen mit einer Konjunktion im zwölften Haus untersucht; er hat einen «unmotivierten» Mord an einem schlafenden Clochard begangen und damit bewiesen, dass es wohl «jemand anders» war, den er verschwinden lassen wollte, aber wen? Sich selbst? Seinen Vater? Wie soll er selbst es auch wissen? Ich fand diesen Aspekt ebenfalls bei einem anderen Mörder, der nach einer Vergewaltigung gemordet hat, indem er sich mit aller Gewalt seines Zerstörungswahnsinns über sein Opfer hermachte. Man findet ähnliches auch bei dem Opfer eines anderen Mörders. (7)

Bei einer Quadratur ist das Ganze noch viel komplexer: Ich konnte dies bei einem Mann, der seine Frau getötet und dann einen Selbstmordversuch unternommen hat, beobachten, und bei einem jungen Drogensüchtigen (Schwarzer Mond im sechsten Haus, Mars/Pluto-Quadrat), aber auch bei Virginia Woolf, von der man weiss, dass sie den Freitod gewählt hat, oder bei Gérard Philippe, wo der Schwarze Mond im pathologischen zwölften Haus steht (und sicherlich ist auch dieser Aspekt nicht unschuldig an seiner Krankheit, die zu seinem frühen Tod führte).

Man findet ihn ebenfalls bei Kreativen wie Luis Buñuel oder Max Ernst. Ihre geschilderten – oder gemalten – Welten sind voller Gewalt (man denke an die fast unerträglichen Szenen bei Buñuel, der die Rolle eines «Würgeengels» übernimmt) oder bezwingen das plutonische Unsichtbare. Schreibt nicht Max Ernst, dass «die Malerei nur dann einen Sinn hat, wenn sie das Nicht-Sehbare darstellt», und an anderer Stelle meint er, dass er «alle Spuren verwischt habe, und dass inmitten dieses Labyrinthes eine blinde Eule throne . . .». Wir sind hier genau im Reich der Nachtbilder einer Lilith oder eines Pluto.

Die Opposition Schwarzer Mond/Pluto finden wir beim ausgewanderten Maler Wilfredo Lamm und dem «verfluchten» Maler Modigliani.

Die harmonischen Aspekte scheinen die Verdeutlichung des höllischen Unterbewusstseins zu erleichtern, wie etwa bei Antonin Artaud, oder wie bei Alain Resnais ein meisterlich geführtes Spiel mit dem Tod und der Zeit zu ermöglichen.

Im Transit sind die Beziehungen Schwarzer Mond zu Pluto nie neutral. So gab es im Augenblick des Todes von John F. Kennedy am 22. November 1963 gleichzeitig eine Opposition Sonne/Schwarzer Mond zu Mars im Quadrat zum Geburts-Schwarzer Mond mit einer Merkur/Jupiter/Pluto-Opposition. Martine Carol machte einen Selbstmordversuch mit einem – durchaus klassischen – Transit des Schwarzen Mondes auf Saturn, aber auch mit einer Pluto-Quadratur.

Während eines Zeitraumes des Jahres 1985, als nämlich der Schwarze Mond zu Beginn des Stiers in Opposition zu Pluto Anfang Skorpion tritt, kommen Tragödien von selten erlebter Gewalt vor: Das Heysel-Stadion in Belgien wird zur blutigen Arena, Attentate am laufenden Band, Geiselnahmen und schnell erstickte Skandale in Beziehung mit einer anrüchigen Polizei . . . Ein sehr schwerer Frühling, wo die rohen Kräfte dieser Triebachse nicht mehr von dem zivilisierten Denkmenschen gezügelt werden konnten!

Schwarzer Mond/Drachenachse (8)

Sieht man den Schwarzen Mond als Werkzeug an, das schneidet, entrostet und trennt, oder als mächtiges Schwert, das in der Lage ist, den gordischen Knoten des Drachenkopfes (oder des absteigenden Mondknotens) zu durchschlagen, dann stellt die Konjunktion von beiden eine ständige Aufforderung dar, seine eigene Freiheit zu erlangen, sich seiner Fesseln zu entledigen und endlich zu den entscheidenen Phasen überzugehen, die uns über unser Schicksal Herr werden lassen.

Es ist bezüglich der Zyklen interessant festzustellen, dass die Drachenachse in neun Jahren eine plötzliche Kehrtwendung macht, also alle achtzehn Jahre wieder auf sich selbst zurückkommt, und dass der Schwarze Mond eine Umlaufzeit von fast neun Jahren hat (genau acht Jahre, zehn Monate und ein paar Tage).

Wer also mit der Konjunktion Drachen/Schwarzer Mond auf die Welt kommt, sieht alle neun Jahre eine neue Herausforderung auf sich zukommen; er hat die freie Wahl, dem Drachen entweder den Kopf oder den Schwanz abzuschlagen, den «Teufel in sich zu besiegen», sofern man diesen als eine Macht, «die sich querstellt», definiert.

Dass der Schwarze Mond im Geburtsbild von Paul Valéry so mächtig ist – wir kommen später darauf im Einzelnen noch zurück – hängt sicherlich damit zusammen, dass seine Schwarzer Mond-Konjunktion zum Drachenkopf und zum Aszendenten die Sichtbarmachung aller Facetten ermöglicht. Wie schrieb er doch so wunderbar: «Meine Gabe, manchmal zu viel zu sehen, macht mich rasend. Ich kann mich oft nicht ausstehen, wenn ich spüre, dass sie ganz wilde Dinge, die zum Dunkel gehören, ans helle Licht bringt.» Und an anderer Stelle: «Da verspürte ich eine heftige Lust, diesen Gozon zu besiegen. Er behauptet, unter seinen Ahnen einen Drachentöter zu haben.»

Geschieht die Konjunktion am Drachenschwanz, dann muss man «stromaufwärts schwimmen», wieder auf das Archaische und Geblendete in uns zurückkommen, um es zum Bewusstsein zu bringen. Aber gibt es nicht Drachen, die sich mit tödlichen Schwanzschlägen oder mit ihren schrecklichen Mäulern bekämpfen? Letzten Endes ist der Kampf genau derselbe.

In der Quadratur Schwarzer Mond/Drachen sind die Beziehungen hart, bisweilen grausam, aber auch da stets «umwandelbar». Die Prüfung taucht oft bei den Spannungsaspekten auf.

Als Beispiel diene der Fall eines Mannes, dessen Kind umgebracht wurde und der in seinem eigenen Geburtsbild den Schwarzen Mond im vierten Haus Jungfrau mit einem Schwarzen Mond/Drachenkopf-Quadrat im zwölften Haus und in Zwillinge hatte. Oder etwa ein Selbstmordversuch mit einer Schwarzer Mond-Konjunktion in Haus eins bei Neptun einerseits und Drachenschwanz andererseits, mit einer Mond/Venus-Opposition an dem Tag, an dem er den Selbstmordversuch unternahm. Beim Tode von Lucien Morisse stand der Schwarze Mond in Konjunktion zu Mars und dem Drachenschwanz mit Neptun im Quadrat. Im Falle des bereits erwähnten Léon Deubel haben wir es mit einer Drachenachsen-Quadratur auf den Schwarzen Mond in Konjunktion zu Saturn/Mond/Sonne/Merkur/Venus, wobei die Drachenachse selbst die Achse der Häuser zwei und acht belegt.

Bei den harmonischen Aspekten scheinen die Dinge leichter zu gehen. Wollen wir also auf unserem Weg weiterkommen, dann müssen wir unseren Kampf mit dem Drachen verstärken und unsere Klingen gut schleifen. Denn sonst kann die Begegnung dramatisch werden . . .

Der Schwarze Mond in den Tierkreiszeichen

Der Schwarze Mond nimmt natürlich die Färbung des Tierkreiszeichens bei der Geburt an. Er erlaubt so, die Natur des Archetypus Anima oder Animus zu definieren.

Aber nur aus der Synthese von Tierkreiszeichen, Aspekten und Häusern kann man sich ein wirkliches Bild vom Spiel des Schwarzen Mondes im Geburtsbild machen.

Der Schwarze Mond in Widder

Hier ist er voller Gewalt, denn er übernimmt die Spontaneität und Impulsivität des Zeichens. Er ist hier auch wesentlich schwieriger zu zügeln und zu bändigen als anderswo. Wird er einmal aktiv, dann ist er also weniger leicht zu kontrollieren.

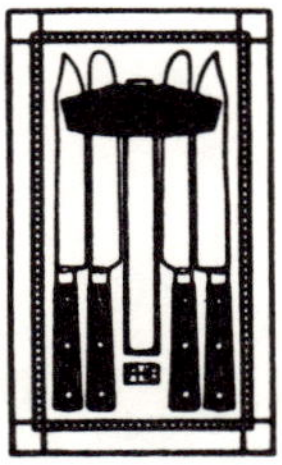

Man spricht von «brutalem Realismus» in bezug auf das Werk von Norman Mailer, dessen Name eng verbunden ist mit einem grossen Roman (unter vielen anderen): «Die Nackten und die Toten», aber auch mit einer Frauengeschichte und einem Mordversuch (Schwarzer Mond in Widder im zwölften Haus in Mond- und Aszendentnähe, Opposition zu Saturn, aber zum Glück auch ein Sextil zu Merkur, daher auch die literarische Ausgestaltung dieser Gewalt).

Bei Emmanuel Roblès haben wir es mit einem Schwarzen Mond in Widder in Konjunktion zu Merkur am MC zu tun. Es ist auch deswegen nicht erstaunlich, dass die Titel seiner Werke das Siegel des Schwarzen Mondes tragen: «La chasse à la licorne» – Die Einhorn-Jagd – (eine Geschichte mit tragischem Ausgang), «Les couteaux» – Die Messer – oder «Monserrat», ein Werk, welches das Thema des Opfers behandelt, dasjenige der umsonst geopferten Geissel, und dies alles nur, um den Namen des Ortes zu erpressen, wo Simon Bolivar sich aufhält . . . und wo er in Wirklichkeit schon gar nicht mehr ist.

In bezug auf Antonin Artaud (Schwarzer Mond in Widder am Deszendenten) sprach man vom «intellektuellen Selbstmord», von einem wahren «Fest der Gewalt», das sein «Theater der Grausamkeit» oder sein «Theater und sein Doppel» auszeichnet, das eine totale Befreiung aller instinktiven Kräfte preist.

Man denke auch an Blaise Cendrars, den Autor von «L'homme foudroyé» – Der erschlagene Mann – bis zu «La main coupée» – Die abgetrennte Hand –, der schrieb: «Ich tauche meine Feder nicht in ein Tintenfass, sondern in das Leben» – dieses Leben, das er sich gefährlich wünschte.

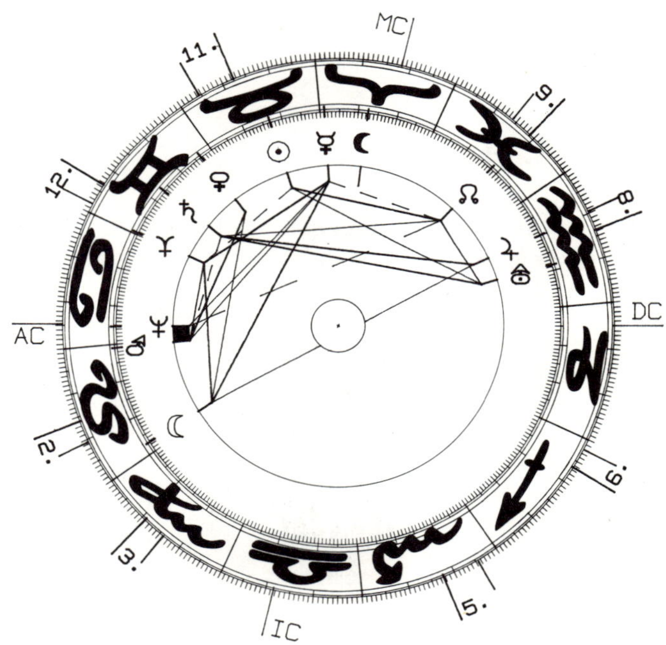

Emmanuel Roblès (SM 17°47' Widder)

4. 5. 1914 LT 10.00 GT 10.00 Oran DZ AD-Placidus

☉ 13 ♉ 5'27"	♀ 3 ♊ 27'26"	♄ 16 ♊ 38'43"	♇ 29 ♊ 33' 2"
☽ 27 ♌ 39'45"	♂ 1 ♌ 16' 3"	♅ 11 ♒ 33' 6"	☊ 11 ♓ 52' 5" R
☿ 28 ♈ 48'59"	♃ 20 ♒ 5'22"	♆ 25 ♋ 38'38"	☊T 13 ♓ 5'55"

Jacques-Henry Lévesque schreibt über ihn: «Wenn Cendrars ausruft: ‹Ich mag das Leben›, dann darf man diesen seinen Schrei nicht begrenzen. Genau wie die Welt, wie das Sein umarmt er alles, begehrt er alles, will er alles besitzen.»

Typisch für seine Vision ist folgender Ausspruch: «Ich bin eine Art von verkehrtem Brahmanen, der im emsigen Treiben sich der Kontemplation hingibt», ein Bekenntnis, das durchaus bezeichnend ist für diesen Schwarzen Mond in Widder auf dem Aszendenten und der Sonne in Jungfrau. Selbst in seiner Geschwindigkeit beim Schreiben gibt es diese Spur des Widder-Schwarzen Mondes: «Ich schnappe die Gedanken im Flug auf und stecke sie, bunt durcheinander gemischt, schnell und so viele auf einmal wie möglich, in einen Käfig!»

In «Moravagine» – Moloch – gibt er eine Beschreibung «der stets wechselnden Ausdrucksformen des Unbewussten» bei einem «grossen Raubtier»... Dieses grosse Raubtier ähnelt einem Teil von ihm selbst und «strahlt vor starker und zerstörerischer Energie», wie es in einem Kom-

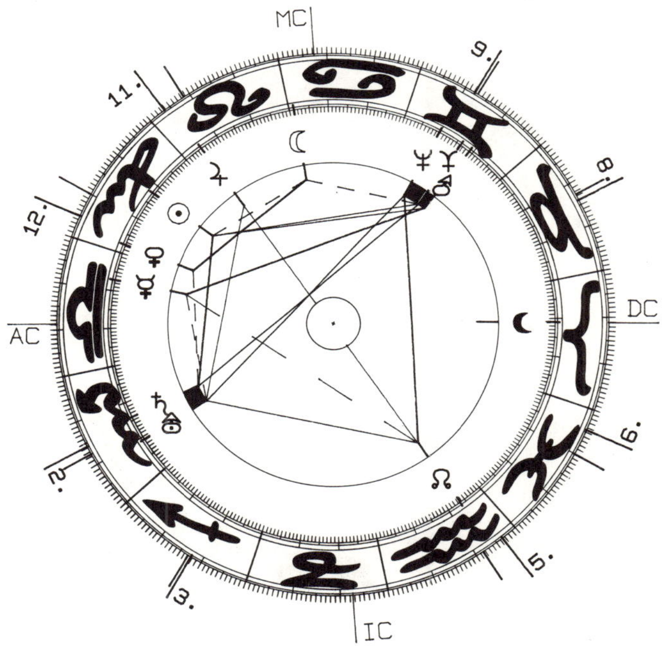

Antonin Artaud (SM 19°13' Widder)

4. 9. 1896 LT 8.29 GT 8.20 Marseille F AD-Placidus

☉ 12 ♍ 15'38"	♀ 27 ♍ 48' 7"	♄ 14 ♏ 24'53"	♇ 13 ♊ 43'53"
☾ 28 ♋ 58'18"	♂ 10 ♊ 58'22"	♅ 21 ♏ 1'41"	☊ 23 ♒ 25'28" R
☿ 7 ♎ 23' 1"	♃ 25 ♌ 4' 4"	♆ 20 ♊ 12'57"	☊T 24 ♒ 37'34"

mentar heisst, der damit auf bemerkenswerte Art und Weise die Kraft des Schwarzen Mondes in Widder erfasst hat.

Diese gleiche Energie manifestiert sich bei Marguerite Duras auf eine viel diskretere und verinnerlichtere Weise in ihrem Schrifttum, aber mit der gleichen subversiven und unkontrollierten Gewalt in ihrem Privatleben. (1) In Widder besitzt der Schwarze Mond eine bestimmte Kraft, aber er erhebt auch blinde Forderungen; er verbrennt sich hier mehr als anderswo, er provoziert, greift an, schlägt sich herum, setzt sogar sein Leben aufs Spiel bis zum radikalen Ende. Seine Herausforderungen können bis zum Verlust des andern gehen, bis zu seinem Verblassen, seiner Verneinung.

Es taucht dahinter das Gesicht des Animus als Krieger auf, egal, wie man ihn auch nennen mag. Und auch die Anima in ihrer Unversöhnlichkeit, vergleichbar mit der Jägerin Diana – jung, hübsch, aber jederzeit bereit, den Unvorsichtigen von ihren Hunden zerfleischen zu lassen, wenn er sie in ihrem Schlaf, das heisst ohne Waffen, überrascht, – oder mit der Walküre, die den Kämpfer auf dem Schlachtfeld unterstützt.

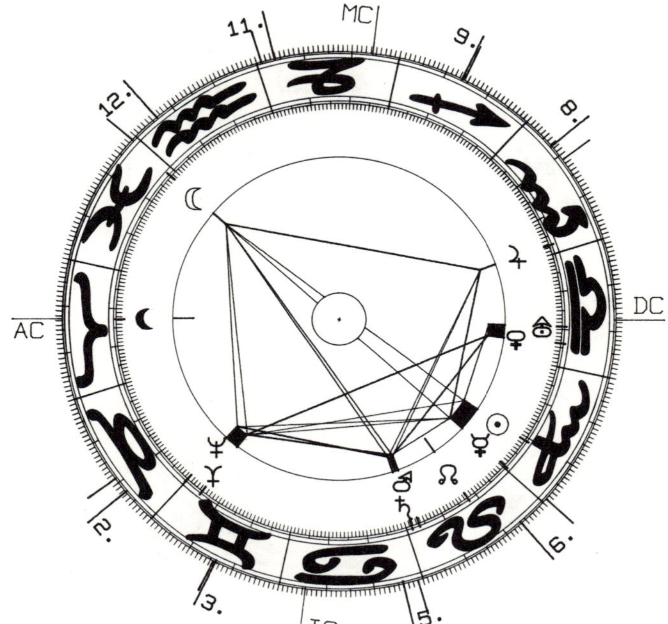

Blaise Cendrars (SM 12°53' Widder)

1. 9. 1887 LT 19.45 GT 19.15 La Chaux-de-Fonds CH AD-Placidus

☉ 8 ♍ 59'22"	♀ 6 ♎ 12'46" R	♄ 1 ♌ 38'14"	♇ 5 ♊ 1'15"
☽ 1 ♓ 35'45"	♂ 3 ♌ 36'31"	♅ 10 ♎ 46'35"	☊ 17 ♌ 40'18" R
☿ 0 ♍ 26'16"	♃ 2 ♏ 32'36"	♆ 0 ♊ 5'14"	☊T 19 ♌ 2'34" R

Der Schwarze Mond in Stier

Lebenslust und Lebensfreude sind hier zwar vorhanden, aber es haftet ihnen der Geruch des Verbotenen an. Auch die Sinnenlust fehlt nicht, aber da es diese Lust im absoluten Sinn nicht gibt bzw. das absolute Verlangen zum Ablehnen hin tendiert, wird hiermit die Zweideutigkeit dieser Stellung ganz deutlich.

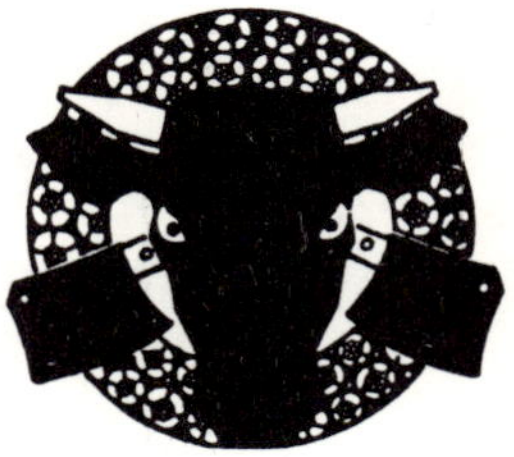

Der Schwarze Mond in Stier drückt sich mittels eines Realismus aus, der manchmal als monströs verschrien oder manchmal auch durch das künstlerische Schaffen, die Liebe oder die Poesie transzendiert wird.

Louis Malle hat seinen Schwarzen Mond in Stier; er hat aus dem weissen Einhorn ein braunes Tierwesen gemacht, halb Rind, halb Ziege, das genüsslich Blumen abweidet ... und zwar in seinem Film «Black Moon»: Schwarzer Mond.

Wir finden den Schwarzen Mond in Stier auch bei Thomas Merton («Nul n'est une île» – Niemand ist eine Insel), wo er im zweiten Haus steht. Er hat hier in doppeltem Masse eine Opferbedeutung, denn er symbolisiert den Verzicht auf das Materielle zugunsten des Spirituellen. Hier treffen die Forderungen des Stierzeichens auf Ablehnung.

Dagegen hat der in trauriger Erinnerung gebliebene Dr. Petiot (Schwarzer Mond in Stier im sechsten Haus, Quadratur Sonne/Merkur) seine Fähigkeiten als Arzt in den Dienst des Verbrechens gestellt. Sein Sadismus und die Verlockung grosser Gewinne haben alles vereitelt (wobei sicherlich auch Priapos in Skorpion im zwölften Haus nicht ganz unbeteiligt war). Dieser Arzt hat während des Krieges zahlreiche Juden umgebracht, nachdem er ihnen versprochen hatte, sie gegen überaus reichliche Bezahlung in die Freizone zu bringen. Aber er begnügte sich nicht damit, ihnen all ihr Hab und Gut zu nehmen; er brachte sie um, nachdem er sie zuvor noch gefoltert und entmannt hatte. Sexualität und Geld brodeln munter zusammen im teuflischen Hexenkessel! Dies alles erinnert auf seltsame Art an die Gallen, Kybeles Hohepriester, die sich kastrierten, um aus ihren Hoden Ketten zu formen und diese der Göttin um den Hals zu legen: Petiot hängte die Hoden seiner Opfer in Form von makaberen Ketten auf!

Beim Maler Vincent Van Gogh (Schwarzer Mond Ende elftes, Anfang zwölftes Haus) kann die Anwesenheit von Lilith in Stier das totale Fehlen an Geld, Liebe und Freundschaft bedeuten sowie seine absolute Abhängigkeit von seinem grosszügigen Bruder Theo, der ihn sein ganzes Leben lang ernährt und sich auch ganz allgemein um ihn gekümmert hat. Wenn Lilith hier mit ihrer Geburtsstellung in Quadratur kommt, bedeutet dies das Verlangen nach Geld und seine Ablehnung, ferner den Verzicht auf Sexualität bis zur Sublimierung all dieser Libidoenergien in der Kunst, was bis zur Verneinung des Lebens selbst gehen kann. Aber auch hier muss man sich Fragen stellen bezüglich der Achse Stier-Skorpion oder eben Lilith-Priapos ...

Ein ganzes literarisches Werk ist stark geprägt vom Einfluss des Schwarzen Mondes in Konjunktion zum Aszendenten, in Opposition zu Mars, im genauen Sonnensextil und mit einem Saturn-Quadrat. Die Sonne steht in Fische, der AC im Übergang Widder/Stier und der Schwarze Mond bei 1 Grad Stier: Es handelt sich hier um das Geburtsbild von Georges Bernanos, einem Mann mit sehr festem Glauben und einem literarischen Stil, der nie fade und langweilig ist, sondern vielmehr kraftvoll, lyrisch, aber auch manchmal nicht ohne Heftigkeit, wenn er «La grande peur des bien-pen-

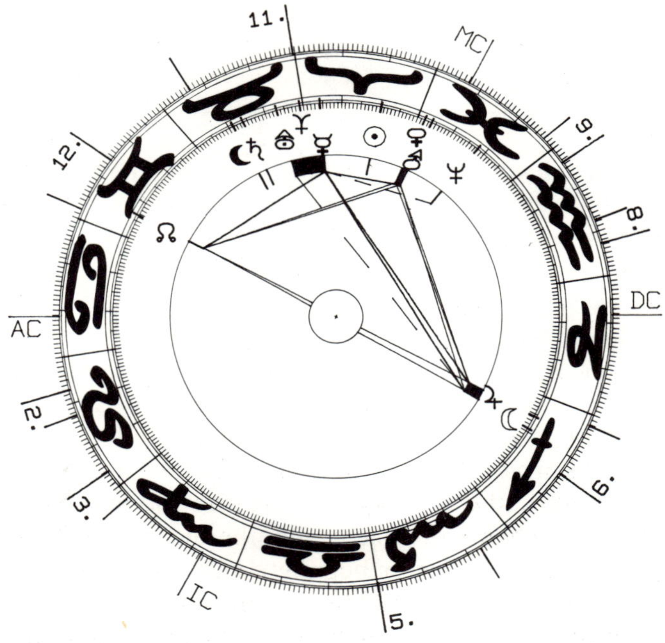

Vincent van Gogh (SM 22° Stier)

30. 3. 1853 LT 11.02 GT 10.43 Grootzundert NL AD-Placidus

☉ 9 ♈ 39'18"	♀ 28 ♓ 3'28"	♄ 15 ♉ 57'30"	♅ 0 ♉ 45'49"
☽ 20 ♐ 44'55"	♂ 26 ♓ 7'40"	♇ 6 ♉ 47'32"	☊ 23 ♊ 28'50" R
☿ 25 ♈ 36'25"	♃ 24 ♐ 16' 5"	♆ 12 ♓ 13'29"	☊T 22 ♊ 29'21" R

sants» – Die grosse Angst der Konformisten – geisselt. Er spricht vom Bösen, der Sünde und ihrem «dunklen Gewässer», dem spirituellen Todeskampf in «l'Imposture» – Der Abtrünnige –; vom Kampf der Seele gegen den Teufel in «Sous le soleil de Satan» – Die Sonne Satans. Oder «Les Grands Cimetières sous la lune» – Die grossen Friedhöfe unter dem Mond. Nichts hasst er mehr als Lauheit, Gleichgültigkeit oder Passivität gegenüber seinem Schicksal. Bernanos ist die Blasphemie lieber als die Leere und das Nichts des Seins. (2)

In «Le Dialogue des Carmélites» – Die begnadete Angst – zeigt der Autor, wie man die Todesangst transzendieren kann, welches die Natur der Angst gegenüber der Schwäche und der Feigheit ist, und wie schnell Verdienste ins Gegenteil gekehrt werden können.

In diesem Geburtsbild drückt sich der Schwarze Mond ganz klar aus, er entfaltet sich mit dieser Kraft, dieser Stier-Gesundheit, die Bernanos einen bisweilen emphatischen Stil verleiht, dessen Lyrik voll sinnlicher Plastizität den Leser packt und ihn niemals den verschlungenen Pfaden der reinen

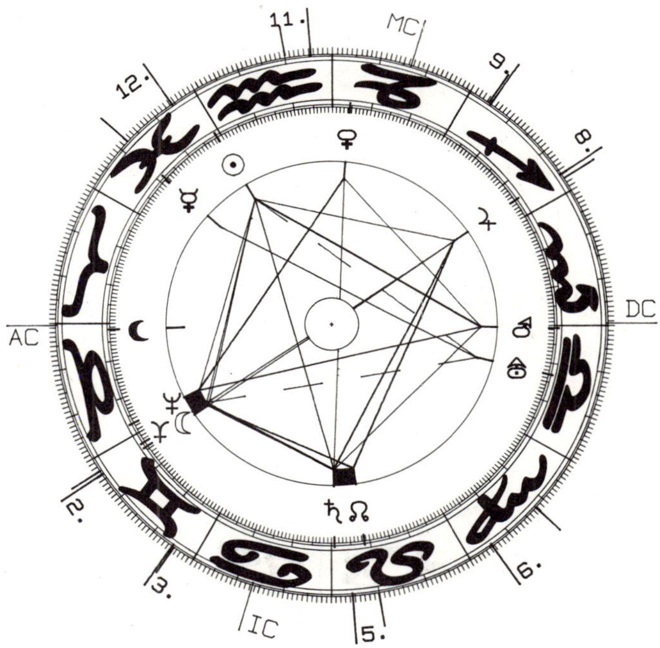

Georges Bernanos (SM 1°49' Stier)

20. 2. 1888 LT 8.59 GT 8.50 Paris F AD-Placidus

☉ 1 ♓ 12' 8"	♀ 25 ♉ 28'40"	♄ 0 ♌ 57'44" R	♇ 3 ♊ 2'48"
☽ 4 ♊ 21' 9"	♂ 29 ♎ 13'43"	♅ 16 ♎ 51'24" R	☊ 8 ♌ 35'12" R
☿ 18 ♓ 31' 2"	♃ 4 ♐ 54'25"	♆ 27 ♉ 19'14"	☊T 9 ♌ 30'47"

Abstraktion überlässt. Der Schwarze Mond in Stier packt das Konkrete an und sagt «Nein!» zum Dämon.

Würde ich an den Zufall glauben, würde ich sagen, dass er die Dinge nicht schlecht lenkt. Aber der Zufall ist gerade eben dieses Zusammentreffen zwischen dem menschlichen Schicksal und den Mitteln, die ihm zur Verfügung gestellt wurden.

So war ich fest davon überzeugt, dass Gustave Moreau (eine seiner Salome-Zeichnungen befindet sich auf den ersten Seiten dieses Buches) nur einen stark dominierenden Schwarzen Mond haben konnte. Aber ich kannte sein Geburtsdatum nicht. Bis zu dem Tag, als eine junge Frau zu mir kam, um mir seine Geburtszeit mitzuteilen: Sie war daran, eine Arbeit über diesen symbolistischen Maler zu schreiben und stiess dabei auf die französische Ausgabe meines Lilith-Buches, das ein Moreau-Gemälde als Umschlagbild hat. Die Horoskopberechnung zeigt nun den Schwarzen Mond in enger Konjunktion zum Aszendenten bei 3 Grad Stier auf einem Symbolgrad, der eine verschleierte Frau (oh Isis, oh Salome!) bedeutet. War dies

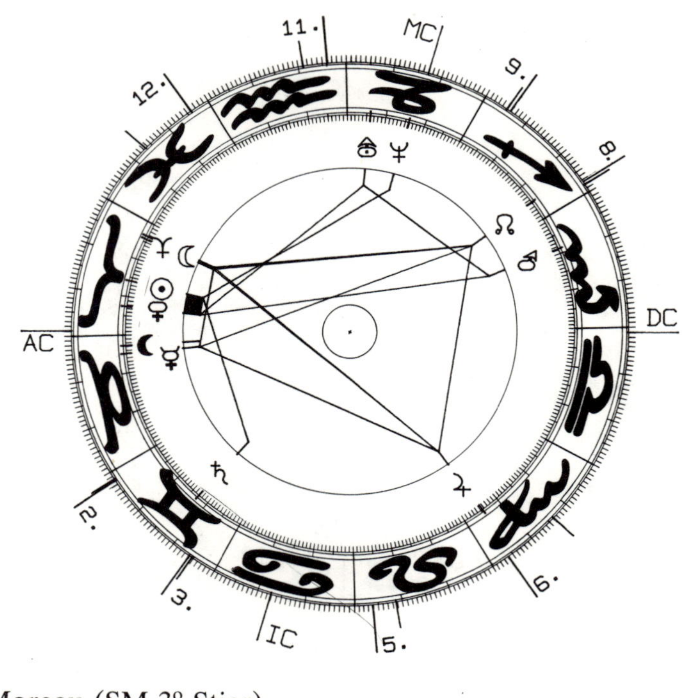

Gustave Moreau (SM 3° Stier)

6.4.1826 LT 6.00 GT 5.50 Paris F — AD-Placidus

☉ 15 ♈ 53'56"	♀ 22 ♈ 38'36"	♄ 17 ♊ 13'13"	♇ 4 ♈ 3'11"
☽ 3 ♈ 16' 5"	♂ 21 ♏ 32'15" R	♅ 23 ♑ 53'23"	☊ 5 ♐ 21'11" R
☿ 4 ♉ 54'17"	♃ 5 ♍ 26'15" R	♆ 13 ♑ 58'46"	☊T 3 ♐ 38'45" R

nicht ein herrliches Geschenk, das in allen Punkten diesen Einfluss und diese Wirklichkeit des Schwarzen Mondes bei Gustave Moreau bestätigte, der in seinen Gemälden praktisch *alle* Themen des Schwarzen Mondes behandelt hat (Sirenen, Salome, Feen usw. . . .)! In Konjunktion mit Merkur «verschiebt er die Sprache» oder unterbricht sie, aber hier, im Jupitertrigon, «geht er über» in den Entwurf des Gemäldes und drückt sich mit der für den Schwarzen Mond in Stier so typischen Sinnlichkeit aus.

Die Anima des Stierzeichens ähnelt Aphrodite, der Grossen Prostituierten Ischtar, der Hetäre. Und der Mann, der oft Träger dieser Anima ist, wird sich in diese Sünderin verlieben. Was übrigens der Fall war bei Van Gogh – wobei seine barmherzige und opferbereite Venus in Fische noch dazukommt – mit seiner Stier-Anima, indem er den Versuch unternahm, die Prostituierte zu retten, deren Mitgefühl ihn zutiefst gerührt hatte.

Und der Stier-Animus trägt Namen wie Minotaurus, Pan, Dionysos oder Bacchus, tierische Stärke, oder auch Eros, Aphrodites Sohn . . .

Der Schwarze Mond in Zwillinge

Wichtigstes Bild ist hier das des Doppels. Die Faszination gegenüber den Ursprüngen und der Identität, dem Blick und dem Spiegel sind die Leitthemen der vom Schwarzen Mond in Zwillinge geprägten Autoren.

Jean Cocteau und Paul Valéry (3) haben beide, sogar fast auf demselben Grad, den Schwarzen Mond in diesem Sternzeichen, aber beide Dichter haben ihn auf eine nicht vergleichbare Art und Weise ausgedrückt. Für beide geht es um die Suche nach dem Doppel, diesem «Doppel, das stets Zeuge ist einer Trennung, einer unmöglichen Trauer». (4) Cocteau sucht dieses Doppel ausserhalb von sich selbst, Valéry dagegen nur in sich, halb Parze, halb Narziss, wobei er in diese Bilder sein gleichzeitig männliches und weibliches Doppel integriert. Cocteau sucht seinerseits den jungen Bruder, den Zwillingsbruder, den Engel Heurtebise (auch Valéry spricht von dem Engel), das Doppel, das er nicht erfassen kann:

«Üble Begleiterin, Totenpack!
Zu welchen Fluren,
Zu welchen Fluren stösst du die Tür auf
Sobald du einschläfst? . . .» (5)

Anders dagegen bei Valéry, folgt man dem Kommentar von Jean Levaillant über «La Jeune Parque»: «Wer weint hier? Diese zu Beginn gestellte Frage setzt ein Dasein-Nichtdasein voraus, das der nachfolgende Text vergeblich zu benennen versucht. Diese wohl vernommene, aber nicht festgelegte ‹innere Stimme› bietet einem andern in der gleichen Person Platz. Paul Valéry schreibt in den ‹Cahiers›: ‹Die Person, die (in mir) spricht, ist bereits eine andere als ich selbst (...), diese Person, die spricht, zeugt mich als denjenigen, der zuhört.›»

Diese Schwarzen Monde in Zwillinge lassen immer das Doppel-Ich auftauchen und begünstigen die Spiegelspiele. In diesem Spiegel reflektiert sich das Bild eines Ichs, das sich sofort in ein Doppel verwandelt. Und etwas im «Portrait de Dorian Gray» – Bildnis des Dorian Gray – erinnert an den für Valéry so teuren Narziss (6). Bei diesem Dichter spricht man deshalb auch von der «doppelten Sprache und von der Sprache des Doppel».

Wer? Das Schlüsselwort dieses Dichters, Rätsel und Geheimnis gleichzeitig, das stets auf die Unmöglichkeit einer Antwort verweist.

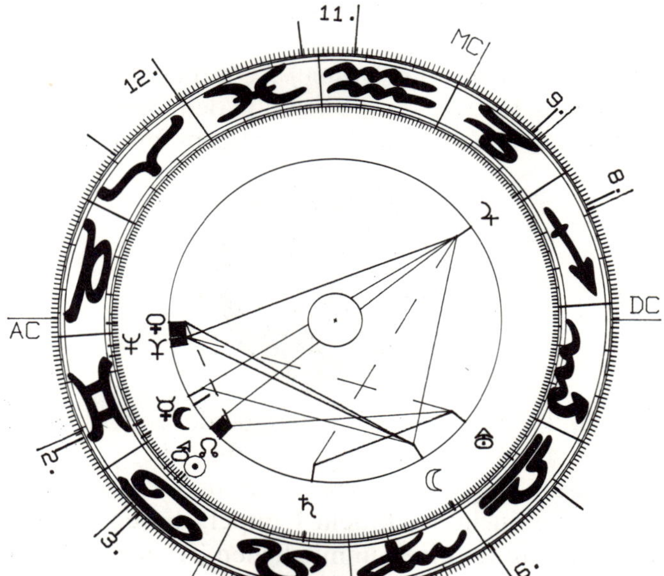

Jean Cocteau (SM 28°10' Zwillinge)

5. 7. 1889 LT 1.08 GT 1.00 Maisons Laffitte F — AD-Placidus

☉ 13 ♋ 8'48"	♀ 27 ♉ 37'30"	♄ 18 ♌ 37'23"	♇ 6 ♊ 17'14"
☾ 28 ♍ 21'28"	♂ 8 ♋ 19'13"	♅ 17 ♎ 54'27"	☊ 12 ♋ 4'27" R
☿ 24 ♊ 46'30"	♃ 2 ♑ 5'32" R	♆ 3 ♊ 31' 5"	☊T 12 ♋ 7'46" R

Und so stellt sich für jedes Wesen mit einem Schwarzen Mond in Zwillinge das Problem der verlorenen, unzugänglichen Identität oder das des fehlenden Doppel. Mit ihm taucht auch oft die Suche nach dem Helfershelfer auf, manchmal auch eine gewisse Kommunikationsschwierigkeit, da der andere nicht antwortet.

Zitieren wir nochmals Madame Assouly-Piquet, die schreibt: «Das Abbild wiederholt durch seine Verdoppelung die Wirklichkeit und bedeutet damit eine Überschreitung des Zeitgesetzes, das das Gesetz des Wandels ist, das heisst das des Verlustes, der Trennung und des Todes.»

Die Anima der Zwillinge verweist auf die Schwester, die Bilder des Doppel, das junge Mädchen, Kore. Aber stets eher auf die Kammerzofe als auf die Gräfin ...

Der Animus entspricht dem Bruder, dem Komplizen, dem Zwillingsbruder, dem Spitzbuben, dem Doppel, dem jungen Mann. Merkur als Abbild der ewigen Jugend. Harlekin. Eher Leporello als Don Juan.

Überschreitung: Ein typisches Schwarzer Mond-Wort, wir haben bereits davon gesprochen, das das Werk von Georges Bataille – Schwarzer Mond auf 0 Grad Zwillinge – überschwemmt, definiert und beherrscht. Bei diesem Autor geht es um Blasphemie und um Orgie, um Opfer, um damit den Versuch zu wagen, den Menschen zu erhöhen, ihn bis an den Rand seiner Möglichkeiten zu stossen und zur Auflehnung zu bringen; «die fieberängstliche Infragestellung dessen, was ein Mensch vom Sein weiss», verweist uns an «die Schwierigkeit zu sein» eines Cocteau und auch an die metaphysische Forderung eines Karl Dreyer (Schwarzer Mond in Zwillinge am Sonnentrigon). Dieser grosse dänische Filmregisseur hat uns ein tiefgreifendes Porträt von Jeanne d'Arc überlassen, zusammengesetzt aus Schweigen im Hell/Dunkel-Wechselspiel, aus Blicken und immer wieder Blicken, die die Sprache ersetzen, aus «unmerklichen Lippenbewegungen, die man solange beobachtet, bis sie das Geheimnis verraten, das das Wesen tief in seinem Innern verborgen hat, das Mysterium, das plötzlich entschleiert im vollen Licht erscheint, umgeben von einem Schweigen, das dem der Säuerung und des Werdens entspricht (7).» Jede von Dreyer geschaffene Person ist von dieser metaphysischen Angst und diesem Verlangen nach Absolutem besessen, wie etwa die Zauberinnen in «Dies Irae», fasziniert von der Macht der Sprache wie auch der des Schweigens und des Todes («Ordet» – Das Wort) oder auch angetan von der magischen Kraft des Satans («Les feuillets du Livre de Satan» – Blätter aus dem Satans-Buch – oder «Vampyr»...). Das Doppel heisst hier Lilith oder Einhorn.

Der Schwarze Mond in Krebs

Mächtigkeit nächtlicher Phantasmen und Doppeldeutigkeit der Rollen des Weissen Mondes und des Schwarzen Mondes in ihrer Beziehung zu diesem

Sternzeichen. Auch hier wieder die Bedeutung des Blickes, des Spiegels, des Abbildes und des Doppels (Krebs hat etwas zu tun mit dem Bild, der Einbildungskraft, dem Imaginären ...), vielleicht auch auf Grund seiner Bindung zur Mutter und zur Ambivalenz des Verschmelzens und des Trennens. Hier auch diese ganze Problematik des imaginären, wunderbaren Kindes, geboren aus dem Bick der Mutter.

Der unter dem Zeichen der Zwillinge geborene Dichter René Char steht stark unter dem Einfluss der Krebs-Färbungen (Schwarzer Mond, Neptun, Merkur, Jupiter und Drachenkopf stehen in diesem Zeichen in Opposition zu Uranus). Hat er nicht in «La Nuit talismanique» – Die Talisman-Nacht – oder in «Les feuillets d'Hypnos» – Hypnos. Aufzeichnungen aus dem Maquis – die Geheimnisse von Schlaf und Traum, einem Krebs-Universum par excellence, in dichterische Form gebracht, und dies alles in der für ihn so typischen «distanzierten» und hochmütigen Sprache?

Bei Oscar Wilde steht der Schwarze Mond in Krebs im elften Haus in Opposition zu Jupiter und in Sonnen-Quadratur, nahe am Mond. In diesen Aspekten erkennen wir den Verlust seiner Beziehungen und seiner Gönner, das Abstandnehmen seiner Freunde, als der Skandal um seine Homosexualität losbricht und ihn für zwei Jahre ins Gefängnis nach Reading Goal schickt, wo er seine verzweifelte «Ballade» verfasst, die die tödliche Liebe anprangert: «Jedoch, jeder Mensch tötet, was er liebt; und ein jeder soll dies wissen: Die einen tun dies mit hasserfülltem Blick, andere mit streichelnden Liebesworten, der feige Mann mit einem Kuss und der tapfere Mensch mit einem Degen!» (8)

Die geringe Entfernung zwischen Schwarzem Mond und Mond ist auch ein Zeichen für ein nicht zu leugnendes Mutterproblem, sicherlich eine Kastrations-Mutter, und das Schwarzer Mond/Sonne-Quadrat für eine schlechte Beziehung zum Vater oder das Fehlen eines jeden Kontaktes mit ihm, und dies trotz des Sonne/Saturn-Trigons.

Ausserdem steht der Schwarze Mond auf einem Grad, der häufig mit der Homosexualität assoziiert wird: «Auf den Burgzinnen flattert eine Fahne mit königlicher Krone, während tiefer unten Pferde lustig schnauben und sich gegenseitig bespringen.» Diese «Pferde, bei welchen eines auf das andere springt», waren verdächtig! Und das Schloss und die Krone erinnern an jene englische Aristokratie, die Wilde so unbarmherzig anprangerte.

Der feine Ästhetizismus des Autors steht gewiss im Zusammenhang mit seiner Sonne in Waage, aber seine Rebellion und sein Ablehnen des Konformismus sind typisch für den Schwarzen Mond (und dies vor allem in einem Waage/Jungfrau-Geburtsbild, wo ein gewisser Konformismus sich hätte manifestieren können). Zwei seiner Werke sind besonders stark vom Schwarzen Mond geprägt, nämlich «Salome» und «Das Bildnis des Dorian Gray».

Ein Schwarzer Mond in Krebs ist für mich stets ein Zeichen einer schwierigen Kindheit. Und dieser während vieler Jahre gefeierte Mann musste schliesslich die Schmach, die Ablehnung und die Einsamkeit erfahren, wie es mit seinem sechsten Haus bereits angekündigt war.

Bei Robert Altman ist der Einfluss des Schwarzen Mondes ganz deutlich: Er steht im Trigon zur Sonne und in Konjunktion zu Pluto (was mich lange glauben liess, er stehe in Skorpion). Er steht aber in Krebs und zwar auf einem Grad, der ihm wie ein Handschuh passt! «Eine reiche Frau sitzt unter einer blütenübersäten Pergola und verteilt wertvollen Schmuck an

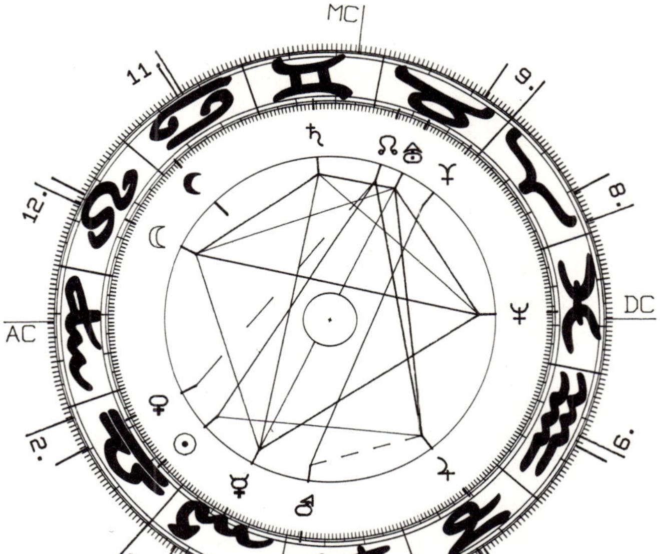

Oscar Wilde

16. 10. 1854 LT 2.36 GT 3.01 Dublin IRL AD-Placidus

☉ 22 ♎ 25'57"	♀ 7 ♎ 56'23"	♄ 15 ♊ 35'26" R	♇ 2 ♉ 55'33" R
☽ 14 ♌ 51' 0"	♂ 3 ♐ 49'36"	♅ 15 ♉ 33'18" R	☊ 23 ♉ 34'43" R
☿ 13 ♏ 18'17"	♃ 19 ♑ 18'23"	♆ 13 ♓ 35'19" R	☊r 22 ♉ 39'43" R

Bettler, die sich lachend gegenseitig zeigen, was sie schon alles bekommen haben; währenddessen versucht ein Mann mit wilden Haaren und im Harlekinskostüm, ein schlafendes Lamm in einen dampfenden Kessel zu tauchen.» Grad des Unmasses, des ungestümen Lachens, der Theatralik und des Spottes ...

Bis zur Satire ist es nicht weit und Harlekin amüsiert sich ... Genau das ist der Regisseur von «MASH», ist der Regisseur von «Eine Hochzeit», von «Brewster Mac Cloud». Aber Robert Altman ist auch der Autor von «Images» – Bilder –, eine wunderbare Einhorn-Lilith-Geschichte, wobei beide so vermischt und verschmolzen sind, dass selbst der Zuschauer sich kaum noch zurechtfindet. Und er ist ebenfalls der hier vielleicht mehr metaphysische Autor von «Quartet», wo die Landschaft typisch Schwarzer Mond ist (unendlich vereist mit einer Stadt aus Eis, die von Hekates schwarzen Hunden umgeben ist, die sich um die Toten kümmern) und wo man das Spiel des gegenseitigen Tötens spielt, da auch der Tod, kurzfristig gesehen, nun unvermeidbar ist (und man tötet sich mit diesen herrlichen Klingen in bester Lilith-Tradition).

Nichtsdestoweniger zeichnet sich gegen Ende des Films ein Hauch von Hoffnung ab ... Ein Vogel fliegt vorbei, der sich wohl auf irgendeinen Ast setzen und auch von irgendwoher kommen muss ... Altman spielt hier «wild» mit seinen eigenen Phantasmen, seinen Ängsten, aber auch den unseren, und dies, ohne seine Zuschauer zu schonen. Und man hört sie lauthals in Gelächter ausbrechen gegenüber dieser absurden, schrecklichen, kleinlichen, kranken, verrückten, verdorbenen, greulichen Welt, die der Regisseur, wie die meisten unserer Schwarzer Mond-Autoren, mitleidlos anprangert; und die Pluto-Nähe fügt noch eine «zerreissende» und «tödliche» Note zur Klangfarbe des Schwarzen Mondes in Krebs hinzu. Der Schwarze Mond in Krebs wiegt schwer in den Kindheitserinnerungen, in allen von den Anfängen und den Ahnen ererbten Bildern. Manchmal bedeutet er die Trennung oder das Opfer in Verbindung mit dem Heimatland oder der Familie, genau wie das Exil eines Schwarzen Mondes im vierten Haus. Das Ur-Ei ist zerbrochen, zertrümmert, zerstört.

Andere, wie zum Beispiel Raymond Abellio mit einem Schwarzen Mond in Krebs im ersten Haus drücken ihre Phantasmen in Verbindung mit Gestalten der höchsten und wunderbar frigiden Frau aus ...

Manchmal erlebt sich die Person in der Trauer oder in der Ablehnung ihrer eigenen, verborgenen oder verdrängten Kindheit, die einen Platz äusserster Empfindlichkeit innerhalb ihrer Erinnerung innehat (Paul Léautaud).

Welches Animus-Bild kann man da wohl vorschlagen? Sicherlich das des Jungschen Puer aeternus, das des Clown, Peter Pan, Don Quichotte, oder ganz einfach das des Wunschprinzen. Auf der Anima-Seite findet man Psyche, die Najaden, die Lorelei und andere Quellengöttinnen, Kalypso, Hebe ... Dornröschen.

Der Schwarze Mond in Löwe

Recht mächtig ist er hier, ganz gleich, ob er als Nacht-Herrscher des Zeichens erscheint oder ob er im Tageslauf ist. In beiden Fällen lädt er sich hier mit Macht, Stolz und Gewalttätigkeit. Das Ablehnen jeder Mittelmässigkeit und jeder Unvollkommenheit wird zum dominierenden Faktor. Das Ich-Abbild steht stets im Mittelpunkt und sieht sich nur in seiner Erhabenheit, stellt sich aber doch ständig quälende Fragen. Der Trieb zur Vollkommenheit ist hier mehr als stark; er lauert dem künstlerischen Schöpfer auf und bestraft jede Schwäche.

Castaneda hat den Schwarzen Mond in Löwe in Konjunktion zum Drachenkopf. Bedeutet nicht allein schon dieser Aspekt die Suche nach der Initiation, das Verlangen, das Drachenhaupt abzuschlagen, um so eine Schwelle zu überschreiten und zum Schatze vorzudringen, den das Ungeheuer bewacht? Er steht im Trigon zu Merkur: Der Autor schreibt vor allem über das Thema Initiation; er steht in Opposition zu Venus und in einer Mond-Quadratur: Die Beschreibung der Frauen erscheint problematisch, was noch verstärkt wird durch die Tatsache, dass der symbolische Grad, auf dem der Schwarze Mond steht, auf zwei verführerische Frauen hinweist . . . vielleicht Dona Soledad und vielleicht auch Gorda, die ihm die Welt schenken und sie ihm dann wieder wegnehmen?

Der Schwarze Mond in Löwe erinnert an die wilde Freude einer Kybele und ihres Gefolges aus zankenden Mänaden, genau diesselben, die später Orpheus zerreissen werden als Rache, weil er ihnen den Zugang zu den Mysterien verweigert hat.

Überschwengliche Rebellion gepaart mit einem Masslosigkeitswahn: Der Schwarze Mond in Löwe kann sich nicht mit dem Alltäglichen ohne besondere Bedeutung zufriedengeben. Je nachdem, in welchem Haus er steht, kann man genau sehen, in welche Richtung dieses glühende Verlangen gehen kann.

Im Horoskop des Dichters Henri Michaux steht er im zehnten Haus mit einem Aszendent/Sonne-Sextil und einem Uranus-Trigon, aber auch mit einer Venus/Merkur-Quadratur im achten Haus (was sicherlich in Verbindung steht mit dem tragischen Unfalltod seiner Frau). Zunächst erscheint Michaux allen als ein aufrührerischer Einzelgänger. Man hat in seinem

Zusammenhang von beleidigenden Äusserungen, von Sarkasmen, von brutalem Humor gesprochen, die dazu dienen sollen, die Angst auszutreiben.

Für diesen geheimnisvollen Dichter gibt es nur das innere Abenteuer, das er mit einer äussersten Strenge anpackt. Gibt es einen treffenderen «Schwarzer Mond»-Begriff, wenn man das Schaffen des Dichters als ein «Zerreissen metaphysischer Wesenheit» definiert?

Selbst die Titel seiner Werke berichten uns, wie es oft der Fall ist, von Kybeles Taumel: «Au pays de la magie» – Im Land der Magie –, «Infini turbulent» – Turbulenz im Unendlichen –, «Connaissance par les gouffres» – Wissen durch Abgründe –, «Magique cruauté» – Magische Grausamkeit – oder «La nuit venue» – Wenn die Nacht da ist. Man hat bisweilen Michaux als einen wagemutigen Erforscher des Unterbewusstseins bezeichnet, da er sich nicht scheute, an sich selbst grauenhafte Versuche vorzunehmen, bei denen, genau wie bei Artaud, Meskalin und andere Rauschgifte eine wesentliche Rolle spielten.

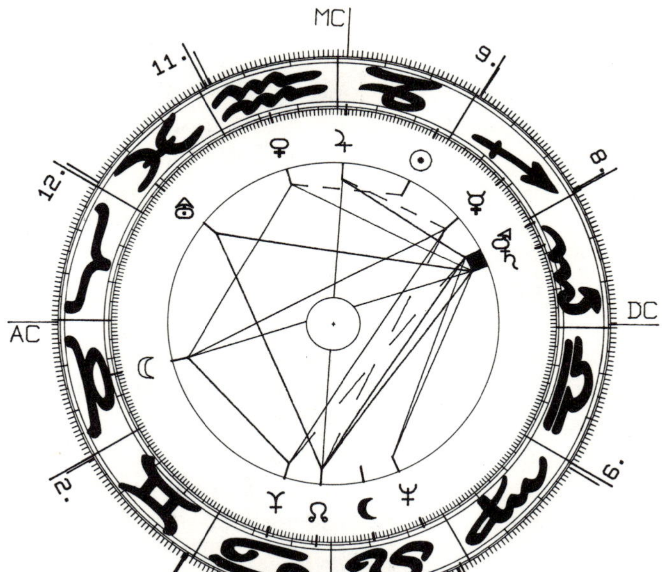

Carlos Castaneda (SM 11°33' Löwe)

25. 12. 1925 LT 13.59 GT 18.59 Cajamarca PE AD-Placidus

☉ 3 ♑ 29'48"	♀ 17 ♒ 0'52"	♄ 22 ♏ 12'13"	♇ 13 ♋ 52'46" R
☾ 14 ♉ 25' 2"	♂ 28 ♏ 28'13"	♅ 21 ♓ 48'33"	☊ 26 ♋ 38' 7" R
☿ 12 ♐ 8'43"	♃ 27 ♑ 25'22"	♆ 24 ♌ 34'21" R	☊т 25 ♋ 44'30" R

Aber muss man nicht auch da wieder an Kybeles Trunkenheit denken und an die gleichzeitig mystische und körperliche Trunkenheit ihrer Priester?

Nicht übergehen dürfen wir auch das Schaffen von Richard Strauss, geboren im Zeichen Zwillinge mit Aszendent Krebs. Bei ihm steht der Schwarze Mond in Löwe und in Mond-Konjunktion in Haus Drei (ein Bereich, der eng mit der Ausdrucksform der Person zusammenhängt). Im Gefühlsbereich findet man sicherlich die Spur von schmerzlicher Erinnerung in Verbindung mit dem Mutterbild. Ist sie etwa diese «Schweigsame Frau» oder diese «Frau ohne Schatten»? Der Schwarze Mond steht im Sextil zur Sonne und in Merkur-Quadratur. Er hat einen gewalttätigen Grad inne, reich an «Klingen», diesen für Lilith so wichtigen Schwertern: «Auf dem Boden ein zweischneidiger Dolch, und, aufrecht in den Boden gesteckt, eine Sense.»

In einem Kommentar über sein Schaffen (9) heisst es von Strauss, er habe «die grossen, von Nietzsche übernommenen philosophischen Themen

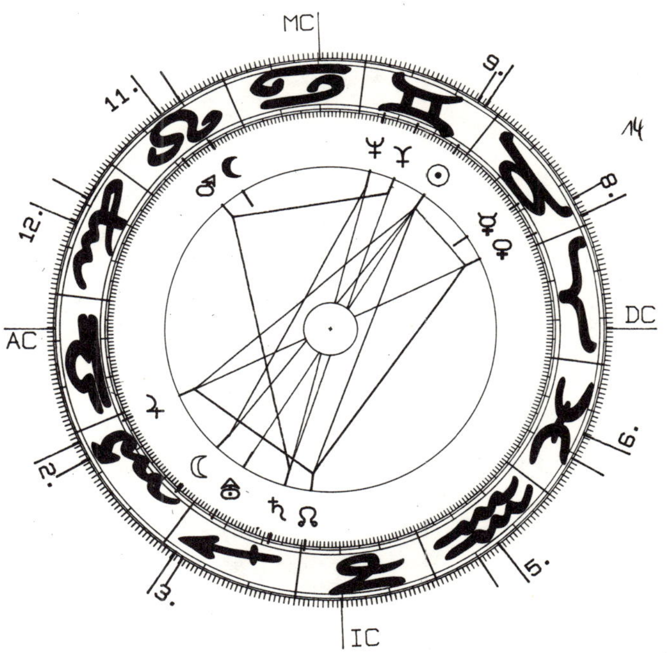

Henri Michaux (SM 9°49' Löwe)

24. 5. 1899 LT 14.15 GT 14.15 Namur B — AD-Placidus

☉ 3 ♊ 9'24"	♀ 2 ♉ 56'52"	♄ 21 ♐ 41'17" R	♅ 14 ♊ 54' 3"
☾ 24 ♏ 40'28"	⚸ 17 ♌ 54'46"	♇ 6 ♐ 9'21" R	☊ 0 ♉ 52'52" R
☿ 11 ♉ 50'11"	♃ 1 ♏ 59'22" R	♆ 23 ♊ 38'57"	☊r 28 ♐ 40' 0" R

aufgegriffen» und sein Stil und seine Art, zu komponieren, seien «hochmütig und angstbeladen», Begriffe, die durchaus zu Lilith passen. Aber was soll man über seine anderen Titel sagen: die unvermeidliche «Salome», zu der er sich durch das Werk von Wilde inspirieren liess, der selbst von einer Mond/Schwarzer Mond-Konjunktion geprägt ist, ferner «Elektra», «Tod und Verklärung», «Ariadne auf Naxos», «Die Liebe der Danae», «Don Juan», «Don Quichotte»... und nicht zuletzt alle diese Lieder, die so voller Mysterien sind ...

Eine andere aufrührerische Persönlichkeit, nämlich Virginia Woolf, hat den Schwarzen Mond in Löwe mit einem Pluto-Quadrat, ein sehr schlechter Aspekt, wie wir bereits gesehen haben, der sicherlich nicht unschuldig ist an ihrem Wahnsinn und ihrem Tod. Sie, die «durch den Schein hindurchgegangen» ist, wählte vielleicht den Tod, weil sie nicht mehr von ihrer «The Voyage Out» zurückkommen konnte. B. Cassen sagt von ihr, was man stets von einer authentischen Lilith behaupten kann: «Auf Grund ihres Ablehnens sozialer Konventionen, ihres vollkommenen Engagements für ihre

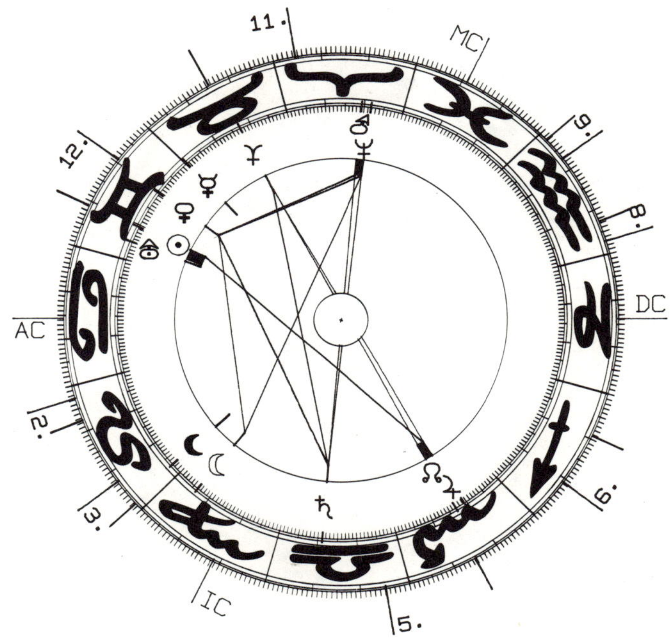

Richard Strauss (SM 27°53' Löwe)

11. 6. 1864 LT 5.59 GT 5.13 München D — AD-Placidus

☉ 20 ♊ 28'21"	♀ 10 ♊ 15'44"	♄ 11 ♎ 19' 0" R	♇ 12 ♉ 38'17"
☽ 6 ♍ 31'17"	♂ 10 ♈ 30'22"	♅ 24 ♊ 55' 9"	☊ 16 ♏ 51'29" R
☿ 29 ♉ 30'11"	♃ 19 ♏ 22'56" R	♆ 8 ♈ 6'24"	☊T 18 ♏ 0'24" R

kreative Tätigkeit und ihrer Erfahrung des Wahnsinns erscheint sie (...) als eine Rebellin.»

Der Romanschriftsteller und Dramaturg Jacques Audiberti hat ebenfalls einen Schwarzen Mond in Löwe auf dem DC, mit einem Uranus-Trigon im zehnten Haus und der Sonne in Widder. Seine Stellung in Haus Sieben erklärt sicherlich die Tatsache, dass er sich von den Frauen verstossen fühlte und dass er den Eindruck hatte, ihnen nicht zu gefallen ... oder dass er «abstossende» Frauen suchte ... Bei ihm spricht man von der Faszination des Wortes, das hier ausserordentlich mächtig ist und das geladen ist mit einem solchen Unmass an sprachlichen Neuschöpfungen, mit einer solchen Verschwendungssucht in Wort und Bild, dass dies fast «an Unverstand» grenzt. Aber hinter diesen Wortspielen verbirgt sich das Bewusstsein um die äusserste Zerbrechlichkeit des Seins und die Angst vor dem Nichts. «Le Mal court» – Der Lauf des Bösen – ist einer seiner Erfolge... Aber ist dies nicht auch gleichzeitig ein treffender Titel für das Bewusstsein des Bösen Samael, der überall am Werk ist? (10)

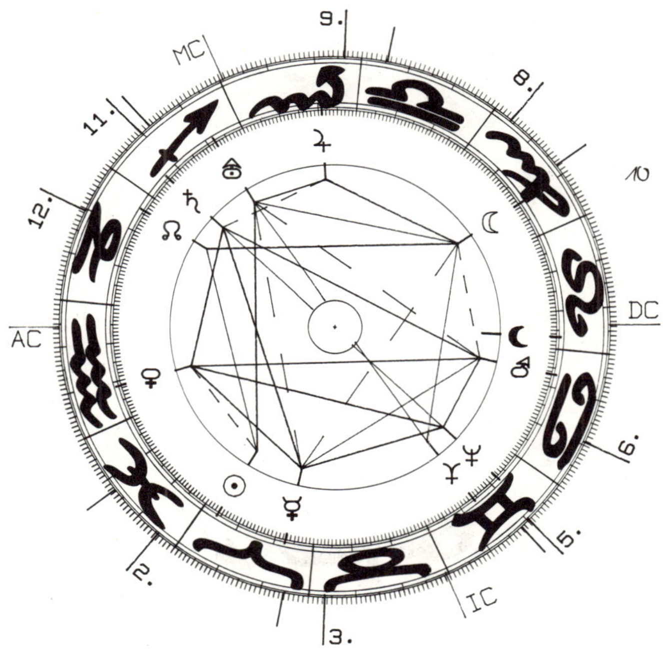

Jacques Audiberti (SM 3°6' Löwe)

25. 3. 1899 LT 3.20 GT 3.11 Antibes F — AD-Placidus

☉ 4 ♈ 16'15"	♀ 21 ♒ 31'10"	♄ 23 ♐ 37'31"	♇ 13 ♊ 50'29"
☽ 9 ♍ 44'51"	♂ 23 ♋ 1'52"	♅ 7 ♐ 58' 9" R	☊ 4 ♉ 4'58" R
☿ 22 ♈ 52'23"	♃ 8 ♏ 55' 2" R	♆ 22 ♊ 6'42"	☊T 4 ♉ 15'21" R

Unmöglich kann man auch der Versuchung widerstehen, Pablo Picasso zu zitieren, der heute noch der Inbegriff moderner Malerei ist, eine Hydra mit mehreren Köpfen und mehreren Talenten, und der nicht nur seine Epoche, sondern ein ganzes Kunstverständnis geprägt hat. Sein Schwarzer Mond steht in Löwe am Aszendenten mit Mond-Trigon und einem Neptun/Jupiter-Quadrat. Auch hier kann man die Faszination, die er auf die Massen ausübt, ebensowenig übersehen, wie die Herausforderungen und Provokationen, die für sein Schaffen und seine Persönlichkeit so charakteristisch sind. Es geht natürlich hier keineswegs darum, die Struktur seines Geburtsbildes herunterzuspielen, die typische Gewalttätigkeit des Skorpion oder die Mächtigkeit dieser Skorpion/Löwe-Themen zu verniedlichen, aber diese «souveräne Freiheit» ist doch typisch Schwarzer Mond. Ein anderer Skorpion, Malraux, äusserte sich begeistert über «dieses grösste Werk unserer Zeit, das Formen zerstört und neue schafft», und über die vielseitige, proteische Natur dieses Malers. Gewiss spielen diese Skorpion-Färbungen sowie die Bedeutung der im Stier stehenden Planeten eine gewisse Rolle

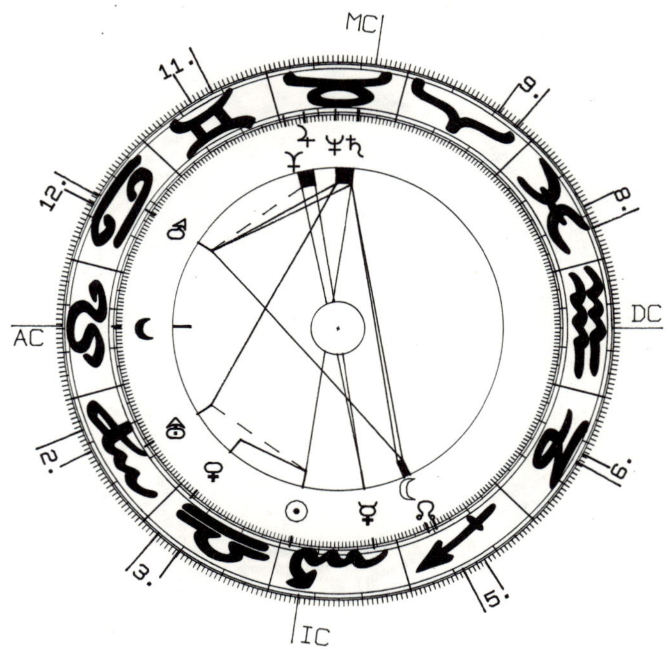

Pablo Picasso (SM 14°31' Löwe)

26. 10. 1881 LT 0.00 GT 0.17 Malaga E AD-Placidus

☉ 2 ♏ 44'40"	♀ 4 ♎ 33'54"	♄ 9 ♉ 27'17" R	♇ 28 ♉ 47'10" R
☽ 8 ♐ 38'32"	♂ 12 ♋ 21'37"	♅ 17 ♍ 2'15"	☊ 10 ♐ 48'24" R
☿ 24 ♏ 15' 8"	♃ 23 ♉ 33'17" R	♆ 15 ♉ 30'43" R	☊T 9 ♐ 27'55" R

bei der ausserordentlichen Vitalität, die Picasso eine inspirierte Kreativität bis zu seinem letzten Atemzug erlaubte und aus ihm einen «grossen Geniesser» machte; aber dieser Schwarze Mond mit seinem Mond-Trigon in Schütze lässt uns auch unweigerlich an die Barbarin Kybele denken. Der Schwarze Mond am Aszendenten mit der Neptun/Jupiter-Quadratur am MC entspricht auch dem Widerspruch gegen die offizielle Jupiter-Macht, gegen die Ordnung, und der Ablehnung jeder Idealisierung. Er denunziert das Wirkliche, um es noch wirklicher werden zu lassen.

Will man eine Anima mit dem Schwarzen Mond in Löwe in Beziehung bringen, dann kann es nur diese Kybele sein, deren Wagen von Löwen gezogen wurde (11), oder die Jungsche Regina. Und mit wem kann man den Löwe-Animus in Verbindung bringen, wenn nicht mit dem «Helden», dem «Edlen Ritter» (12), dem Recken, mit Apollo, Herkules oder Don Juan?

Der Schwarze Mond in Jungfrau

Gewiss tendiert er hier mehr in Richtung auf die Masslosigkeit der irren Jungfrau, des Vulkans; aber auch die weise Demeter oder die Vernunft- und Kulturträgerin Minerva haben einen gewissen Einfluss.

Manchmal dient der Schwarze Mond in Jungfrau dazu, diese Welt aus Mass, Vorsicht und Ordnung anzuprangern; oder sich in eine Situation zu versetzen, die eine Ablehnung durch den Konformistenclan provoziert. Manchmal treibt auch seine Randexistenz bis zum Wahnsinn oder seine Ablehnung bis zu Mord und Todschlag.

Bei Alfred Jarry, dem Vater von «Ubu Roi» – König Ubu –, Jungfrau mit Aszendent Jungfrau und mit einem Schwarzen Mond in unmittelbarer AC-Nähe, hat diese Position ganz sicher die Übertreibung, den verbalen Wahnsinn, die bissige Anprangerung und die Karrikatur der bürgerlichen Welt, was im Grunde einem Übertreiben des Wirklichen gleichkommt, verstärkt.

Bei Luis Buñuel (Schwarzer Mond im vierten Haus, Sonne/Merkur-Opposition, Pluto/Jupiter-Quadrat und Saturn-Trigon), dessen grausame Kritik an der Welt noch umso unerbittlicher erscheint, da sie aufs äusserste karrikiert ist, ist Liliths Einfluss ganz offensichtlich. Die Aspekte stehen für

Exil, Konflikte im Ordnungsbereich und wilden Humor. Sein Schaffen ist gewiss voller Gewalt, aber der Schwarze Mond in Jungfrau lässt Einzelheiten hervortreten, vergrössert sie und lässt sie so ins Monströse gleiten.

Camille Claudel (Schwarzer Mond in Haus Zehn mit Sonne/Jupiter-Quadratur und Pluto-Trigon) hat sich auf noch viel tragischere Weise als andere am Rande einer Gesellschaft bewegt, die zu ihrer Zeit weder ihr Genie noch ihr als skandalös angesehenes Leben voller Leidenschaft für ihren geliebten Meister Rodin ertragen hat, was nicht zuletzt auch zu ihrem Wahnsinn und ihrem Tod beitrug.

Françoise Sagan hat den Schwarzen Mond am Aszendenten in Opposition zu Saturn und in Trigon zu Uranus. Ist er schuld an einigen ihrer Herausforderungen, ihrer Masslosigkeiten, ihrer Enttäuschungen und einer Einsamkeit, die sie wie eine geheime Wunde erlebt? Juliette Gréco war zu ihrer Zeit die Muse der aufständischen Jugend; auch sie, die wie keine andere die Texte von Queneau singen konnte, ist enttäuscht; auch sie, antibürgerlich und ohne Scham, trägt bewusst ihr stürmisches Leben zur Schau.

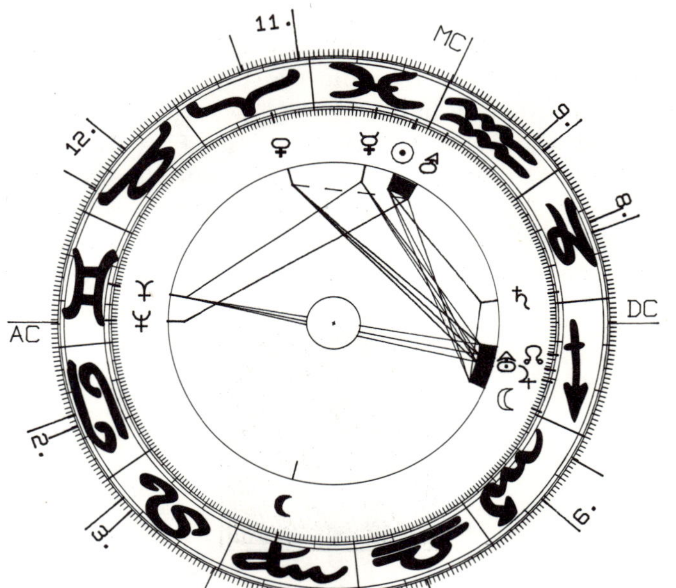

Luis Buñuel (SM 10°14' Jungfrau)

22. 2. 1900 LT 11.56 GT 12.00 Catalan E AD-Placidus

☉ 3 ♓ 26'25"	♀ 10 ♈ 44' 6"	♄ 2 ♑ 59'56"	♇ 14 ♊ 42' 4" R
☾ 1 ♐ 6'56"	♂ 24 ♒ 55'48"	♅ 12 ♐ 14'26"	☊ 16 ♐ 22'36" R
☿ 13 ♓ 56'21"	♃ 9 ♐ 10'52"	♆ 24 ♊ 14'47" R	☊r 16 ♐ 50'22" R

Auch bei Pieyre de Mandiargues, wenn auch unter anderer Form, spürt man ebenfalls den Einfluss des Schwarzen Mondes, hier in Opposition zur Sonne in Fische und in Haus Acht. Auch bei diesem überfeinerten Schriftsteller taucht der grausame und gewalttätige Schlusspunkt auf, die in Lilith enthaltene Todesnähe. In «Un Saturne gai» – Ein lustiger Saturn – (13) schreibt er: «(...) Plötzlich wendet sich die Erzählung (...) davon ab und endet mit einem phantastischen und grausamen Ausgang, wobei das Mordmesser eine Rolle – im Stile Kafkas – spielt.» Und etwas weiter heisst es dann: «Im gleichen Band hat eine andere Erzählung, für die ich eine besondere Vorliebe habe, nämlich ‹Miroir morne› – Trostloser Spiegel –, ihren Ursprung einerseits in den ‹Déserts de l'amour› – Leer von Liebe – von Rimbaud und andererseits in einer der glücklichsten Phasen meines Lebens.» Er zitiert dann mehrere seiner Titel wie «Marbre» – Marmor –, «Soleil des loups» – Sonne der Wölfe –, «Le lis de mer» – Lilie des Meeres – und meint dann, dass er gerade in dieses letzte Werk viel von seinem Selbst gelegt habe, etwas «von dem, was man die weibliche Seite meines

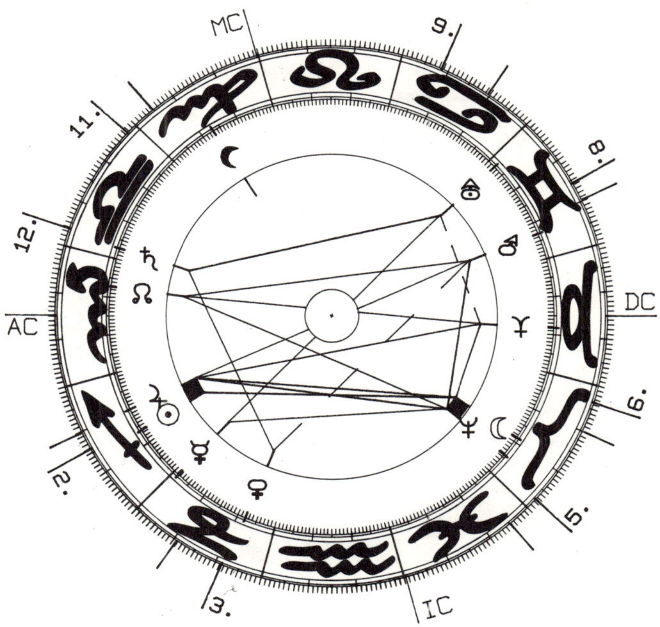

Camille Claudel (SM 17°59' Jungfrau)

8.12.1864 LT 5.00 GT 4.46 Aisne F AD-Placidus

☉ 16 ♐ 25'13"	♀ 22 ♑ 7'42"	♄ 27 ♎ 13'16"	♇ 11 ♉ 41'51" R
☽ 11 ♈ 7'39"	♂ 6 ♊ 48'54" R	♅ 27 ♊ 54'22" R	☊ 7 ♏ 19'39" R
☿ 1 ♑ 28'10"	♃ 10 ♐ 10'53"	♆ 5 ♈ 33'44" R	☊T 8 ♏ 51'25"

Ichs nennen kann, was im Bereich der Seele oder des Geistes oder des Charakters oder der Verhaltensweise liegt, und was ich gerne hier meiner Heldin zur Verfügung gestellt habe». «Egal, ob Mann oder Frau, haben wir nicht alle eine männliche und eine weibliche Seite, genau wie die Berge, die eine Sonnenseite und eine Schattenseite haben!» Und der Autor kritisiert selbst seinen Schatten, sein Doppel, seine grausame Anima: «Wenn ich auch eine ziemlich stark ausgeprägte gutmütige Seite habe, so darf dies doch nicht darüber hinwegtäuschen, dass ich ebenfalls eine grausame Seite habe. (. . .) Ich mag immer, dass eine Erzählung ihren Abschluss findet, und ein blutiges Ende kommt mir viel natürlicher in den Sinn als jedes andere.» Ist hier nicht Liliths Schatten am Werk?

Diese «Lust auf Blut» taucht auch bei B., dem Mörder eines Clochards, auf, dessen einfacher Anblick ihm plötzlich ein Bild von sich selbst widergibt, das er nicht ertragen kann; oder auch bei jenem Jungen, der sein Opfer zunächst vergewaltigt und dann umbringt: In beiden Fällen haben wir es mit einem starken Schwarzen Mond in Jungfrau zu tun.

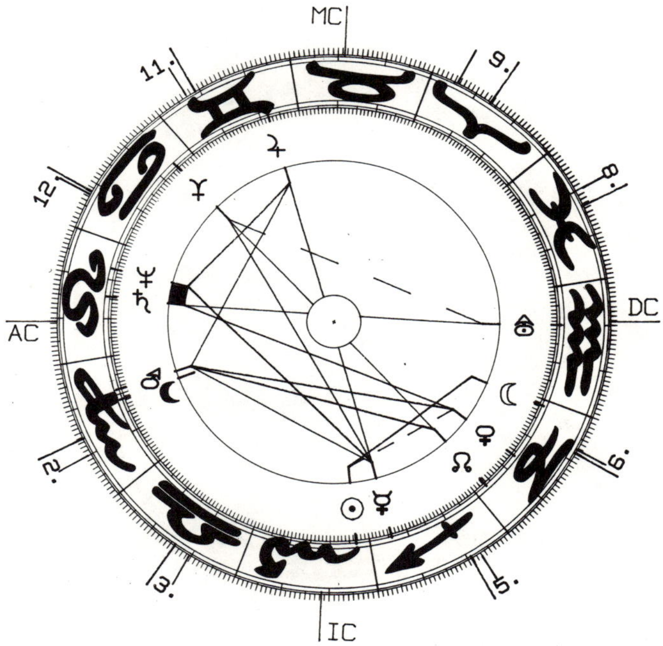

Indira Gandhi (11°14' Jungfrau)

19. 11. 1917 LT 23.14 GT 17.44 Allahabad IND AD-Placidus

☉ 26 ♏ 50'32"	♀ 13 ♉ 43'24"	♄ 14 ♌ 30' 7"	♇ 5 ♋ 10'26" R
☽ 28 ♉ 19'54"	⚸ 9 ♍ 5'24"	⛢ 19 ♒ 58' 2"	☊ 3 ♉ 16'32" R
☿ 5 ♐ 56'51"	♃ 7 ♊ 42'59" R	♆ 7 ♌ 4'59" R	☊T 1 ♉ 59'24"

Aber man darf auch die andere Seite des Schwarzen Mondes in Jungfrau, nämlich die Demeter-Seite, nicht übersehen. Er steht im ersten Haus bei «Saint-Ex» (14), der sein ganzes Leben lang die Tugend, die Pflichterfüllung und den moralischen Wert gepriesen hat ... und dies bis zum Schwarzen Mond-Opfer seines eigenen Lebens.

In Verbindung mit Indira Gandhi (Konjunktion Schwarzer Mond/Mars im ersten Haus und Jupiter/Merkur-Quadrat, Pluto-Sextil und Venus-Trigon) ist man versucht, von Athena zu sprechen, von dieser sowohl männlichen als auch weiblichen Pallas, dieser Kriegerin, die auf seiten ihres Vaters kämpfte, aber gleichzeitig eine bedeutende Kulturträgerin war. Hier ist der vom Schwarzen Mond belegte Symbolgrad gefährlich: «Ein Mann und eine Frau mit verbundenen Augen ... Ein Neger wirft über sie ein Lasso und ein Weisser macht ihnen das Zeichen des Halsumdrehens.» Er steht in Beziehung zu Gewalttätigkeiten, Rassenkonflikten, politischen Haltungen, die oft von einer gewissen «Blindheit» geprägt sind. Wir haben bereits gesehen, dass im Augenblick ihrer Ermordung Mars sich gegen die Konjunktion Schwarzer Mond/Mars «kehrte».

Zitieren wir schliesslich – ich kann dieser Versuchung hier nicht widerstehen – den Maler Max Ernst, dessen Schwarzer Mond bei 8 Grad Jungfrau einen Mann darstellt, «der auf dem Boden sitzt und eine Landschaft betrachtet», was natürlich vom Symbolgrad her einem «Landschaftsmaler» entspricht. Wirklich erstaunlich das Zusammentreffen von symbolischen Graden und dem Schwarzen Mond – und dann will man uns glauben lassen, dass es ihn gar nicht gibt! Wie treffend ist da doch der Max Ernst-Titel: «L'Œil du silence»!

Mit seiner Tages-Freude und seiner Nacht-Askese, um mit Jean Carteret zu sprechen, stellt man nicht ohne Überraschung fest, dass der Schwarze Mond in Jungfrau voller Stärke und voller «Wiederholungskraft» ist.

Seine Animus-Bilder reichen vom Götterschmied Vulkan-Hephaistos bis zu all diesen Gesichtern hässlicher und verführerischer Männer, Vollmondgesichter, denen gewisse Frauen fasziniert nicht widerstehen können, ein «Vollmondgesicht», wie man es bei Cendrars (Jungfrau Aszendent Widder, Schwarzer Mond in Konjunktion mit AC) vorfindet. Auf der anderen Seite ist es vielleicht das Göttliche Kind, der Götter-Samen, der während der Demeter-Mysterien in Eleusis gefeiert wird.

Die Anima-Bilder entsprechen Pallas, Minerva, Athena oder Kore-Persephone-Proserpina für die Schattenseite. Vielleicht auch Isis, oder ebenfalls Demeter-Ceres, Sophia oder Antigone (15)...

Der Schwarze Mond in Waage

Irgendetwas in der Stellung des Schwarzen Mondes in Waage scheint das Begehren herauszustreichen. Aber im Grunde ist dies auch ganz normal, denn dieses Zeichen verweist uns direkt an den andern, und durch Venus' Vermittlung damit auch an die Liebe.

Unmögliches Begehren, unstillbarer Durst und Wunsch nach Initiation durch den andern: Man kann hier alle Themen des verworfenen Verlangens wieder antreffen. Dass man hier häufiger Fälle von Hysterie (und insbesondere bei einer Opposition zu Venus im Geburtsbild in Richtung Widder/Waage oder Waage/Widder) findet als in anderen Themen, verwundert weiter nicht.

Jacques Lacan hat den Schwarzen Mond in Waage. Niemand hat besser als er dieses «Verlangen, welches Verlangen nach dem andern ist», untersucht, oder auch dieses dem menschlichen Wesen angeborene Bedürfnis, «sein Begehren zur Kenntnis zu bringen», wie es bereits Hegel nannte.

Zwischen jenem andern und dem Selbst agiert die Achse Widder/Waage und dieser «Spiegel», von dem Lacan spricht, der «die Ich-Funktion» begründet hat. Der andere und das von ihm untrennbare Ich.

Bei Jacques Lacan steht der Schwarze Mond Ende zweites Haus. Man kennt seine Verwirrspiele mit Geld im Rahmen seiner Behandlung, aber auch ihre therapeutischen und doppeldeutigen Zielsetzungen. (16) Auch hier steht der Schwarze Mond wieder in Opposition zu Sonne/Venus: Gewiss gäbe es viel zu sagen über seine Beziehungen zu seinem eigenen Vaterbild, zu seiner narzisstischen Natur und auch zu seiner eigenen Hysterie! Fügen wir noch hinzu, dass der Schwarze Mond in Quincunx zu Merkur vielleicht etwas zu tun hat mit seiner Vorstellung der «Sprachstruktur in Anlehnung an das Unterbewusstsein» und mit seiner eigenen Art zu Schreiben, die gefärbt ist von Humor, Provokation und Spott und einen «Mallarméschen Hermetismus» in sich trug, der so gut zum Schwarzen Mond passt.

Man findet gleichermassen dieses Thema des Begehrens im Zentrum des Schaffens eines unserer bezaubernsten Filmregisseure, nämlich bei Ingmar Bergman.

Bergman ist zwar ein Krebsgeborener, aber in seinem Geburtsbild – wir haben bereits darauf hingewiesen – taucht eine dreifache Konjunktion Mond/Schwarzer Mond/Mars auf. Einmal ganz abgesehen von all dem, was zu seinem eigenen Mutterbild und zum Thema Geliebter/Sohn und dessen Kastration durch seine Mutter zu sagen wäre, ist es ganz augenfällig, dass die von Bergman behandelten Themen einen wahren «Schwarzen Mond-

Katalog» darstellen: wie der Durst («Jungfrauenquelle»), das Älterwerden, das Entsagen, die Kommunikationsschwierigkeiten («Das Gefängnis», «Herbstsonate»), die Faszination («Das Gesicht»), natürlich immer und immer wieder der Tod («Das siebente Siegel», «Schreie und Geflüster»), das Begehren («Jungfrauenquelle», «Das Lächeln einer Sommernacht»). Und auch seine anderen Titel wie «Das Schweigen» oder «Wie in einem Spiegel» beschwören alle unweigerlich Liliths Welt.

In «Fanny und Alexander» geht es zwar sicherlich um diese krebsbeeinflusste Jugend, aber dieses ganze Werk ist durchzogen von Verwirrung, Verlangen, Geheimnis und Tod. Themen, die sich jedem künstlerischen Schöpfer aufdrängen, aber hier ist die Atmosphäre, die im Grunde die Färbung, die Musik und die Magie dieses Werkes ausmacht, ganz stark vom Schwarzen Mond geprägt. Die Verzauberung, mit der Bergman seine Zuschauer umgibt, und die Gefälligkeit, mit der er die dunklen Schatten der Wirklichkeit ans Licht bringt, gehören zur Wesenheit des Schwarzen Mondes. Bei Bergman haben wir es eher mit nicht durchschaubaren Personen

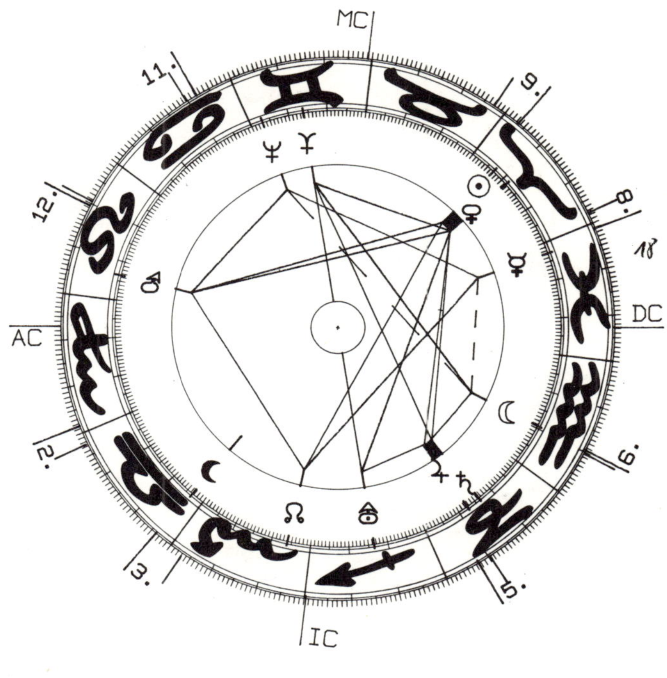

Jacques Lacan (SM 26°31' Waage)

13. 4. 1901 LT 14.29 GT 14.20 Paris F AD-Placidus

☉ 22 ♈ 57'29"	♀ 18 ♈ 23'40"	♄ 16 ♉ 15'43"	♇ 16 ♊ 1'36"
☽ 10 ♒ 32'39"	♂ 23 ♌ 34'18"	♅ 16 ♐ 41'33" R	☊ 24 ♏ 23'44" R
☿ 27 ♓ 4'14"	♃ 12 ♉ 35'37"	♆ 26 ♊ 48'42"	☊r 23 ♏ 0'11" R

als mit mysteriösen zu tun. In einer direkten Beziehung zum Wesentlichen stellen alle solche Fragen über Leben und Tod, die schon die Sphinx stellte.

In «Schreie und Geflüster» ist überall die Rede von Lilith und ihren vielen Gesichtern: die Tote in den Armen der Lebenden, Anna. Wie verschmolzen ist sie mit ihr und bildet so ein und dieselbe Person, eine grosse Göttin des Lebens und des Todes, der Fruchtbarkeit und des Nicht-Daseins. Die unverheiratete Schwester, in Grau, ganz in Grau, ein Bild aus Schatten und aus Schweigen, auch sie ist gleichzeitig anwesend und abwesend, eine Frau ohne Mann, zur Einsamkeit verdammt. Und dann die andere Schwester, verheiratet, aber voller Hass auf ihren Mann. Um sich ihm zu verweigern, verstümmelt sie selbst ihren Geschlechtsteil mit einem zerbrochenen Glas und benutzt so die Selbstaufopferung als Waffe gegen den andern. Hier wird das Begehren abgelehnt. Oder es liegt irgendwo anders, irgendwo in der Nähe eines unerreichbaren Absoluten. Die «Schreie» sind hier Stille, und das «Geflüster» und das Schweigen, all diese unausgesprochenen Dinge, machen einen schrecklichen Lärm.

Ingmar Bergman (SM 8°27' Waage)

14.7.1918 LT 13.00 GT 12.00 Uppsala S AD-Placidus

☉ 21 ♋ 13' 8"	♀ 17 ♊ 47'59"	♄ 14 ♌ 32'19"	♅ 5 ♋ 26'47"
☾ 1 ♎ 54'38"	⚸ 10 ♎ 23' 4"	♇ 27 ♒ 3' 6" R	☊ 20 ♐ 44'18" R
☿ 9 ♌ 22' 4"	♃ 0 ♋ 16'42"	♆ 6 ♌ 13'50"	☊T 21 ♐ 53'42" R

Gleiches gilt auch von der Bergmanschen Musik, von der man behauptet, sie enthalte «alle wesentlichen, metaphysischen Motive der Angst, der Einsamkeit, des Todes und des Alterns», das heisst auch diesen narzisstischen Verlust des Ich-Bildes, das kein Verlangen mehr erregt.

Bei einem Schauspieler wie Alain Delon (Schwarzer Mond in Waage im zwölften Haus) muss man sich fragen, ob sein Erfolg nicht eben auf dem beruht, was er, ein rätselhafter Mann-Mythos, an unbewusstem und zwiespältigem Begehren sowohl bei den Männern als auch bei den Frauen hervorruft, und zwar als Inkarnation des Verlangens/Ablehnens, der Entfernung und des Schweigens (was sicherlich noch verstärkt wird durch die Sonne in Skorpion und die Verführungskraft des Aszendenten Waage).

Bei der Romanschriftstellerin Claire Gallois hat vor allem der Titel «A mon seul désir» – Nur zu meinem Begehren – meine Aufmerksamkeit auf sich gezogen. Von der ersten Seite an versuchen ein Bruder und seine Schwester, das Einhorn im Waldgebiet der Sologne zu überraschen, wo sich übrigens die gesamte Handlung abspielt (eine stark Lilith-geprägte Handlung, denn es geht hier, mit diesem Schwarzen Mond in Haus Fünf, um misslungene Abtreibung und Kindstod . . .).

Welchen Namen kann man der Waage-Anima geben? Vielleicht den der für die Minne unzugänglichen Dame? Oder den einer geflügelten Luftkreatur, den eines Engels oder Erzengels, oder Pandora, oder vielleicht auch den einer Sylphide. Und was den Animus betrifft, so ist er vielleicht der Verführer oder der Zauberflötenspieler? Oder etwa Endymion?

Der Schwarze Mond in Skorpion

Hier wird nicht geknausert! Hier geht es um Tod, Selbstmord, Opfer und Einweihung, die bis zum Äussersten geht. Wie beim Schwarzen Mond in Haus Acht ist hier das Blut stets gegenwärtig.

Wollen wir gleich zu Beginn der Skorpion-Anima einen Namen geben, haben wir die Qual der Wahl: sie ist Carmen, Melusine oder Morgan, die blutrünstige Elisabeth Batory oder all diese unversöhnlichen Göttinnen wie Salome (17), Herodias, Semiramis (auch wenn man diese bei andern Schwarzen Monden, wie zum Beispiel in Löwe, findet). Ferner gehören dazu die Parzen, die Moiren und die Lamien, die über das menschliche

Schicksal walten, dann die Vampire, die sich vom Blut der Lebenden ernähren, oder die «Vamps», oder aber auch die dreifache Hekate, deren drei Gesichter uns den Weg anzeigen, den wir an einem Scheideweg zu nehmen haben. Hekate, «diejenige, die auf Entfernung handeln kann», ist eine Höllengöttin, eine Herrin des Zauberwesens, und ihre Attribute erinnern alle an Lilith: die Schlüssel, der Opferdolch, die Fackel, die den Weg zum Hades ausleuchtet, die Geissel, um die «Verschlafenen» aufzurütteln ... Bei einem Schwarzen Mond in Skorpion fällt die Inspiration leicht, denn Lilith ist hier abwechselnd Höllengöttin, wegweisende Initiatorin oder allmächtige Zauberin.

Der Skorpion-Animus erinnert an Faust, der dem Teufel seine Seele verkaufte, oder an Luzifer selbst, aber auch an Ritter Blaubart, Dracula oder Nosferatu, die eine sowohl perverse als auch unwiderstehliche, furchtbare Faszination ausüben.

Der Schwarze Mond in Skorpion hat nichts zu tun mit dem der halben Massnahmen oder dem des geflügelten Charmes der Luftzeichen: Aus den

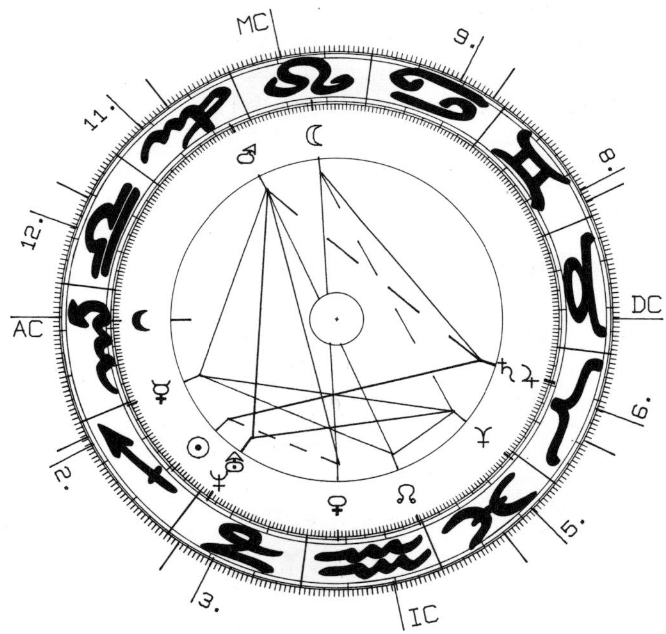

Gustave Flaubert (SM 9°3' Skorpion)

13. 12. 1821 LT 3.59 GT 3.55 Rouen F — AD-Placidus

☉ 20 ♐ 53'29"	♀ 7 ♒ 27'47"	♄ 19 ♈ 57'20" R	♇ 27 ♓ 46'10"
☽ 13 ♌ 38'40"	♂ 5 ♍ 22'13"	♅ 2 ♑ 32'24"	☊ 28 ♒ 45'36" R
☿ 0 ♐ 34'59"	♃ 20 ♈ 17'25" R	♆ 2 ♑ 20'10"	☊ (wahr) 27 ♒ 42'32" R

graugrünen Wassern des Sternzeichens tauchen angsteinflössende, proteische Spukgestalten auf. Hier geht es nicht mehr um Begehren, sondern um Leidenschaft.

Mehr als anderswo entlarvt und enthüllt hier der Schwarze Mond. Bei einem Schriftsteller wie Thomas Mann steht der Schwarze Mond in Skorpion in Achsenstellung am IC. Unvergesslich «Der Tod in Venedig» mit seinen Gerüchen von Pest und Fäulnis.

Thomas Mann, den man als «Analytiker der Dekadenz» eingestuft hat, ist der Ansteckung durch den Tod, durch das Pathologische anheimgefallen. Man hat ihn bezeichnet als einen «Ästheten, der vom Abgrund angezogen ist» und der im Verstand ein «Zeichen einer mangelnden Anpassungsfähigkeit und einer Hypertrophie der Sensibilität und der Intelligenz auf Kosten der aktiven Fähigkeiten, der Geistesverwandtschaft mit Kunst und Tod sieht: Dies ist das zentrale Thema im Schaffen von Thomas Mann». Dieser deutsche Schriftsteller, der uns den «Zauberberg», «Doktor Faustus», «Tonio Kröger» sowie «Der Erwählte» hinterlassen hat, ist der An-

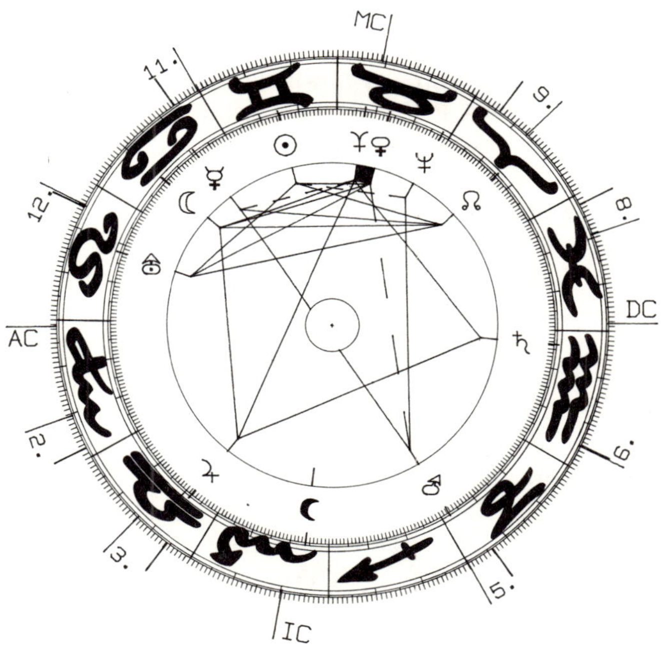

Thomas Mann (SM 24°41' Skorpion)

6. 6. 1875 LT 10.15 GT 9.32 Lübeck D AD-Placidus

☉ 15 ♊ 13'47"	♀ 16 ♉ 28' 1"	♄ 26 ♒ 5'16" R	♇ 22 ♉ 42' 0"
☽ 19 ♋ 41'40"	♂ 2 ♐ 25'51" R	♅ 12 ♌ 8'52"	☊ 14 ♈ 23'50" R
☿ 8 ♋ 59'51"	♃ 21 ♎ 59'54" R	♆ 2 ♉ 6'40"	☊T 15 ♈ 35'45" R

ziehungskraft der Psychoanalyse und der Sümpfe des Unterbewusstseins erlegen. «Der Erwählte», eine dunkle Geschichte um einen Inzest «im Quadrat», in einem Stil voll unbeteiligten Humors geschrieben, erscheint in einem besonderen Licht durch die Stellung des Schwarzen Mondes genau am Übergang vom dritten ins vierte Haus, einem mit der Familie im weitesten Sinne verbundenen Sektor.

Auch der Bruder von Thomas Mann, der am 27. März 1871 in Lübeck geborene Heinrich Mann ist ein typischer Schwarzer Mond-Schriftsteller (er hat ihn am Anfang der Zwillinge mit Sonnensextil). Er ist der Verfasser von «Professor Unrat», der dann als «Der Blaue Engel» verfilmt wurde, die Geschichte des Einflusses einer faszinierenden und zerstörerischen Anima auf einen achtbaren Mann, der durch sie zu Fall gebracht wird. Er schrieb ebenfalls «Die Göttinnen» sowie «Flöten und Dolche», alles Titel, mit denen wir nun schon vertraut sind . . . Aus politischen Gründen waren beide Brüder (der Zwillinge-Geborene und der, bei dem der Schwarze Mond in diesem Zeichen steht) lange Jahre hindurch zerstritten, aber sie versöhnten sich wieder durch ihre gemeinsame Ablehnung des Nazismus.

Eine andere, ebenfalls vielsagende Illustration finden wir im Horoskop eines berühmten Schützen, nämlich Jean Mermoz, Animus-Sohn, ein Held, der einer «Todesmutter» in die Netze ging, und die er mit 35 Jahren, auf der Höhe seines Ruhmes, «ehelichte», sicherlich wegen seiner Konjunktion Mond/Schwarzer Mond in Skorpion, von der wir bereits gesprochen haben.

Joseph Kessel gibt von ihm ein so treffendes Bild, wenn er schreibt: «Glorreicher Erzengel, zutiefst neurasthenisch, mystisch, resigniert, ein Heide voller Licht, ins Leben verliebt, vom Tod angezogen, ein Kind und ein Weiser – all das war für Mermoz zutreffend, aber all dies ist auch unzutreffend, wenn man jedes Element einzeln nur betrachtet. Denn bei ihm war alles in einer ausserordentlichen Einheit verschmolzen.»

Sein ganzes Geburtsbild bestätigt dieses Porträt, und der Schwarze Mond wirft ein Licht auf diese Todesneigung, die eng mit der Herausforderung des «göttlichen Jägers» Schütze verbunden ist.

Schliesslich ein noch tragischeres Beispiel, nämlich das von Drieu la Rochelle, der seit seiner frühesten Kindheit von seinem eigenen Tod besessen war, der darauf versessen war, sich selbst umzubringen, «sich zu unterbrechen», wie er es eigenartigerweise nannte, und dies bis zu jenem Tag in seinem 52. Lebensjahr, als er es endlich schaffte, dieses sein Ende . . . In seinem letzten Werk, seinem «Récit Secret» – Geheime Erzählung –, kann man Tag für Tag verfolgen, wie in ihm dieser äusserste Entschluss gereift ist und wie der Tod erwartet und wie ein guter Freund in die Arme genommen wird. Ist dies eine der Bedeutungen, die man diesem Schwarzen Mond in Skorpion im elften Haus mit Sonnensextil, aber einem Mondtrigon im achten Haus geben kann, dass nämlich hier der Tod als Freund erlebt wird? Auch hier sitzt die Todesmutter zusammengekauert im Dunkeln, aber schon seit seiner Kindheit war sie anwesend, wenn er mit Messern spielte, um sich zu töten ...

Am Tage seines «wirklichen Todes» haben wir am Himmel eine Konjunktion Schwarzer Mond/Neptun in Opposition zum Geburts-Mars und zum Tages-Mond, am 15. März 1945. Und der Schwarze Mond nähert sich auch dem Geburts-Saturn, dem Herrscher seines Sonnenzeichens, mit einem Höhepunkt im MC. Und hier haben wir es mit einem ganz typischen Selbstmordaspekt zu tun.

Der Schwarze Mond in Skorpion im neunten Haus entspricht einerseits diesem nie gestillten Durst nach Freundschaft, aber andererseits dieser Ablehnung derjenigen, die ihn nicht verstanden haben oder für die er selbst nur Verachtung übrig hat. Was gibt es Schlimmeres für einen frustrierten und vom Saturn beherrschten Steinbock, der sich in sich selbst und in den andern getäuscht hat, obwohl er sich doch Hellsichtigkeit gelobt hatte, als sich von den andern abgeschnitten zu fühlen? Der in den Höllenschlund des Skorpions mitgerissene Schwarze Mond kann natürlich diese Todesbeses-

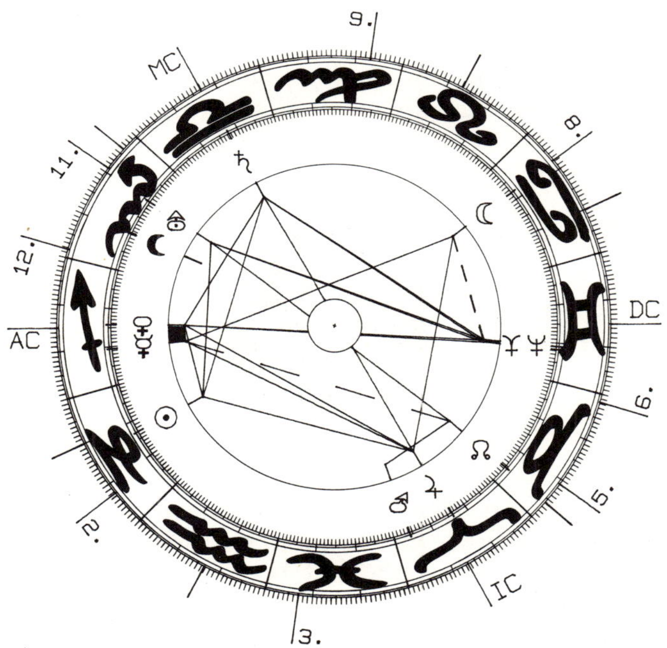

Drieu la Rochelle (19°59' Skorpion)

3. 1. 1893 LT 5.56 GT 5.47 Paris F — AD-Placidus

☉ 13 ♑ 8'28"	♀ 14 ♐ 8'19"	♄ 12 ♎ 30'47"	♅ 8 ♊ 13'57" R
☾ 22 ♋ 12'23"	♂ 4 ♈ 6'24"	⚸ 9 ♏ 57'38"	☊ 4 ♉ 23'18" R
☿ 20 ♐ 31' 6"	♃ 16 ♈ 0'43"	♆ 9 ♊ 2'25" R	☊T 5 ♉ 29'38" R

senheit bedeuten, aber auch seine Umwandlung wie zum Beispiel zur Illumination vornehmen. Und sicherlich hat Drieu la Rochelle in seinem eigenen Tod diese gefunden, er, der es stets ablehnte, von den Menschen beurteilt zu werden.

Der Schwarze Mond in Schütze

Hier weht ein kräftiger Wind von Freiheit, der den Menschen hoch hinauftragen kann, zum Absoluten, ausserhalb seiner selbst, der ihn dazu bringen kann, alle Grenzen niederzureissen, und dies zum Guten wie auch zum Bösen. Spirituelle Suche nach der meistens unmöglichen Vollkommenheit. Oder auch: Dieser Hang zur Freiheit kehrt sich zum Widerspruchsgeist, zur Provokation, zur Unverschämtheit und zum Hang zum Skandal – hier stossen wir wieder auf das mittlerweile wohlbekannte Thema der Subversion, des Ungehorsams und der Gesetzesüberschreitung. Dieser Themenkreis ist zwar mehr oder minder bei allen «Schwarzen Monden» vorhanden, aber er erreicht in Schütze eine solche Dimension, dass er die totale Protestation und die Ablehnung der Begrenzungen, der väterlichen Ordnung und deren Gesetz personifiziert. Der Schwarze Mond prangert sogar die Elemente an, die in Schütze am Werk sind, wie etwa den Konformismus oder die intellektuelle und bürgerliche Bequemlichkeit, um dann mit einer anarchischen Versuchung zu flirten.

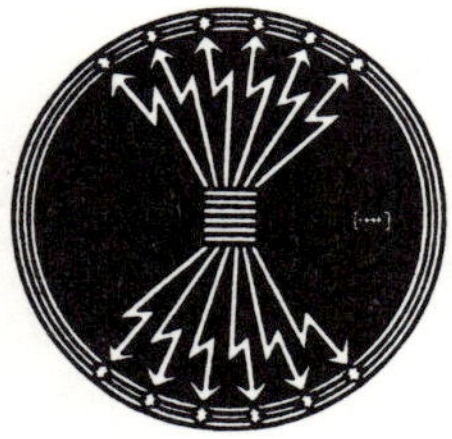

Dies trifft bei so unterschiedlichen Persönlichkeiten zu wie Wilfredo Lam, Modigliani, Patrick Dewaere, aber es ist noch deutlicher bei einem Boris Vian oder einem Federico Fellini, der jupiterische Übertreibung benutzt, um einer dekadenten, reichen oder verarmten Gesellschaft, die von jeher versucht, dem Tod von der Schippe zu springen, indem sie sich hemmungslos den Freuden und Gelüsten hingibt, den Prozess zu machen.

Bei Fellini schaut der saturnische Moralist ohne Nachsicht auf diese niederträchtige und erbärmliche Welt, und dieser Schwarze Mond auf 10 Grad Schütze in Konjunktion zum IC, mit Neptun/Jupiter-Trigon, aber auch Saturn-Quadrat, erlaubt es ihm, seinen absoluten Pessimismus hinter schillernden Traumphantasien zu verbergen, die den Zuschauer dann in ihren Bann ziehen.

Bei Boris Vian steht der Schwarze Mond am MC, hat ebenfalls ein Jupiter/Neptun-Trigon (die beiden Männer haben ein Geburtsdatum, das nur zwei Monate auseinanderliegt), aber mit Sonnenquadrat (wobei die Sonne übrigens auf einem pathologischen Grad steht).

Bei Boris Vian ist die Auflehnung gegen den Tod stets vorhanden, sie findet bei ihm ihren Ausdruck, und er selbst hat sein Ende vorausgeahnt . . . «Je voudrais pas crever» – Ich will nicht verrecken –, «L'équarrissage pour tous» – Das Abdecken für alle –, «L'arrache-cœur» – Der Herzausreisser – und diese «Ecume des Jours» – Gischt der Tage –, von denen nichts mehr bleibt. Wenn er, aus reiner Freude am Skandal, «J'irai cracher sur vos tombes» – Auf eure Gräber werde ich spucken – und «Et on tuera tous les affreux» – Und man wird alle unsympathischen Leute töten – veröffentlicht, dann zeigt dies wieder einmal, wie er durch diese provozierenden Titel den Tod auf die andern umlenken will, wie er ihn ablehnt, wie er ihn geisselt, wie er ihn ins Lächerliche zieht, gleichsam als wolle er seine Macht leugnen. Aber sie besteht. Mit 39 Jahren rafft der Tod ihn weg, er, der am

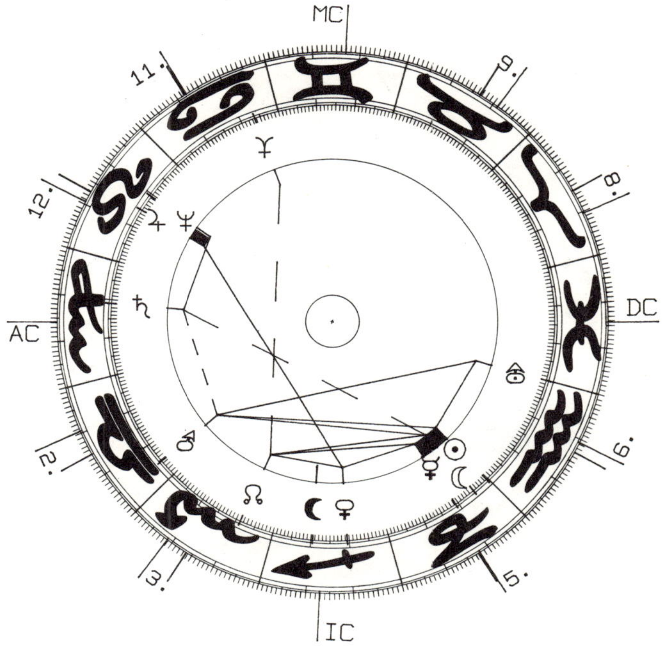

Federico Fellini (SM 10°16' Schütze)

20. 1. 1920 LT 21.00 GT 20.00 Rimini I AD-Placidus

☉ 29 ♑ 29'17"	♀ 19 ♐ 33'43"	♄ 10 ♍ 57'12" R	♇ 6 ♋ 17'14" R
☽ 25 ♑ 1' 9"	♂ 25 ♎ 34'56"	♅ 29 ♒ 53'57"	☊ 21 ♏ 19'52" R
☿ 19 ♑ 8'36"	♃ 14 ♌ 53'44" R	♆ 10 ♌ 27'15" R	☊T 22 ♏ 34'20" R

Leben hing «wie am Hals eines galoppierenden Pferdes», der entweder sich bescheiden oder arrogant gab und nie aufhörte, sein Leben in Frage zu stellen.

Zwei andere Geburtsbilder wollen wir noch untersuchen; auch hier steht der Schwarze Mond in Schütze und ausserdem gibt es noch einige gemeinsame Punkte, nicht zuletzt auf Grund ihres Selbstmordes: Es handelt sich um Lucien Morisse (Horoskop s. S. 97 und 98) und um den um 22 Jahre jüngeren Patrick Dewaere. Lucien Morisse hatte einen Schwarzen Mond in Konjunktion zu Saturn im fünften Haus und in Opposition zu Mars, Saturn stand bei 29 Grad Schütze, einem Grad der Zerbrechlichkeit, der Angst und des Ungleichgewichts («Ein Mann schlägt Purzelbaum von einem Heuhaufen zum andern auf einem Feld, das ein verschreckter Hase durchquert»). Lucien Morisse scheint auch, unter anderem, von der Fremden, seiner Anima in Haus Fünf, fasziniert gewesen zu sein.

Bei Patrick Dewaere steht der Schwarze Mond an der Himmelsmitte (MC) auf 29 Grad in Venusnähe.

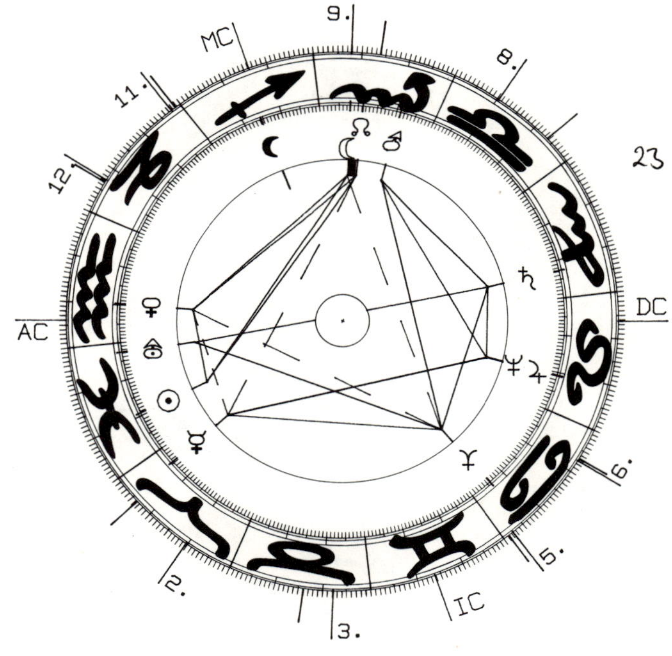

Boris Vian (SM 15°44’ Schütze)

10. 3. 1920 LT 6.30 GT 5.30 Ville D’Avray F — AD-Placidus

☉ 19 ♓ 21'29"	♀ 19 ♒ 40'28"	♄ 7 ♍ 24'30" R	♇ 5 ♋ 41'21" R
☽ 22 ♏ 0' 1"	♂ 8 ♏ 57'16"	♅ 2 ♓ 40'10"	☊ 18 ♏ 42'56" R
☿ 4 ♈ 39'27"	♃ 9 ♌ 4'16" R	♆ 9 ♌ 10'20" R	☊T 17 ♏ 15'25"

Bei dem einen wie dem andern gab es ein öffentliches Leben, Leidenschaft, Zerbrechlichkeit (der eine hat eine Sonne in Fische und der andere den Aszendenten in Fische auf der Sonne des andern). Bemerkenswert ist die Bedeutung der symbolischen Grade im Geburtsbild des jungen Schauspielers, die alle auf, äusserlich gesehen, gut «unterstützten» Planeten liegen und alle das Selbstmordrisiko aufzeigen (zumindest fünf unter ihnen!).

Ausserdem steht der Schwarze Mond in Mond-Quadratur auf dem Aszendenten (man kann sich über die wohl ein wenig erstickende Rolle der Mutter einige Fragen stellen ...). Bei Lucien Morisse steht die Sonne in Quadratur zum Schwarzen Mond in Saturnnähe und alle stehen unter Einfluss einer Mars-Opposition.

Über diese Geburtsbilder gäbe es noch viel zu sagen, zumal hier auch die Fixsterne eine traurige Rolle spielen ..., angefangen mit «Sinistra» in Konjunktion zu Saturn bei dem einen und zum Schwarzen Mond bei dem andern. Die Liste wäre lange – und dramatisch! (18)

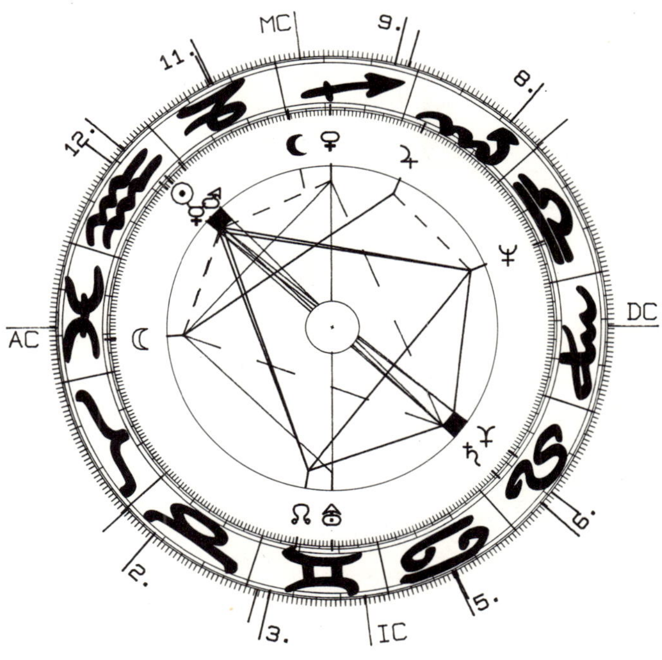

Patrick Dewaere (SM 29°34' Schütze)

26. 1. 1947 LT 10.30 GT 9.30 Saint Brieuc F AD-Placidus

☉ 5 ♒ 35'42"	♀ 18 ♐ 46'46"	♄ 5 ♌ 25'36" R	♇ 12 ♌ 20'41" R
☽ 21 ♓ 36'34"	♂ 0 ♒ 42'25"	♅ 18 ♊ 7'24" R	☊ 8 ♊ 48'19" R
☿ 7 ♒ 39'52"	♃ 24 ♏ 18'26"	♆ 10 ♎ 45'10" R	☊T 10 ♊ 1' 6" R

Aber trotz der Zerbrechlichkeit dieser beiden Geburtsbilder verlangt dieser Schwarze Mond in Schütze nach Ruhm, nach Leben, nach Erfolg und nach Liebe ... Der «verschreckte Hase» zeigt hier, dass der symbolische Grad oft auf Grund seines Inhaltes die Oberhand behält über die Natur des Tierkreiszeichens, wo er steht.

Die mit Schütze verbundenen Anima-Bilder heissen Diana, die Jägerin Artemis, oder einfach die Fremde, die Amazone, die Kaiserin oder die Päpstin im Tarot. Die Animus-Bilder sind wiederum der Fremde, Zorbas, Tarzan, Ikarus, der Grosse Indianerhäuptling, der Wilde, Nemrod und der vom Skorpion verfolgte Orion (19).

Der Schwarze Mond in Steinbock

Der Schwarze Mond in Steinbock legt den Akzent auf den Stolz, die aristokratische Haltung, den Abstand, der ihn vom andern trennt, sowie auf den Eindruck, einzig und einmalig zu sein. Hier lehnt man ab oder man wird abgelehnt. Herausstreichen muss man hier noch einmal die wesentliche Rolle, die Einsamkeit und Opfer spielen.

Das Schwarzer Mond/Steinbock-Wesen ist immer bereit, den höchsten Preis zu zahlen, da von diesem «grausamen Bezahlen» auch die höchste Belohnung ausgeht.

Oder anders ausgedrückt: Die Einhorn-Natur des Schwarzen Mondes im Steinbock wird immer auf die Umkehrung der Werte durch das Opfer bestehen.

Sie ist sich hier des Unterschiedes bewusst, ist Zeichen für Zweifel – oder Gewissheit, für die Macht der Ablehnung. Und Jean Carteret meinte hierzu, dass «sie die körperliche Arbeit ablehne, aber eine grosse metaphysische Arbeit vollbringe».

Wenn der Schwarze Mond in Löwe mehr Tapferkeit aufweist, so zeigt er in Steinbock eine ganz besondere, vertikale Macht.

Ein kurzer Auszug aus «Das letzte Band» von Samuel Beckett: «Endlich ist klar für mich, dass die Dunkelheit, die ich seit jeher verbissen unterdrückt habe, in Wirklichkeit mein Bestes ist. . . unzerstörbare Verbindung, bis zu meinem letzten Atemzug, von Unwetter und Nacht mit dem Licht der Urteilskraft und dem Spiel.» Dies lässt vielleicht erahnen, um was es hier geht. Diese «Dunkelheit», die «das Beste» des Menschen ist, steht ganz sicher in Zusammenhang mit dieser unterdrückten und schweigenden Macht des Schwarzen Mondes.

In Steinbock sitzt er allmächtig auf seinem Thron und verweist demnach auf das Wesentliche der mit ihm verbundenen Mythen: Streben nach Perfektion, Rausch nach Klarheit, Zuflucht im Geistesleben oder zu dem «Gipfel», der «Spitze», die von Erdbindungen befreit, zur Erweckung des Bewusstseins, brennendes Eis, reine Unnachgiebigkeit ...

Und zu seinen schwierigsten Aspekten gehört das wesentliche Opfer, das bis zu dem des Lebens gehen kann, das Hinabtauchen in das Nichts des Steinbocks, das sich dem Chaos des Krebs entgegensetzt. «Nennen, nein, nichts ist nennbar; sagen, nein, nichts ist sagbar.» (Beckett)

Seine Rolle kann hier darin bestehen, die Frustration in Uninteressiertheit zu verwandeln. Aber er wird immer, oft auch mit Härte, auf die Schwäche des andern zielen, wobei er die Schneide des Schwertes benutzt; lässt er einmal das Fallbeil fallen, dann leistet die Klinge saubere Arbeit.

Als Gegenpol zur masochistischen Leidenschaft der Schwarzen Sonne sehen einige ihn als sadistisch an. Entweder zeigt er dem Mann sein Begehren auf oder er kastriert ihn durch seine Ablehnung. Das kalte Licht der Klarheit ist Zeichen seines Anspruchs.

Zu denen, die Träger des Schwarzen Mondes in Steinbock sind, gehörte Eva Braun (in Haus Eins mit Venus-Konjunktion und Neptun-Opposition). Niemand kann wohl jemals wissen, wie sie ihre Beziehung zu Hitler gelebt hat, aber man kann bezweifeln, dass sie versucht hat, dem ihr von Hitler aufgezwungenen Tod zu entgehen.

Bei François Mauriac steht der Schwarze Mond in Steinbock in Haus Fünf (Sonne-Quadrat und Neptun-Trigon), einem Sektor in Verbindung mit dem Schaffen selbst und der Liebe. In gewissen Titeln findet dies seinen Niederschlag: «Nœud de vipères» – Natterngezücht – (unsere liebe Schlange...), «Génitrix» – Der Tod der jungen Frau –, der Schatten der Mutter-Göttin, «Asmodée» – Asmodi (20). Oder auch «Les mal aimés» – Keiner wird genug geliebt –, ein Werk, das die Steinbock-Frustrationen hervorhebt. Und wenn man schliesslich «Thérèse Desqueyroux» – Die Tat der Therese Desqueyroux – erwähnt, handelt es sich hier nicht um eine Schwarze Mond-Persönlichkeit in ihrer schweigsamen Revolte, die sich vor uns aufbaut?

«Le désert de l'amour» – Die Einöde der Liebe – ist ebenfalls ein typischer Steinbock-Titel. Entsagung oder Aufbegehren sind die Mauriacschen Themen, die an dieser Schwarzer Mond-Suche nach dem Absoluten haften. Das Bewusstsein für das Böse ist stark ausgeprägt bei diesen Wesen, die von einer wilden Leidenschaft besessen sind, einer Liebe, die sucht, «die verschlingt» und den andern frustriert und unbefriedigt zurücklässt, wie es nur bei einem Schwarzen Mond in Steinbock der Fall sein kann. Alle Themen, die bei Mauriac vorkommen, drehen sich um dieses schmerzliche Streben des hochmütigen und zweifelnden Wesens auf der Suche nach unmöglichen Gewissheiten.

Bei Louis-Ferdinand Céline steht der Schwarze Mond in Steinbock in Haus Drei bei guter Uranusaspektierung und im Spannungsaspekt mit Venus und Saturn, was das Zeichen für einen systematischen Pessimismus ist. Auch hier bringt die blendende Klarheit die Verzweiflung mit sich. Mit Sonne in Zwillinge drückt sich der Schwarze Mond im Schriftbereich selbstgefällig aus. Die muntere Härte der Titel spricht für sich selbst: «Bagatelles pour un massacre» – Die Judenverschwörung in Frankreich –, «Mort à crédit» – Tod auf Kredit –, «Voyage au bout de la nuit» – Reise ans Ende der Nacht. Das Uranus-Trigon bringt Kreativität, absolute Originalität, Genialität und diese Spur von unnachahmlichem Rebellentum – ungeachtet aller Nachahmungen. «Der Schwarze Mond begnügt sich damit, auszusuchen, Wesentliches auszuwählen und nichts mehr vorzuspiegeln als den erstaunlichen Glanz des Messers.» (21) Céline, in seinem Innersten ver-

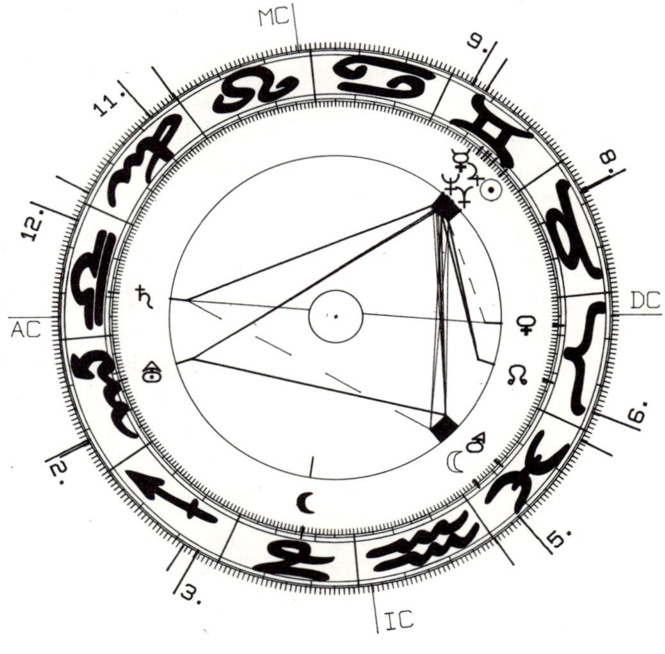

Louis Ferdinand Céline (SM 16°38' Steinbock)

27. 5. 1894 LT 15.59 GT 15.50 Courbevoie F AD-Placidus

☉ 6 ♊ 17'21"	♀ 22 ♈ 33'31"	♄ 18 ♎ 54'21" R	♅ 10 ♊ 10'49"
☽ 4 ♓ 18' 3"	⚸ 12 ♓ 15' 1"	♇ 12 ♏ 21'41" R	☊ 7 ♈ 24'46" R
☿ 14 ♊ 46'25"	♃ 12 ♊ 2'34"	♆ 12 ♊ 58'59"	☊T 8 ♈ 26'32" R

letzt, aber zutiefst dieser «universalen Gemeinheit» bewusst, kann nur immer wieder diese Welt des Elends und des Schreckens in wilden Beschimpfungen anprangern. Überall trifft man auf den Tod, der die Gemetzel vervielfacht; das Geld tötet und vernichtet die Seele; Schändlichkeit erlernt man in dieser «Schule der Leichen» ... Céline gefällt sich in «der Lyrik des Niederträchtigen» und sein Schaffen sowie seine Ausdrucksart sind geprägt vom Schwarzen Mond, aber sicherlich muss man noch die Dimension eines nächtlichen Zwillinge-Vulkans (22) hinzufügen ...

Raymond Radiguet, der auch vom «Prinzessin von Kleve-Komplex» befallen ist, ist in «Le Diable au corps» – Den Teufel im Leib – der Tod der geliebten Frau Marthe lieber als eine nur mittelmässige Zukunft mit ihr: «Ja, genau dieses Nichts möchte ich für Marthe; dies ist mir lieber als eine neue Welt, wo ich sie wiederfinden kann.» Genau an dieser «Vorliebe für das Nichts» kann man den Schwarzen Mond in Steinbock erkennen.

Ein anderes Beispiel ist das von Marguerite Yourcenar: Sie hat sich dafür entschieden, auf einer Insel zu schreiben – diese Insel, dieses begrenzte

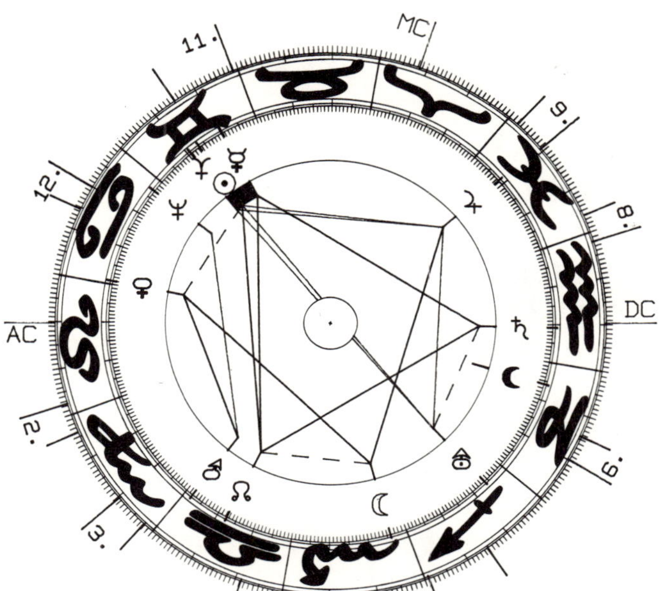

Marguerite Yourcenar (SM 24°7' Steinbock)

8. 6. 1903 LT 8.00 GT 8.00 Brüssel B — AD-Placidus

☉ 16 ♊ 20'59"	♀ 29 ♋ 7'15"	♄ 9 ♒ 2'18" R	♇ 19 ♊ 6'16"
☾ 25 ♏ 59'19"	♂ 2 ♎ 18'41"	♅ 23 ♐ 57'23" R	☊ 12 ♎ 47'16" R
☿ 9 ♊ 23'32" R	♃ 21 ♓ 18'25"	♆ 2 ♋ 45'31"	☊T 14 ♎ 12'13" R

Gaia

All die Schwere des Himmels
Drückt mich am Boden nieder
Und mein Körper schmiegt sich
Für immer
In diese fruchtbare
Befruchtete Erde.
Aus meinem Leib kommen Männer hervor
Um die Erde zu bevölkern.

J. de Gravelaine

Genitrix

Im Innern meines Geschlechts,
Einer unerbittlichen Blume gleich,
Bahnt sich deine Hand ihren Weg.
Wie ein Seestern öffnet sie sich,
Wie ein lebendiges Wesen
Mit unzähligen Fingern
Und gibt mir mein Kind zurück,
Das ich eines Tages geboren habe.
Ich nehme es in mich auf,
Wiege es, behalte es.
Wie kann man dir entsagen, Fruchtbarkeit,
Wo durch dich das Leben sich wild entwickelt.

J. de Gravelaine

Land, dieser abgeschlossene Ort gehört zum Vokabular des Schwarzen Mondes –, die selbst einen typischen Namen von Zwillinge und des Schwarzen Mondes trägt: Mount Desert.

Das Schaffen von M. Yourcenar ist geprägt von einem strengen Aristokratismus. «Die Emotionen seiner Vorfahren wieder zu empfinden», hat auf sie eine faszinierende Wirkung. Dieser Weg in die Vergangenheit, dieses Zurückgehen in die Zeit der Ursprünge erinnert ganz sicher an die Saturn-Natur ihres Horoskops (Saturn am DC). Sie sagt, dass sie dabei «nicht auf der Suche nach Weisheit, sondern nach der Wahrheit über das Mysterium des Lebens» sei. Oder anders ausgedrückt, nach dem Rätsel der Rätsel. Und sicherlich hängt auch diese Forderung nach Wahrheit eng mit diesem Schwarzen Mond in Steinbock zusammen.

«Coup de grâce» – Der Fangschuss –, «Alexis ou le traité du vain combat» – Alexis oder der vergebliche Kampf –, «L'Œuvre au Noir» – Die schwarze Flamme ... hier geht es um Opfer und um Tod, um das Töten des geliebten Wesens, um ihm so die Feigheit und Nichtswürdigkeit zu ersparen, es geht um das Selbstopfer als Mittel zur «Wiedergutmachung» ... Das Schwarzwerk stellt die Phase der Trennung und Auflösung dar, eine besonders schwierige Phase im Grossen Alchimistischen Werk.

Wieder einmal sind es Schärfe und Erhabenheit, die den Stil von Marguerite Yourcenar prägen, wobei Saturn und der Schwarze Mond in Steinbock in Haus Sechs am Werk sind (was ebenfalls auf den Lebensstil abfärben kann: Abgeschiedenheit, Verzicht auf die Welt und auf den Lärm der Stadt, usw.).

Die mit dem Schwarzen Mond in Steinbock verbundenen Anima-Bilder entsprechen Gaia, der Erde, dem Einhorn, vor allem aber Hera, der Päpstin oder Isis, der Muttergöttin oder der Magna Mater selbst ... Und die Animus-Bilder sind der Alte Weise, der Einsiedler, der Papst und der Asket.

Der Schwarze Mond in Wassermann

Was soll man anderes von ihm hier hervorheben als sein absolutes Verlangen nach Freiheit? Oder seine ganz starke Neigung zur geistigen Unabhängigkeit? Oder warum soll er nicht auch den Widerspruch inkarnieren, die Weigerung, sich unter die Herde zu mischen? Die Natur des Schwarzen Mondes, der übrigens Dasein und Nicht-Dasein verkörpert, fällt hier etwas aus dem Rahmen, denn dieses Zeichen steht selbst in einem Konflikt zwischen dem Verlangen, in der Welt voll dazusein, und der Abscheu vor jeder Art von Einengung (23); es versucht, die Flucht zu ergreifen. Genau wie Lilith, die auf ihre Ablehnung mit Flucht reagiert, entflieht der Schwarze Mond in Wassermann bei der geringsten Einengung, und, wenn es sein muss, sogar in den Tod.

Um diesen Schwarzen Mond in Wassermann zu verdeutlichen, nehmen wir als Beispiel zwei Autoren, die sich zwar im Stil unterscheiden, aber deren grundlegende Ablehnungen sich im Nonkonformismus dieses Zeichens wiederfinden.

Der eine, es handelt sich um Eugène Ionesco, hat die Zuflucht zum Absurden, zum Lächerlichen gewählt, um so sein Leiden und seine metaphysische Angst zum Ausdruck zu bringen. Ionesco zeigt uns das menschliche Nichts auf, und, um seine Distanzierung zu verdeutlichen, wählt er einen lebhaften und beissenden Humor. Dies wird deutlich in «La Cantatrice chauve» – Die kahle Sängerin –, sowie in «Les Chaises» – Die Stühle –, die das dumme Gerede und die leere Sprache, das unerforschliche Fehlen an Kommunikation zum Thema haben, aber auch in «Victimes du devoir» – Opfer der Pflicht – oder in «La leçon» – Die Unterrichtsstunde –, die mit einer Vergewaltigung nebst Mord durch Messerstich zu Ende geht, ferner «Amédée ou comment s'en débarrasser» – Amédée oder Wie wird man ihn los –, ein Titel, der schon für sich alleine spricht, «Le Rhinocéros» – Die Nashörner –, wo das Absurde die Szene bis zur systematischen Angst beherrscht und wo der Autor eine Welt an den Pranger stellt, die von einer dicken Schicht Dummheit überlagert ist. Nicht zu vergessen «Tueur sans gages» – Mörder ohne Bezahlung –, «Le roi se meurt» – Der König stirbt –, aber auch «La Soif et la Faim» – Hunger und Durst –, dieser Durst, der uns in diesem Schwarzer Mond-Universum so wohl bekannt ist, und schliesslich «Jeux de massacre» – Das grosse Massakerspiel –, das uns an jenen bereits genannten Schwarzen Mond-Autor denken lässt, der sich ebenfalls dieser tragischen und lächerlichen Seite des Lebens vollauf bewusst ist. Und dieses Massaker erinnert natürlich auch an Anat, die Göttin «der Liebe und des Blutbades»...

Unbarmherzig im Geist, verbissen und wild in der Form ... aber immer geisselt er die Menschen, diese Sklaven der Macht, des Geldes, der Vorurteile, der Beamten, der Absurdität, die man in Gesetzesform gegossen hat. Mehr als jeder andere stellt Ionesco (Schwarzer Mond im dritten Haus, genauso wie Céline, mit einem Sextil zum Aszendenten und einem Mond-Trigon) dieses Menschengesetz in Frage und fleht die Menschheit an, endlich frei zu sein. Genau wie Hekate möchte Ionesco das Bewusstsein erwekken ...

Beim andern, ebenfalls stark unter dem Einfluss des Schwarzen Mondes in Wassermann stehenden Autor handelt es sich um Henry de Montherlant. Hier steht er in Haus Eins, bei 24 Grad, also in einer engen Verbindung mit der Sehschwäche und mit der Schreibkunst, der Eleganz und dem Traum: «Ein zerbrechlich wirkender und *eleganter* Mann sass lässig auf einem niedrigen Ast, *ein offenes Buch* in der Hand; aber er scheint eher zu träumen als zu lesen, denn er *betrachtet* eine wilde Lilie, deren Stengel noch nicht ganz *geknickt* war ...»

Der Schwarze Mond bildet mit Jupiter und Mars ein Trigon, mit der Sonne steht er im Sextil, hat ein MC-Quadrat und steht in Mondnähe mit einem Venus-Quadrat. (Man kann in diesem Venus-Quadrat und in dieser Mond/Schwarzer Mond-Konjunktion ein Zeichen für seine Ablehnung der Frauen erkennen und sicherlich auch ein problematisches Mutterbild, gewiss einer der Gründe, die zu seiner Homosexualität beigetragen haben. Ausserdem entspricht es einer Tatsache – ich habe früher bereits darauf hingewiesen –, dass wir männliche Homosexualität relativ häufig antreffen

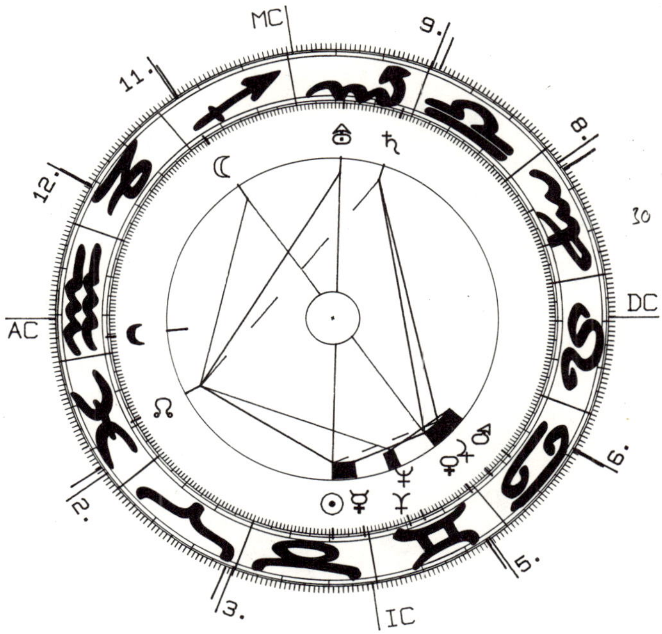

Jiddu Krishnamurti (SM 25°36' Wassermann)

12. 5. 1895 LT 0.29 GT 19.08 Madras IND AD-Placidus

☉ 20 ♉ 47'52"	♀ 28 ♊ 26'15"	♄ 2 ♏ 38'55" R	♅ 10 ♊ 46'27"
☽ 25 ♐ 17'57"	♂ 11 ♋ 48' 1"	♇ 17 ♏ 47'58" R	☊ 18 ♓ 55'28" R
☿ 28 ♉ 52'37"	♃ 5 ♋ 11'34"	♆ 14 ♊ 34' 0"	☊T 19 ♓ 56'47" R

bei einem Schwarzen Mond im ersten Haus, vor allem dann, wenn es, wie hier in unserem Fall, sich nicht um eine Verweiblichung handelt, sondern im Gegenteil um eine Ablehnung der Norm, um ein aristokratisches «Nein!» gegenüber der «anarchischen Vermehrung»...)

Hier handelt es sich nun nicht mehr um Ins-Lächerliche-ziehen, sondern um einen stolzen Willen, um ein Verlangen nach dem Absoluten, um ein Ideal hoher, einsamer, hochmütiger und zurückhaltender Erfüllung, um Heroismus. Die Achtung des andern und für den andern ist die einzig mögliche Voraussetzung zum Lieben. Ohne dies kommt es unweigerlich zum Bruch. Man hat hier beim Schwarzen Mond in Wassermann den Eindruck, als spiele sich alles im Wesentlichen im Bereich der Symbolik des freundschaftlichen Wassermanns, des brüderlichen Wassermanns ab, aber stets unter dem Druck der Forderung nach Vollkommenheit und voller Verachtung für die Herdenmenschen.

Dass Montherlant schliesslich seinem Leben ein Ende bereitet hat, hängt einerseits damit zusammen, dass seine Erblindung immer mehr zunahm

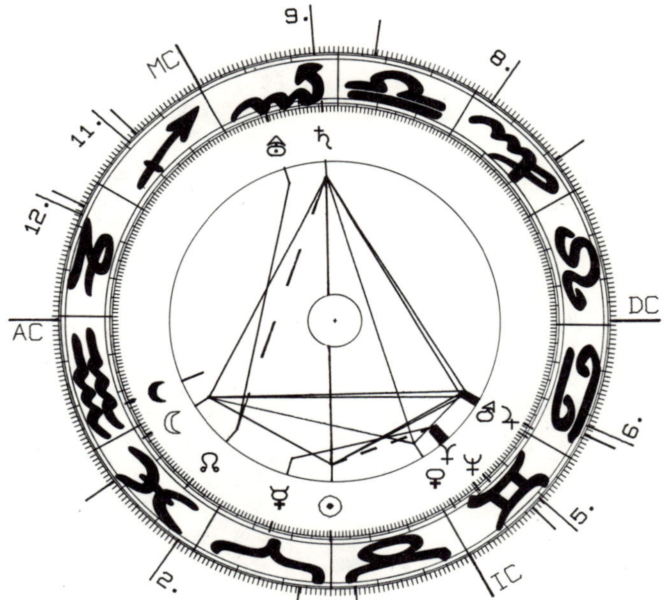

Henry de Montherlant (SM 23°12' Wassermann)

20.4.1895 LT 1.59 GT 1.50 Paris F AD-Placidus

☉ 29 ♈ 43'25"	♀ 2 ♊ 45'13"	♄ 4 ♏ 16' 2" R	♅ 10 ♊ 20'18"
☾ 3 ♓ 27' 8"	♂ 28 ♊ 43'34"	♇ 18 ♏ 41'38" R	☊ 20 ♓ 4'29" R
☿ 14 ♈ 11'24"	♃ 1 ♋ 22'56"	♆ 13 ♊ 52'22"	⚸ 21 ♓ 27' 8"

und er weder den Gedanken, körperbehindert zu werden, noch den einer Abhängigkeit von der Hilfe anderer ertragen konnte, aber auch andererseits mit der Tatsache, dass dieser Autor sein ganzes Leben lang «den Selbstmord verehrt» hat als die Möglichkeit einer freien Wahl, einer ehrenvollen Wahl, was für ihn «die höchste Freiheit» darstellte.

Um einige seiner Titel zu nennen: «Le chaos et la nuit» – Das Chaos und die Nacht –, «Un assassin est mon maître» – Ein Mörder ist mein Meister –, «Le maître de Santiago» – Die Ordensmeister –, ferner «Les Bestiaires» – Die Tiermenschen –, wo er, am Beispiel des Stierkampfes, seine Bewunderung entwickelt für diesen Kampf zwischen dem Menschen und dem Tier, für die Überlegenheit des Geistes über den rohen Instinkt, «Les voyageurs traqués» – Die verfolgten Reisenden –, «Un voyageur solitaire est un diable» – Ein Einzelreisender ist ein Teufel –, «Les célibataires» – Die Junggesellen –, «Fils de Personne» – Niemandes Sohn –, «Aux fontaines du desir» – An den Quellen des Verlangens usw. ... Bemerkenswert ist hier, dies sei am Rande vermerkt, dass er einen Vater als «niemand» bezeichnet. Auch nicht zu übersehen ist die Bedeutung des Ausdrucks «Meister» in Montherlants Wortschatz: Dieses Wort erinnert an «Herrschaft» oder an aristokratische Macht, im streng ethymologischen Sinn des Wortes (aristos = der Beste).

Auch wenn der Ton anders ist bei Montherlant als bei Ionesco, auch wenn die Angriffe nicht genau dieselben Ziele haben, so dreht sich doch alles bei beiden Schriftstellern stets um den Begriff der Freiheit. Immer geht es darum, Panurge an den Pranger zu stellen und unaufhörlich in der menschlichen Mittelmässigkeit herumzustochern. (24)

All diese Geburtsbilder, die wir nun schon seitenweise untersuchen, ähneln sich; sie führen uns immer wieder auf diese radikale Vertikalität zurück, die für den Schwarzen Mond so typisch ist, und die Unterschiede, die es zwischen den einzelnen Tierkreiszeichen gibt, entsprechen im Grunde nur einigen Nuancen. (24)

Welches sind die Bilder der Wassermann-Anima? Zweifellos Antinäa, hübsch, faszinierend und grausam – und sie erträgt nicht die geringste männliche Macht. Aber auch die inspirierende Muse oder die Schwanen-Frau, die Vogel-Frau der Legenden. Und der Wassermann-Animus? Im Gegensatz zu Antaeus schöpft er seine Kräfte im Luftelement. Auch er ist ein Vogel. Natürlich Prometheus oder der feine Anarchist.

Der Schwarze Mond in Fische

Gibt es hier vielleicht mehr Magie und Mysterium als anderswo, mehr Poesie oder mehr Phantasmen? Wer den Schwarzen Mond in Fische hat, trägt in sich eine seltsame und prophetische Welt. Hier sind wir im Reich der Sibylle. Das Mysterium überlagert das Rätsel. Gemütsbewegungen tauchen massenweise auf und schaffen so Verzauberung. Aber der Schwarze Mond kann diese Versuchung, diesen Taumel des Verschmelzens und des Grenzenlosen auch ablehnen. Oder man trifft auf die Faszination dieser communio, die das Wesen in Nichts auflösen kann, oder aber das Verlangen nach Abstandnehmen, mit der Möglichkeit zu ertrinken.

Ist dieser Taumel nicht genau das, was Alain Resnais in «L'amour à mort» – Liebe bis zum Tod – beschreibt?

Es sieht so aus, als hätten alle unter Einfluss des Schwarzen Mondes in Fische stehenden Schöpfer die Zeit und den Raum als Meditationsthema oder als Angstobjekt irgendwann berührt.

Im Falle von Alain Resnais (Schwarzer Mond in Konjunktion mit Uranus im dritten Haus, Mars- und Sonnen-Quadratur, Venus/Pluto-Trigon an der Spitze des achten Hauses – eine Konjunktion, die übrigens in sich selbst Liebe und Tod vereint) ist die Stellung des Schwarzen Mondes im dritten Haus noch umso bedeutender, da er selbst Zwillinge ist. Wir haben ähnliche Fälle schon bei Céline und anderen gesehen.

Céline drückte dies auf die pessimistische und verzweifelte Art des Steinbocks aus, Thomas Mann schmerzhaft im Vermodern des Todes nach Skorpionart; Resnais führt nun ein anderes Mysterium ein, etwas «Unbestimmtes», eine andere Verzauberung. Und diese Elemente findet man nicht nur in «L'amour à mort», sondern auch in «Muriel ou le temps d'un retour» – Muriel oder die Zeit der Wiederkehr –, in «Hiroshima mon amour», wo er auf die Schwarzer Mond-Welt einer Marguerite Duras trifft, dann auch in «Providence» – Vorsehung –, wo Resnais sich zu einem gewissen Übermass und zu einem gewissen Rausch hinreissen lässt, in «L'année dernière à Marienbad» – Letztes Jahr in Marienbad – mit der unvergesslichen Lilith Delphine Seyrig, und schliesslich in «Nuit et Brouillard» – Nacht und Nebel –, wo er Tod und Schrecken beschreibt mittels dieser Nacktheit «Schwarzer Mond» und diesem Nebel «Fische».

Wie immer, wenn wir es mit einem Doppelzeichen zu tun haben, scheint hier der Schwarze Mond voll in der Achse Lilith-Priapos zu schwingen. So spiegeln gewisse Autoren der Reihe nach die Fische-Welt oder die Jungfrau-Welt wider, je nachdem auch die Illumination, den Schwindel vor dem Grenzenlosen, das seherische Erfassen der Welt; oder aber verschämtes Zurückziehen auf sich selbst, feste Lebensregel und unerbittliche Strenge.

Der eine möchte als Zauberer, Hellseher, Wahrsager erscheinen, der andere erfasst alle Dinge gemäss seiner unumstösslichen Logik, einem präzisen Plan und einer methodischen Abstraktion.

Im Fall eines Max-Pol Fouchet zum Beispiel durchzieht diese doppelte Dimension sowohl sein Werk als auch sein Leben. (25) So meint er im Zusammenhang mit Novalis, «der Dichter sei Leser des Schicksals», und er ist davon überzeugt, dass «alle Dinge in uns auftauchen, bevor sie wirklich stattfinden». Um diese seine Äusserung besser zu verdeutlichen, möchte ich an ein langes Gedicht erinnern, das er ein Jahr vor dem Tod seiner ersten Frau, die auf der Rückreise von Marokko bei einem Bombenangriff auf hoher See ums Leben kam, geschrieben hat. In diesem Gedicht heisst es unter anderem in einem Vers: «Der Mond liefert den Stahl zur Ermordung der Wellen.» Dieser Vers liess mich aufhorchen, ist er doch die literarische «Darstellung» der Konjunktion Schwarzer Mond (der Stahl, der an Hekates Opferdolch erinnert) mit Mond (als Darstellung des Weiblichen) in Fische (Wasserelement) im Geburtshoroskop des Dichters, und dies genau

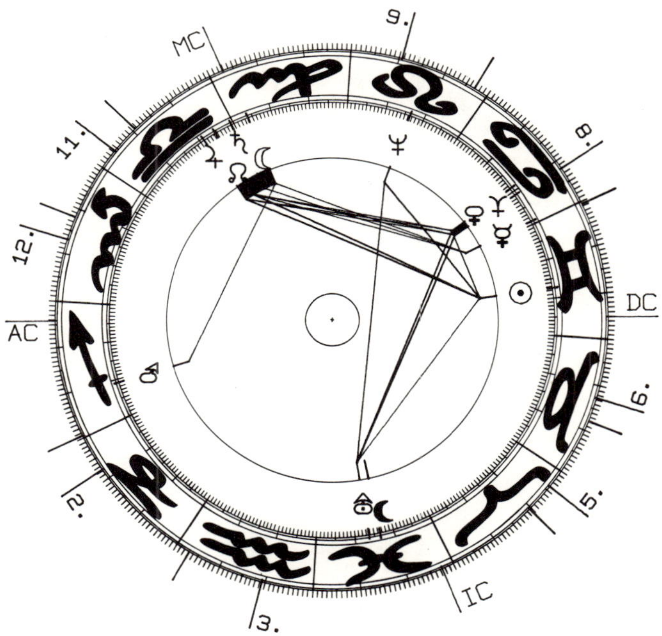

Alain Resnais (SM 16°36' Fische)

3. 6. 1922 LT 20.15 GT 19.15 Vannes F AD-Placidus

☉ 12 ♊ 23'54"	♀ 10 ♋ 58'23"	♄ 0 ♎ 48'48"	♇ 8 ♋ 52'38"
☽ 26 ♍ 11' 5"	♂ 21 ♐ 1' 2" R	♅ 13 ♓ 30'24"	☊ 5 ♎ 31'40" R
☿ 0 ♋ 42'48"	♃ 8 ♎ 58'38" R	♆ 13 ♌ 36'31"	☊r 6 ♎ 33'20"

auf dem Übergang vom siebten zum achten Haus, das heisst vom Sektor der Ehe zu dem des Todes. Kann der Dichter auf bessere Art und Weise diesen in seinem Geburtsbild bereits eingeschriebenen Tod zum Ausdruck bringen? Und dieses lange, über mehrere Seiten sich erstreckende Gedicht wurde praktisch ganz auf der Basis dieses einzigen Verses geschrieben, der sich zudem noch in der Mitte des Textes befindet!

Max-Pol Fouchet sagte mir einmal, in welchem Masse er vollkommen von diesem prämonitorischen Gedicht beherrscht war, das er in einer einzigen Nacht in einem Zustand absoluter, quälender Erschütterung niedergeschrieben hatte ... (26)

André Breton hat ebenfalls einen Schwarzen Mond in Fische, der interessante Aspektierungen zeigt zu Jupiter, Uranus und Neptun. Sein Suchen hängt ganz klar mit dieser Lilith zusammen, handelt es sich bei ihm doch um eine systematische Erforschung des Unbewussten, des Unterbewusstseins, um so den Zugang zum «Surrealen, das von aller logischen Kausalität frei ist», zu finden. Die Erotik spielt hier eine grosse Rolle mit ihrer Mi-

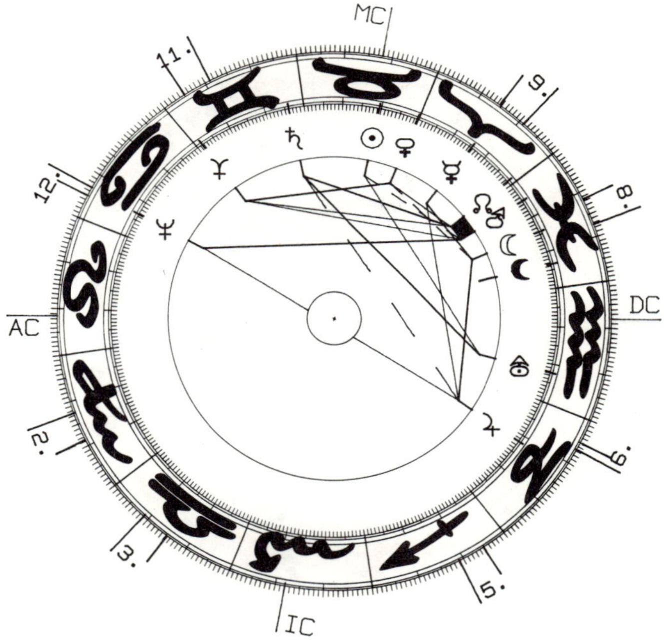

Max-Pol Fouchet (SM 6°48' Fische)

1. 5. 1913 LT 12.02 GT 12.00 AD-Placidus

☉ 10 ♉ 29'39"	♀ 0 ♉ 23' 3" R	♄ 3 ♊ 57' 1"	♇ 28 ♊ 27'11"
☽ 15 ♓ 47'45"	⚸ 24 ♓ 55' 3"	♅ 7 ♒ 29'46"	☊ 1 ♈ 21' 2" R
☿ 14 ♈ 22'18"	♃ 17 ♑ 48'35"	♆ 23 ♋ 25' 4"	☊T 2 ♈ 38'51"

schung von Tugend und Laster, von Göttlichem und Teuflischem, von Sadismus und höfischer Liebe.

Man ist sicherlich auch nicht erstaunt, einen Schwarzen Mond in Fische bei einem Maler wie Salvador Dalí zu finden, bei diesem Künstler, der die «metaphysische Malerei» erfunden hat, die jedem Wahnsinn und jeder Übertreibung offensteht. Der Hang zur Symbolik, zu morbiden Phantasmen oder zum Irrationalen des Fische-Zeichens beherrschen das gesamte Werk, aber kann man nicht auch die übertriebene und extrem genaue meisterliche Beherrschung, die so typisch für das Tierkreiszeichen der Jungfrau ist, im Aufbau seiner Bilder erkennen?

In bezug auf seine Gemälde sprach man von einer Darstellung der «Fäulnis», da ihre Formen stets wie gedehnt und aufgeweicht erscheinen. Seine Vorliebe für Skandale und Provokationen hat nicht zuletzt zu seinem Ruhm beigetragen. Hier steht der Schwarze Mond im achten Haus mit einer Mars-Quadratur (was sicherlich mit einer Form von sexueller Impotenz zu tun hat), einem Neptun-Trigon, dem zweiten Herrscher des achten Hauses, der

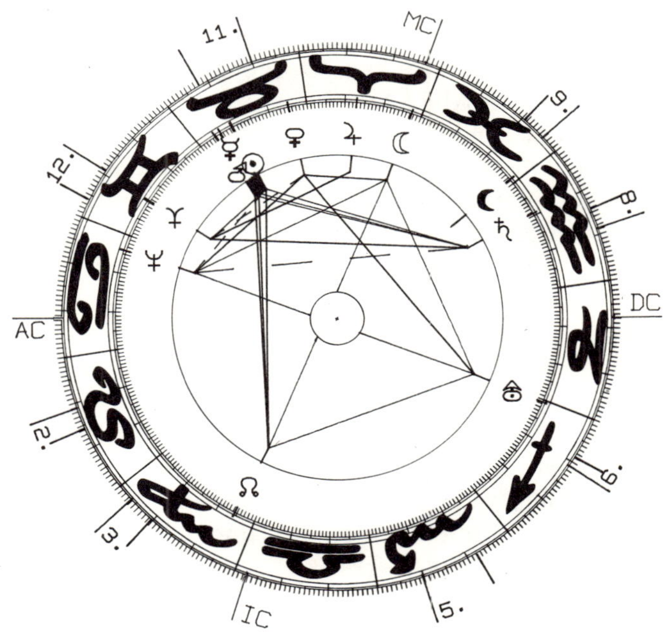

Salvador Dalí (SM 1°36’ Fische)

11. 5. 1904 LT 8.45 GT 8.45 Figueras E — AD-Placidus

☉ 20 ♉ 12'49"	♀ 4 ♉ 35'21"	♄ 20 ♒ 39'38"	♅ 19 ♊ 28'49"
☽ 2 ♈ 28' 5"	♂ 25 ♉ 10'52"	♇ 29 ♐ 24' 7" R	☊ 24 ♍ 53'16" R
☿ 23 ♉ 28'41" R	♃ 16 ♈ 52'14"	♆ 4 ♋ 1'23"	☊T 26 ♍ 18'21" R

in dieser entfesselten Begeisterung für das morbide Irrationale klar zum Ausdruck kommt, was vielleicht eng mit dem Kindstod seines Bruders zusammenhängt. Dalí behauptet von sich, «die irrationale Erkenntnis zu suchen, die auf interpretativer Verbindung von irren Elementen beruht». Natürlich steht der Mond am MC und nährt und stärkt so die Einbildungskraft, aber der Wahnsinn und das Phantasma, zumindest wie hier als Dauerzustand, scheinen eher mit diesem Schwarzen Mond in Fische im achten Haus zusammenzuhängen.

Ich möchte an dieser Stelle noch hinzufügen, dass der Schwarze Mond im achten Haus in Fische ebenfalls etwas mit dem Koma zu tun haben kann, jenem Hinabtauchen in die Leere eines aufgegebenen Bbewusstseins. Man findet dies zum Beispiel im Geburtshoroskop von Chantal Nobel nebst einer Jupiteropposition.

Der Schwarze Mond im zwölften Haus in Fische hängt mit dem Geheimnis, dem Mysterium oder anrüchigen Unternehmen zusammen (wir haben es hier mit einer weitschweifigen Überlagerung des zwölften Hauses und dem Zeichen der Fische zu tun). Und es ist auch nicht verwunderlich, dass man ihn im Geburtshoroskop eines Landru findet, hier mit einer Venus-Konjunktion, wie ich bereits erwähnt habe, aber auch in den verschiedenen Horoskopen junger Geisteskranker, Drogenabhängiger und Mörder ... und ebenfalls in dem von Alain Delon.

Im Fall von Chantal Nobel steht der Schwarze Mond auf einem symbolischen Grad, der «eine Frau in einem Ruderboot ohne Ruder» darstellt, ein Bild, das auf einen möglichen Verlust der Unternehmungskraft oder des Bewusstseins hinweist. Im Horoskop von Landru stellt er «eine reizende Kurtisane dar, die sich über einen jungen Mann beugt, der regungslos oder eingeschlafen auf einem Sofa in einem etwas zweifelhaften Rahmen liegt» oder «eine hübsche Frau in zerrissenen Kleidern»!

Was die Anima- und Animus-Bilder der Fische betrifft, so bieten sich hier mehrere Möglichkeiten an: Auf der Anima-Seite (27) finden wir natürlich die Sirene, Ophelia, Undine, die Lorelei, Circe, Kalypso, all die Frauen, die irgendwie mit Insel oder Meer zu tun haben. Und auf der Animus-Seite den Fliegenden Holländer, Odysseus, Bilder des Reisenden im All, des verirrten, herumirrenden Reisenden, dessen Rückkehr stets problematisch, verboten, unmöglich ist ...

* * *

Zusammenfassung

Wenn auch alle Werte des Schwarzen Mondes sich bei allen Personen wiederfinden, die von ihm beherrscht sind oder ihn aktiv inkarnieren, und dies entweder in ihrem Wesen oder in ihrem Schaffen, so kann man doch den

Versuch unternehmen, für jedes Tierkreiszeichen mit einem Begriff die hierfür charakteristischen Nuancen zu beschreiben.

- In Widder: Kraft und Gewalttätigkeit, die absolute Herausforderung.
- In Stier: Ärmlichkeit oder Habsucht ohne Grenzen, Verdrängung.
- In Zwillinge: Doppelbild und Schatten.
- In Krebs: nächtliche Phantasmen, das Schwindelgefühl gegenüber der Herkunft.
- In Löwe: Blick und Spiegel; der Stolz, einzig zu sein.
- In Jungfrau: starre Regel oder Trunkenheit.
- In Waage: Verlangen oder Ablehnung.
- In Skorpion: tödlicher Taumel vor dem Abgrund.
- In Schütze: Taumel des Über-sich-selbst-Hinauswachsens, des Aufsteigens.
- In Steinbock: Zweifel und Gewissheit. Ablehnung und Einsamkeit.
- In Wassermann: Freiheitstaumel.
- In Fische: prophetische Vision oder Untergang.

Dies sind nur einige Vorschläge. Andere können vielleicht ihre eigenen Ideen und Eingebungen zu dieser Untersuchung beitragen ...

* * *

Hinweise im pathologischen Bereich

Man findet den Schwarzen Mond oft in Verbindung mit Verletzungen, Schnittwunden, chirurgischen Eingriffen – wobei diese entweder einen Opfercharakter haben oder als Möglichkeit zum Exorzismus angesehen werden. Seine isolierte Deutung in einem Geburtshoroskop reicht nicht immer aus, eine Diagnose zu stellen. Im Fall von pathologischen Störungen muss man ihn oft mit anderen Planeten wie Mars, Saturn oder Pluto und anderen Elementen des Themas in Verbindung bringen.

Es folgen nun einige Anhaltspunkte für die Deutung, die auf Beobachtung und Erfahrung beruhen. Schwarzer Mond in:

- *Widder:* Kopfverletzung, Gehirnoperation, Schnittwunden im Gesicht, Narben, Spuren von Gewaltanwendung.
- *Stier:* Halsverletzung, Luftröhrenschnitt, Operation an der Kehle, an der Nase, an den Ohren, am Hals. Taubheit.
- *Zwillinge:* Eingriffe an den oberen Gliedmassen oder an der Lunge; Verletzungen oder Schnitte an den Fingern, Armen, Händen, Schultern. Asthma, Stottern, Sprechschwierigkeiten. Ersticken.
- *Krebs:* Operation an der Brust und am Magen. Allergie, Verweigerung

der Milch, Magersucht/Fressucht. Mit einem Schwarzer Mond-Schwanz: Alkoholismus und Schlafsucht.

- *Löwe:* Augenprobleme, Erblindung, Augen- und Herzoperation.
- *Jungfrau:* Eingriffe im Unterleibsbereich; Ablehnung der Nahrung oder eine Besessenheit für die Diätetik. Vorhandensein von Krankheiten oder Kranken im Leben der Person.
- *Waage:* Bauchwassersucht, Blasenentzündung; Eingriffe im Bereich der Nieren oder der Harnleiter.
- *Skorpion:* Eingriffe im Bereich der Genital- oder Analzone. Besessenheit oder Ablehnung der Sexualität (mit Schwarzer Mond-Schwanz: Priapismus). Tendenz zum Selbstmord.
- *Schütze:* Eingriffe an den Oberschenkeln, den Hüften, der Gallenblase. Ischias oder Behinderung in der Bewegung, Unfall, der die Motorik beeinträchtigt.
- *Steinbock:* Knieoperation, Hautallergien (auch Schwarzer Mond-Schwanz); Schwindel, Angstgefühle und Anziehung von der Leere, Depression, die «versteinert». Unfall mit Folgen für das Skelett.
- *Wassermann:* Operation oder Unfall im Bereich der Wirbelsäule, am Bein oder an der Ferse sowie auch im Arterien- und Venenbereich. Schwarzer Mond-Schwanz: Gefahr von Hämorrhagie.
- *Fische:* Schnitte, Verletzung oder Operation am Fuss, verkrüppelter oder abgenommener Fuss. Angst vor Wasser. Koma, Bewusstseinsverlust. Schwarzer Mond oder Priapos in Fische: Tendenz zu künstlichen Paradiesen, Drogen, Alkohol, Ertrinken. Wahnsinn oder Begeisterung für den Wahnsinn.

Die Transite des Schwarzen Mondes

Bei einer astrologischen Betrachtung darf man die Transite des Schwarzen Mondes nie ausser acht lassen. Sie können zum besseren Verständnis gewisser Ereignisse beitragen, die man von keinem anderen Transit ableiten kann.

Beim Schwarzen Mond geht es stets um eine Infragestellung; und diese reicht, je nachdem, welcher Planet aspektiert oder welches Haus durchwandert wird, von der einfachen Bewusstwerdung, die notwendigerweise eine Veränderung der Vision seines Selbst, der Welt, der anderen und seiner eigenen Wahl mit sich bringt, bis zur Infragestellung seiner eigenen Existenz, die dann zum Selbstmord führen kann.

Manchmal sind es auch andere Personen, die einen Menschen «in Frage stellen», indem sie ihn schlicht und einfach beseitigen.

Vergessen wir auch nicht die Verbindung zwischen dem Schwarzen Mond und den Parzen, den Schicksalsgöttinnen Fata, die eben genau dazu beitragen, dass die Transite des Schwarzen Mondes zum inhärenten – und auch aktiven – Teil unseres Schicksals, unseres «Geschicks» zu gehören scheinen.

Je nach der Art der Transite ist also der Schwarze Mond Einschnitt, Trennung, Opfer, Initiation, Trauer oder Illumination (enlightment – Insight).

Das Bewusstsein der radikalen Natur dieser Initiation manifestiert sich nicht notwendigerweise sofort; aber es genügt, dass die Person den Wunsch verspürt, das Warum ihrer Existenz zu erfassen, und schon kann sie mehr oder minder schnell daraus die Lehre ziehen.

Im ersten Haus: Ein Transit des Schwarzen Mondes zwingt uns hier, über uns selbst Fragen zu stellen und ermöglicht uns eine bessere Klarheit, ein höheres Bewusstsein und einen Blick ohne Selbstgefälligkeit in den kleinen Spiegel, der nicht mehr lügen möchte.

Im zweiten Haus: Hier kann er uns dazu bringen, eine Einkommensquelle aufzugeben, den Verlust von Geld zu akzeptieren oder ganz darauf zu verzichten, oder schliesslich uns dazu zwingen, eine bewusstere Haltung in bezug auf das Geld zu haben.

Im dritten Haus: Die Möglichkeit einer Trennung oder eines Opfers trifft einen Bruder oder eine Schwester; er kann das Versiegen des Schreibens oder des Sprechens, ganz allgemein der Kommunikation bedeuten. Manchmal ist er Zeichen eines Unfalls während einer Reise, aber ein solcher Unfall hat stets eine psychologische Ursache.

Im vierten Haus: Der Schwarze Mond kann eine Familientrauer verursachen, den Verlust von Familiengütern, die Notwendigkeit, seinen Wohnsitz zu wechseln, sei es der Umstände wegen oder weil man den Wechsel wünscht. Manchmal ist dies auch ein Zeichen für ein Exil.

Im fünften Haus: Hier kann es sich um einen Einschnitt, ein Drama, die Trennung von einem Kind handeln, um Abtreibung oder freiwillige Schwangerschaftsunterbrechung. Es können auch Ereignisse auftreten, die für das Bild vom Ich von dramatischer Konsequenz sind und eine brutale Abwendung vom Narzissmus zur Folge haben. Manchmal bezieht sich auch dieser Bruch, oder diese Ablehnung, auf ein geliebtes Wesen. Man fühlt sich in Frage gestellt, zurückgewiesen. Oder man erkennt seinerseits den andern nicht an. Schliesslich kann auch das Schaffen selbst in Zweifel gezogen werden.

Im sechsten Haus: Hier kann es vorkommen, dass der Schwarze Mond einen chirurgischen Eingriff mit sich bringt, manchmal ein Hinuntertauchen in die Depression oder auch Gesundheitsprobleme bedeuten. Aber es kann sich ebenso oft um Arbeitslosigkeit oder um das Ablehnen einer Arbeit, eines Berufsklimas, das man nicht mehr erträgt, handeln.

Im siebten Haus: Hier gibt es oft eine Krise im Bereich der Vereinigung, der Ehe, es gibt Vertragsbrüche, ein Infragestellen der Beziehung zum andern. Oder aber auch die Begegnung mit einem andern, die uns dazu bringt, über unsere Gefühlsbeziehungen nachzudenken. Manchmal bedeutet dies das Zusammentreffen mit der Anima oder dem Animus.

Im achten Haus: Hier darf man die Risiken einer Depression nicht unterschätzen, vor allem bei einem Transit zu Pluto, zum Drachen, zum Schwarzen Mond selbst, zu Saturn usw. ... und diese können bis zum Selbstmord gehen. Auch nicht übersehen darf man die der Trauer, sowohl symbolisch als auch manchmal ganz real. Auf der Initiationsebene kann man gleichermassen viel erwarten von der Vertikalbegegnung mit seiner eigenen Wahrheit. Manchmal resultiert aus diesem Transit, über die reine Existenzkrise hinausgehend, das Erreichen einer Autonomie, die Unterbrechung einer gefühlsmässigen Abhängigkeit oder – die grosse Ruhe vor dem Tod. Vornehmlich bei einem Transit auf Pluto kann man sich auch für einige Fehler «entsühnen lassen». Ferner fällt der Transit des Schwarzen Mondes im achten Haus manchmal mit dem Verzicht auf eine Erbschaft oder einem finanziellen Opfer im Zusammenhang mit grossen Summen zusammen; und manchmal auch, aber nur manchmal, mit dem Tod.

Im neunten Haus: Man verzichtet auf eine bedeutende Reise oder man trifft denjenigen oder diejenige, die uns als Führer, als Guru, als Meister dienen. Man stellt eine gewisse Anzahl an Überzeugungen oder Ideen, die man von anderen übernommen hat, in Frage; man sucht seine Eigenheit herauszustreichen, seine persönlichen Ideen triumphieren zu lassen und seine eigenen Überzeugungen, Ideen, Entdeckungen und Erfindungen zu verbreiten. Oder man unternimmt eine initiatische Reise.

Im zehnten Haus: Von einem gewissen Alter an entspricht der Schwarze Mond im zehnten Haus sehr oft einer Versetzung in den Ruhestand oder der Entscheidung, sich zurückzuziehen. Oder, wenn man noch jünger ist, wechselt man die Arbeit, stellt man den Beruf, den man ausübt, in Frage, oder auch die Bedingungen, unter denen man ihm nachgeht. Manchmal provoziert man auch selbst die Umstände, die zum Verlust einer sozialen Stellung und zum Misserfolg führen. Man lehnt eine Sachlage ab und dieses Ablehnen führt dann zu einer radikalen Veränderung. Manchmal ist man auch Ziel von Kritik und Ablehnung. Man wird selbst abgelehnt, wie es zum Beispiel bei der Volksbefragung De Gaulles der Fall war.

Im elften Haus: Man verliert einen Freund durch einen plötzlichen Tod, einen Unfall . . . oder man verliert ihn durch einfache Gefühlsentfremdung. Oder man lehnt jemanden ab, weil man meint, dass er sich etwas zu Schulden kommen gelassen hat; man schätzt ihn nicht, also verstösst man ihn. Aber man kann auch selbst verstossen werden. Manchmal bedeutet der Transit auch den Verzicht auf ein Vorhaben.

Im zwölften Haus: Bei diesem Transit kann man krank werden, ein geheimes und verborgenes Drama erleben, plötzlich einer versteckten und okkulten Beschäftigung nachgehen, sich einer Sekte anschliessen, konvertieren, ins Kloster gehen, ins Krankenhaus eingeliefert werden, ins Gefängnis kommen, okkulte Erfahrungen sammeln usw. Oder aber sich für die Alchemie oder andere parapsychologische Wissenschaften interessieren, oder auch für die Kriminologie, die Psychologie, den Okkultismus, den Wahnsinn usw. Man kann sich auch ganz einfach eine Zeit der Ruhe, des Abstandnehmens oder des Schweigens gönnen, ein Sabbatjahr . . .

Die aspektierten Planeten spielen natürlich ebenfalls ihre Rolle in der Interpretation des Transits wie auch für das Verständnis seiner Natur.

So kann der Schwarze Mond *auf einem Himmelskörper* den Bruch mit einem bestimmten Elternteil bedeuten, das Durchtrennen der Nabelschnur mit der Mutter, wenn es sich zum Beispiel um den Mond handelt, manchmal auch die Bewusstwerdung, dass sich irgend etwas mit dem Vater oder mit der Mutter abgespielt hat. Es ist äusserst interessant, diesen Transit im Rahmen einer Psychoanalyse aufzudecken. Er verhilft auch dazu, zum Vater- oder Mutterbild einen gewissen Abstand zu nehmen.

Auf Merkur kann es sich um Aphonie, Schwierigkeiten beim Sprechen, Verlangen nach Stille oder Sperrung gegenüber der Sprache oder einer anderen Ausdrucksform handeln, manchmal auch um eine motorische Störung. Man kann darin ein Verdoppeln sehen, analog zum Schwarzen Mond im dritten Haus, und ein Problem mit dem Bruder oder der Schwester.

Auf Venus kommt es nicht selten zum Bruch (in Konjuktion zur Venus, in Opposition oder bei einer Venus-Quadratur; es handelt sich um einen guten Aspekt, wenn diese Trennung als wünschenswert oder notwendig angesehen wird). Manchmal haben wir es auch mit einer Anima/Animus-Begegnung zu tun. Bisweilen auch mit Verzicht auf Liebe ...

Ein Transit des Schwarzen Mondes *auf Mars* kann bei dem Mann das Zeichen einer Impotenzkrise, einer Störung in seiner Sexualität sein. Bei der Frau, aber auch beim Mann, kann es auch ganz einfach eine Unfähigkeit zu handeln bedeuten, die Unmöglichkeit, eine Entscheidung zu fällen oder seine Aggressivität zum Ausdruck zu bringen. Wobei natürlich das Risiko besteht, dass sich dann das Ganze gegen die Person selbst wendet. Auch hier stehen Quadrat, Opposition oder Konjunktion praktisch auf derselben Interpretationsebene.

Es ist nicht uninteressant, an dieser Stelle daran zu erinnern, dass es für Jean Carteret eine Analogie gab zwischen der Natur des Schwarzen Mondes und der der Opposition, einem Aspekt der Korrelation par excellence und der Wahl zwischen den Gegensätzen.

Beim Transit des Schwarzen Mondes *auf Jupiter* kann man auf einen Schutz, eine Unterstützung verzichten, wird man also unabhängiger; oder aber, man verliert eine Gönnerschaft. Bei diesem Aspekt kann man auch seine Stellung innerhalb der Hierarchie verlieren, auf sozialer Ebene in Frage gestellt, kritisiert, abgelehnt oder blossgestellt werden, genauso wie man selbst auf seine Position verzichten und sie ablehnen kann. Man kann «seine Ehre verlieren» oder «die Ehrerbietungen» ablehnen!

Bei einem Schwarzer Mond-Transit *auf Saturn* muss man sich immer über den depressiven Zustand der Person oder die Risiken zum Selbstmord befragen; denn hier kann der Todesdrang mit einer sehr grossen Brutalität auftauchen und auch unmittelbar zum eigentlichen Akt übergehen lassen. Im Gegensatz dazu ist dies der Aspekt, der wesentlich zur Bewusstseinserhellung und zur Konfrontation mit der nackten Wahrheit beiträgt. Oft fällt er zusammen mit einem Schritt in Richtung auf eine Psychoanalyse oder eine Arbeit über sich selbst. Die Introspektion hat hier eine gute Ausgangsposition. Mit diesem Aspekt kann man auch zu einem möglichst weitgehenden Verzicht, zum grössten Opfer und zu einer sehr bemerkenswerten Introspektion kommen.

Der Transit des Schwarzen Mondes *auf Uranus* erlaubt es oft, bis zum Ende eines Protestes, einer Überschreitung, einer Herausforderung oder einer Revolte zu gehen. Der Prometheus-Aspekt kommt hier voll zum Zuge. Man unterstreicht seinen Eigenwert, seine Marginalexistenz, seine Originalität. Manchmal haben wir es auch mit einem brutalen Unfall, einem plötzlichen Tod zu tun, mit «der Explosion im Flug»...

Der Schwarze Mond *auf Neptun* kann das Überbewusstsein aus den Tiefen des Unterbewusstseins auftauchen lassen. Ich nenne dies «den Fischfang mit Laternen», eine gewiss verbotene Art des Fischens, aber sie erlaubt in einer sehr kurzen Zeit, dank einer intensiven Lichtquelle, eine grosse Menge Fische an die Meeresoberfläche zu locken. Und in unserem Fall geht es darum, die «Fische des Unterbewusstseins» in sein Netz zu kriegen . . . Aber manchmal gibt es auch einen Kurzschluss zwischen diesem Mehr an Bewusstsein und diesem Mehr an Unterbewusstsein: Die Person «bricht psychisch zusammen».

Der Schwarze Mond mit einem Transit *auf Pluto* spiegelt sich oft in einem Ereignis mit Sühnecharakter, einer moralischen Krise oder einem körperlichen Unfall, manchmal auch in einem Selbstmordtrieb. Man bestraft sich für einen eingebildeten Fehler oder macht sich dafür voll verantwortlich. Aber man kann aus diesem Aspekt auch eine beispielhafte Bewusstseinserhellung ableiten, die den Auftakt zu einer wahren psychischen Wiedergeburt darstellt. Manchmal treffen wir auch Trauer, Tod oder Selbstmord an. Und nicht anders ist es auch bei einer Quadratur oder bei der Opposition zu Pluto.

Der Schwarze Mond *auf der Drachenachse* ermöglicht manchmal, eine unerträgliche Situation zu lösen, einen gordischen Knoten zu zerschlagen oder dem Unausstehlichen ein Ende zu bereiten, ganz gleich, wie der persönliche Lebensstil auch ist.

Es folgen nun einige Beispiele von Schwarzer Mond-Transiten bei berühmten Persönlichkeiten:

So wanderte beim Tod von Jacques Offenbach der Schwarze Mond genau über seine Sonne in Opposition zu Neptun. Beim Tod von Bourvil am 23. September 1970 bildete er mit sich selbst eine Konjunktion zu Venus.

Als am 8. Juni 1942 die Frau von Max-Pol Fouchet starb, stand der Schwarze Mond genau auf Saturn, der Drachen auf dem Mond und der Mond auf dem Drachenschwanz, während Pluto zu Uranus in Opposition stand.

Im Falle von Indira Gandhi stand der Schwarze Mond an ihrem Todestag im achten Haus in Widder (im Geburtsbild Konjunktion Schwarzer Mond/Mars im ersten Haus) und hatte eine Pluto/Venus-Quadratur.

Als Lucien Morisse sich umbrachte, stand der Schwarze Mond (bei der Geburt in Saturn-Konjunktion mit Mars-Opposition sowie in Sonnen-Quadratur) in Konjunktion zu Mars im zwölften Haus, bildete ein Quadrat mit dem Geburtsherrscher Neptun und eine Opposition zum Drachen.

Das Geheimnis, das den Tod von Jean Galmot umgibt, kann im Zusammenhang mit seiner Schwarzer Mond/Neptun-Konjunktion im siebten Haus beleuchtet werden.

Beim Tode von Patrick Dewaere stand der Schwarze Mond in Opposition zu sich selbst (Umkehrung zu einer Venus/Schwarzer Mond-Opposition). Beim Mordanschlag auf John F. Kennedy am 22. November 1963 bestand eine Konjunktion Sonne/Schwarzer Mond in Opposition zu Mars, ferner noch eine Opposition zu Jupiter und Pluto sowie eine Quadratur mit dem Schwarzen Mond des Geburtsbildes . . .

Der Schwarze Mond stand auch im dritten Haus und auf der Schwarzer-Mond/Uranus-Konjunktion im Geburtsbild von Alain Resnais, als dieser «L'amour à mort» drehte, was deutlich zeigt, dass ein Künstler einen schwierigen Aspekt umkehren und auf geniale Art und Weise ausdeuten kann . . .

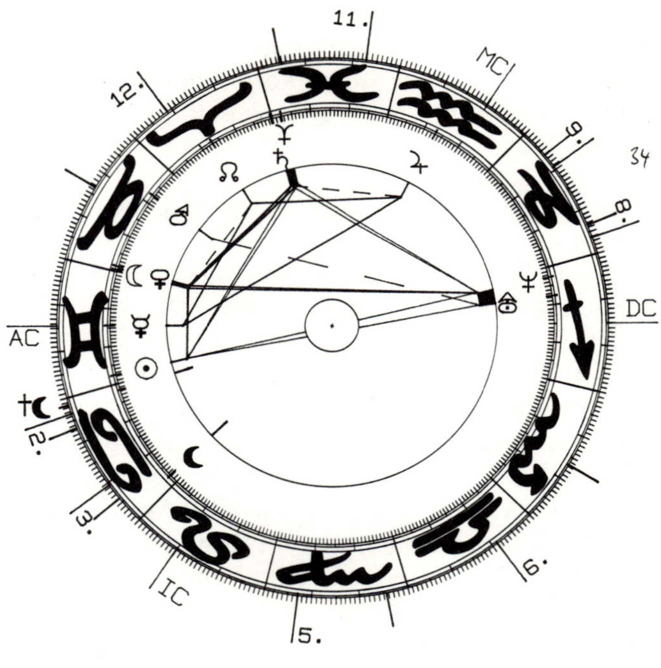

Jacques Offenbach (SM 27°50' Krebs, am Todestag: 1°49' Krebs)

20. 6. 1819   LT 3.00   GT 2.32   Köln D   AD-Placidus

☉ 27 ♊ 52'34"	♀ 28 ♉ 35'36"	♄ 0 ♈ 18'11"	♇ 27 ♓ 35'42"
☽ 29 ♉ 35'33"	♂ 7 ♉ 39'31"	⛢ 22 ♐ 18'12" R	☊ 16 ♈ 47'32" R
☿ 14 ♊ 29'24"	♃ 16 ♒ 52'20" R	♆ 27 ♐ 17'45" R	☊T 17 ♈ 58'30" R

Paul Valéry

Paul Valéry ist am 30. Oktober 1871 in Sète gegen 19 Uhr geboren. Rückt man seine Geburtszeit um zwölf Minuten vor, dann ergibt dies einen Aszendenten bei 16 Grad Zwillinge (1) und eine Himmelsmitte bei 19 Grad Wassermann (2), ein Grad in Verbindung mit der Schrift und dem Meer, ein bei diesem Dichter ständig anzutreffendes Thema. Dieser letzte Grad wird allgemein interpretiert als Verbindung zur Literatur, zum Übersetzen, zur Musik, zum Malen ... alles Dinge, denen sich Paul Valéry, ein sehr vielseitig interessierter Mann, ein Mann «mit zwei Köpfen» – was immer ein Zeichen einer breit angelegten Intelligenz ist –, mit viel Zeit und mit viel Talent gewidmet hat. Diese leichte Verschiebung in bezug auf den Aszendenten und die Themenstruktur scheint mir eher der Wirklichkeit dieser Persönlichkeit zu entsprechen.

Ohne den Schwarzen Mond bleibt das Geburtshoroskop von Valéry unergründlich. Zumindest würde man ohne ihn glatt an dem vorübergehen, was die Quintessenz seines Denkens und seiner Thematik darstellt.

Der vom Schwarzen Mond belegte symbolische Grad mit 27 Grad Zwillinge, nahe am Kopf des Drachens und der Schlange, und im ersten Haus (3), in Konjunktion zum Aszendenten, kann kaum vielsagender sein für denjenigen, der das Werk des Dichters gut kennt: *«Eine junge Frau und ein junger Mann sitzen auf einem Felsen an der Meeresküste und weinen.»*

Diese Doppelfigur, Mann und Frau, ist genau das Abbild von *Narcisse* und *La Jeune Parque*, zwei Gesichter für ein einziges Wesen. Und unaufhörlich fliessen in diesen Texten, von Gedicht zu Gedicht, die *Tränen*, wie etwa in dem Vers «Wer weint hier?» bei der jungen Parze ... (4) Und auch der *Felsen* fehlt nicht, ein ständig wiederkehrendes Bild in Valérys Wortschatz, das die «Insel» bereits anzeigt:

«Der Felsen, unempfindsam und glitschig von Algen,
Günstig zum Fliehen (wie in sein unsäglich einsames Ich),
Beginnt ... und der Wind scheint durch ein Leichentuch
Aus Meeresrauschen einen dunklen Rahmen zu spinnen.»

Und an anderer Stelle heisst es: «Es scheint mir so, als sei ich eine Insel oder aber in einem verzweifelten Zustand, ein Wesen, das von Messerstichen lebt, eine Frau wie ein Turm, ganz von grausamen Feinden umgeben, woraus sie eine unendliche und unerbittliche Macht schöpft. Es gibt keine Macht, die über diese Mächte hinausgeht.» Dieser mit einem Turm gekrönten Frau können wir einen Namen geben: Hera!

Was das Thema des Doppelbildes, des Vorkommens von Zwillingen betrifft, so steht dies sicherlich in Verbindung mit dem Zwillinge-Aszendenten, aber die Wörter, die bezüglich dieser unzertrennlichen Brüder hervorsprudeln, sind sehr wohl die des Schwarzen Mondes. Aber lassen wir seinen Kommentator, Jean Levaillant, zu Wort kommen, von dem man nicht annehmen kann, dass er gegenüber der Astrologie voreingenommen wäre (5):

«Leda gebar Kastor und Pollux, Helena und Klytaimestra, und jedes Mal starb einer der Zwillinge – Leben und Tod, dieser Spannungsbogen, der in ‹La Jeune Parque› besonders stark ist; Helena war es auch – wir haben dies

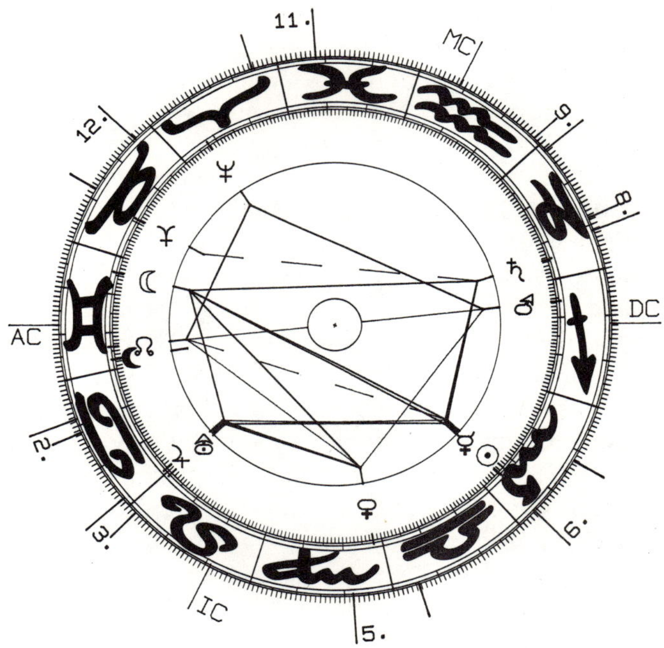

Paul Valéry (SM 27° Zwillinge)

30. 10. 1871 LT 18.59 GT 18.45 Sète F AD-Placidus

☉ 6 ♏ 55'20"	♀ 27 ♍ 59'34"	♄ 5 ♑ 28'41"	♇ 19 ♉ 6'49" R
☽ 4 ♊ 17'22"	♂ 24 ♐ 13' 3"	♅ 1 ♌ 12' 3"	☊ 24 ♊ 0'41" R
☿ 5 ♏ 12'59"	♃ 29 ♋ 26'11"	♆ 22 ♈ 15'45" R	☊T 22 ♊ 29'16" R

bereits erwähnt –, die die Ausgangsfrage des Gedichtes (Wer weint hier?) gestellt hat ... Es sei auch daran erinnert, dass in den alchemistischen Substitutionen oder Verwandlungen traditionsgemäss die Schlange ganz unten sich befindet, und der Vogel, insbesondere der Schwan, die Krönung ist: Das Gedicht stellt sich von sich aus in den Rahmen der grossen idealistischen Mythen der Umwandlung des Lebenden durch den Geist (6).»

Man erinnert sich vielleicht daran, dass Lilith, und damit auch alle Kreaturen, die mit ihr in Beziehung stehen, uns an die mütterliche Erdschlange und an den Vogel verweist (die Schwanenfrau der deutschen Märchen, Merminne, Merfei, Lorelei, die von Emma Jung als Anima-Figuren genannt werden).

Im Zusammenhang mit dem Gedicht «La Jeune Parque» zählt Jean Levaillant eine Anzahl von Ausdrücken auf, die alle aus Liliths Sprachfeld stammen könnten: «Faden (Ariadne), Parze, Schlange, (...) Reptil, Unordnung, Höhe, Rückkehr, Biss (oder Bedauern), Niedergeschlagenheit, Tränen, Traum, Stolz, kennen, Tiefe, usw.» In seinem Vorwort mit dem Titel «Le parfait, la brisure, l'impossible» schreibt J. Levaillant: «Eine gleiche verwischte Spur hat die junge Parze von der Insel getrennt, von der Insel Xiphos» (das griechische Wort Xiphos bedeutet Schwert, Dolch, Degen, Speer, alles Phallussymbole, die bei Valéry auf die Suche nach dem verlorenen Ursprung verweisen), «die geschlossene Sphäre von Agathe, Robinsons Insel, die kreisrunde Ewigkeit des Engels; die stets gleiche Frage ‹Wer weint?› oder einfach nur ‹WER?›, oder die Anonymität eines Unbekannten ohne Herkunft und ohne Gesicht, hält jeden auf Distanz von sich, getrennt, gespalten, ohne Antwort; für alle dann ein gleiches plötzliches Erwachen nach einer vergessenen Katastrophe, nach einem Verlust oder nach dem Unzugänglichen; für alle ist ein *anderer* da, bevor das Gedicht ward, und ist verloren, unbenennbar.»

Wir finden bei Valéry diese Themen der Unmöglichkeit der Identität, des Doppelbildes und der An- und Abwesenheit, des Lichtes und des Schattens, des Schweigens und des Abstandes auf jeder Seite: « *Schweigen,* mein Schweigen ... Abwesenheit, meine Abwesenheit, oh meine geschlossene Form ...» Und immer wieder dieses Eingeschlossensein in der Enklave, in der Ich-Insel ... Und in einem seiner Prosatexte schreibt er unter anderem: «Sich ein Schweigen auferlegen (aber dies bewusst wollen bedeutet, dass man sich ein inneres Schweigen auferlegt mittels einer Anstrengung, die darin besteht, das für die innere Sprache notwendige Wirkungsvermögen lahmzulegen) setzt ein Denken voraus, das gegen die Absicht verstösst, die es nach und nach umsetzen soll.» Und er schreibt seinen Faust «inmitten dieser Wüste, wo es von Worten nur so spukt».

Der Gedanke an die Perfektion, an die Einsamkeit («Ist die Vollkommenheit eine tödliche Mauer?» fragt J. Levaillant), an das Doppelbild und den Spiegel, das «Ich sah mich sehen» oder das «cogito» des Herrn Teste, das Bild dieses anderen, der sich nicht nennen kann, all dies ist wesentlich mehr als nur die Anwesenheit des Aszendenten in Zwillinge und der Sonne in Skorpion.

Valéry sucht den andern, wenn er in bezug auf Robinson, der «sich seine Insel geschaffen hat», schreibt: «Die im Sand hinterbliebenen Fusstapfen lassen ihn an eine Frau denken. / Er stellt sich einen andern vor. Ist es ein Mann – oder eine Frau? / Robinson geteilt, ein Gedicht!» Jedes Mal, wenn er sich definieren möchte, tritt er auf ein Nicht-Dasein, auf die Spur einer Spur . . .

Auch das Thema des Verlangens ist in Valérys Schaffen gegenwärtig, selbst wenn es alle Ambiguitäten des Ablehnens aufzeigt.

In der Nacht vom 4. auf den 5. Oktober 1892 entscheidet sich Valéry, auf die Literatur zu verzichten, sich von den Fallen der Leidenschaft abzuwenden und sich dem «Idol des Intellekts» zu widmen. Diese Krise, von der er sagt «Ich bin heute Morgen anders», fällt genau mit dem Trigon zusammen, den der transitäre Schwarze Mond mit sich selbst bildet, ganz in Nähe der Sonne/Merkur-Konjunktion.

Die Leidenschaft ist gefährlich. Das Begehren ist der andere, der sich entzieht, dieses «Geheimnis der Schatten», das Helena, die junge Parze, Kalypso und all diese Anima-Figuren durchzieht. Die Ablehnung kann auch eine andere, eher metaphysische Dimension haben: «All dies war notwendig, auch der Ekel oder die Verachtung oder das Bedauern oder die Gewissensbisse, und das Vermischen und das Ablehnen von all dem, damit in der Masse von Existenz und von vermischten und verschmolzenen Erfahrungen sich dieser herrliche Kern herausbildet, endlich dieses Meisterwerk unter dem Druck steter Verneinungen und der Triumph der reinen Unmöglichkeit!»

Das Begehren der jungen Parze, von Helena, von Kalypso, von all diesen Aspekten der Valéryschen Anima, drückt das Verlangen aus, als eigenes Ich zu existieren, ohne, um leben zu können, vom Blick des andern abzulassen. Sagt nicht die junge Parze: «Bin ich etwas, Ich, der ich mich nur im Taumel der anderen sehe. Und wer bin ich?» Das Problem der Unmöglichkeit der Identifikation, das der verlorenen Herkunft – übrigens ganz typische Zwillinge-Themen, wie man sie sich besser kaum vorstellen kann – hat hier auf Grund dieser Suche nach dem Absoluten, die für den Schwarzen Mond typisch ist, eine besondere Dimension. (7)

Und J. Levaillant meint in diesem Zusammenhang: «Der Ursprung von ‹La Jeune Parque› ist also sehr wohl die Spur, die von einem zweifachen Mangel hinterlassen wurde, dem Mangel, der Tränen auslöst, und dem, der aus dieser anderen Helena in Helena ein Wesen ohne Namen macht. Endlose Fragen, die sich bereits in einem ‹elementalen› Rahmen bewegen: Gestirne, Nacht, Abstand, Tränen, Blick – und auch dieses für Valéry so typische Symbol jeder Fragestellung, nämlich der Spiegel.»

Ist es nicht ausserordentlich bemerkenswert, dass man in einem Kommentar praktisch Wort für Wort all die Begriffe aufzählt, die auf den vorhergehenden Seiten herumgegeistert sind? Und dass dieser Schwarze Mond in Zwillinge ohne Umschweife den Schwerpunkt legt auf das Doppelbild und den Spiegel? Dieses geteilte, zerbrochene, zerschnittene, abgetrennte Ich, dieses Ich, das Narziss von seinem Spiegelbild trennt:

«Oh wie ähnlich! Und doch vollkommener als ich,
Vergänglich unsterblich so klar vor mir,
Bleich wie Perlen die Glieder und Haare aus Seide,
Kaum geliebt, muss der Schatten sie schon verdunkeln,
Und die Nacht, oh Narziss, uns schon trennen,
Und zwischen uns beide das Messer gleiten,
das die Frucht durchschneidet!» (8)

Oder dieser «Fremde», der selbst ist und der «tut, was du zu tun fühlst», ermöglicht uns das Verständnis dafür, dass die Liebe für Valéry eine ständige Befragung ist. Dieses «Was kann man aus einem *andern* machen?» spiegelt deutlich wider, dass er nur mit sich selbst etwas machen kann, denn er ist sich selbst schon so ausreichend anders, dass der Spiegel in Stücke zerbricht.

Suche nach der verlorenen Herkunft, Suche nach der verbotenen Identität. Und ich schätze, dass genau hier die Wesenheit dieses Schwarzen Mondes in Zwillinge und im ersten Haus liegt, in Konjunktion mit dem Drachenkopf, der hier noch diese unüberwindbare Schranke auf dem Weg zum Ich erhöht. Valéry sagte übrigens selbst einmal: «Man darf nur in sein Selbst eindringen, wenn man bis an die Zähne bewaffnet ist ...» Man versteht ihn, wenn das «Selbst» ein so bedrohliches Rätsel darstellt. Man wird auch an diesen Satz erinnert: «Aus seinem Selbst einen Schrei hervorbringen so klar wie eine Waffe.» Dies ist auch der Wunsch des Dichters. Aber hat er nicht gerade dies in folgenden Versen aus «La Jeune Parque» erreicht?

... Welch Frevel, der mein Werk war, der sich an mir vollstreckt?...
... Wann, so ein Traum, der weh tut, sich rund um mich geschlossen?
ich (da das Gold der Lampen im Samthauch fortgeflossen),
die Arme um die Schläfen als dichten Kranz gelegt,
dalag, den Blitz erwartend, der seelenher sich regt?
Ganz so? Doch mein zur Gänze und Herrin aller Sinne,
sie straffend mit den Schauern, die meinen Leib durchrinnen,
und so, in sanften Banden, ganz nah bei meinem Blut,
sah ich mich, sah mich sehen, die verschlungen ruht,
und goss über mein Waldreich aus Blicken goldne Glut.
Ich folgt dort einer Schlange, die eben mich gebissen.
Was schleppt' sich da an Lüsten! Die Schätze, mir entrissen,
in welchem Durcheinander, ferne meiner Gier!

Und welch ein Dürsten, dunkel, nach Wasserhellem hier!
O List! ... Beim Licht des Schmerzes, einst mein und nicht mehr mein,
fühlt ich mich als Erkannte, fühlt kein Verwundetsein ...
Im Tückischsten des Herzens: ein Stachel, der erwacht.
Das Gift, mein Gift erkennt sich, hat mir ein Licht entfacht,
das malt, das färbt: die Jungfrau, in sich verschlungen, rot,
voll Eifersucht ... Auf wen denn? Wer ists, der sie bedroht?
Und welches Schweigen hört er, der mich sein eigen nennt? (9)

Doch ich, ich wach. Ich steige, mit blassem Angesicht
und herrlich und von Tränen, die ich nicht weint, umschmiegt,
aus einem Fortsein, sterblich dem Umriss nach, gewiegt
von ihm, ihm selbst ... Ein lichtes, ein Grab durchbreche ich,
stütz auf mich, ungeduldig, und dennoch königlich,
und das Geschaute, nächtlich, das mir vors Auge trat,
mit allem, das drin reg war –: bei meinem Stolz suchts Rat. (10)

Du ICH, dem Traume ungleich, harmonisches Gefüge,
du weiblich, fest und biegsam, du mit dem Schweigen, drauf
ein Tun folgt, rein! ... Du Stirne, du klare, du, der Lauf
der Welle, die hinweglockt zu Wind und Ungefähr
dein Haar aus lauter Halmen, es mischend überm Meer –
du sag! ... Ich war dem Tag gleich, ich war ihm angetraut,
die eine Stütze, lächelnd, die ich aus Liebe baut,
dass drauf die Höhe ruhe, allmächtig, angebetet ... (11)

Dies Kraft-und-nichts-als-Kraft-Sein, halb traur ich ihm noch nach ...
Eins war ich mit der Sehnsucht, und war Gehorchen, wach,
bereit und da, Gehorchen, geknüpft an diese Knie;
mein Wunsch stand voll Bewegung – so rasch zur Hand war sie,
dass das, dem ich entsprungen, mir kaum behender schien!
Mein blonder Lehm, er schwamm mir zu hellen Sinnen hin,
mir zugebornes Träumen umschwieg mich, und inmitten,
da war ein Gehn und Gehen, mit zeitenthobnen Schritten.
Doch er, mir auf dem Fusse – o Glanz –, der Feind dort, mein –
mein Schatten! Er, die Mumie, gelenkig, dehnbar, fein:
mein farbig Fortsein malt er auf diese Erde, wo
ich lief, wo ich vor diesem, dem leichten Tode floh.
Hier bin ich, hier die Rose, und er – er wohnt dazwischen,
auf jenem Staubkorn tanzt er, er huscht dort in den Büschen,
das Blatt bleibt still, er gleitet, er bricht sich, überall –
und gleitet! Totenbarke ...
Und ich, voll Lebens, prall,
ich steh und bin gewappnet, geheim, vom Nichts, das mein. (11)

. . . der Blick, den ich dem Tag schenk, ist fremd, er kennt ihn kaum . . .
O wie in meiner Nacht hier, vom Herzen losgetrennt, es wächst,
was an ihr teilhat, verborgen und mir fremd!
Und meine Kunst: um wieviel lichtloses Tasten tiefer! . . . (12)

Mein schwarzes Aug: die Schwelle zu Höllen-Aufenthalten!
Ich denk – und lass die Brise mit all den Stunden schalten,
den Seelen bittrer Sträucher, den Fernen zugesellt –,
ich denke – hier am Rande, dem goldenen, der Welt –,
wie gerne Sie, die weissagt und wahrsagt, unterginge,
durchtost von ihrer Hoffnung aufs Ende aller Dinge.
Die Rätsel und die Götter führ neu ich durch mein Herz,
die Schritte, unterbrochen von Worten himmelwärts,
die Pausen, meine Pausen, am Fuss die Träumerei,
mit ihren Schwingen spiegelnd den Vogel im Vorbei,
der spielt, der mit dem Nichts spielt, dort oben, sonnenhin, –
verascht am finstern Ziele des Marmors, der ich bin. (13)

Der tödlichsten der Tode Glanz trug ich, fort und fort,
wie ich den Glanz der Sonne getragen einstmals, ich . . .
Mein Leib, in der Verzweiflung, er dehnte, straffte sich,
die Seele, trunken von sich, von Schweigen, ruhmberauscht,
sie will, sich selbst erinnernd, gern schwinden, und sie lauscht
voll Zuversicht der Herzwand, die fromm sich regt und regt:
sie lauscht dem Rätselhaften, das sich zugrunde schlägt, das schlägt,
bis sie's erhört hat und dies zuteil ihm ward:
ein feinstes Beben, blattgleich, dies: meine Gegenwart . . .
O Warten, o vergeblich . . . Kein Tod, der ihr erscheint, die weint
vor ihrem Spiegel, die sich zu rühren weint. (14)

Denn ich, ich Jungfrau lag hier, ich lag, mit Gliedern, schlanken,
im Schatten, hingegeben, geopfert, dargebracht . . .
Doch zog es meinen Schlaf hin zu einer süssen Macht,
und ich, in mich verschlungen zutiefst in meinen Haaren,
mein Fühlen und Empfinden, ich liess es, liess es fahren.
Inmitten meiner Arme, da wandelte ich mich . . .
Wer wird sich fremd? . . . Fliegt oben? . . . Wer sielt im Schlamme sich? . . .
Schwandst, Herz, an welcher Kehre dahin? Den ich verlor,
mein Name: welche Muschel nennt neu ihn welchem Ohr? (15)

Mein Körper, ich verzeih ihm, kost von der Asche, hab
mich ganz ihm überlassen, dem seligen Hinab,
vor all den schwarzen Zeugen steh Aufgetane ich,
um mich her Worte, endlos, gestammelt, ohne mich.

Schlaf, du mein Wissen. Form dir dies Fort-und-Ferne-Sein;
kehr in die dunkle Unschuld zurück und in den Keim,
lebendig gib den Schlangen, den Schätzen dich anheim.
Schlaf! Gleit hinab und schlafe! Gleit, gleite, schlafe ein! (16)

Wenn auch hier der Skorpion die untrennbaren Themen von Liebe und Tod miteinander vermischt, so können wir doch Lilith unter den Zügen der unerbittlichen, mächtigen und einsamen Königin erkennen: Herodias, Semiramis, Salome.
«Jedem habe ich seine Nahrung gegeben: meine Nacht dem Fleisch,
Mein Fleisch der Liebe; meine Liebe dem Tod ...»

Und ich komme zurück,
Um am Götterbusen die Kraft zu schöpfen, einzig zu sein ...
Die Reine, die Vollkommene bin ich nun,
Und dank der Liebe bin ich
All den andern Frauen nicht mehr gleich ...
Semiramis, Abbild der tödlichen Anima, gesteht:
Ich verwirre, wen ich will. Mein Herz wechselt, überrascht,
Und mein Körper ist eine Falle: die Wonnen, die er bereitet,
Sind fatal ...
Meine Sinnenfreude ist ein reissender Löwe:
In mein Bett voller Wohlgerüche trage ich
Die Feurigkeit der königlichen Jagd ...

Oder schliesslich diesen Auszug aus «Air de Sémiramis» – Das Lied der Semiramis:

Ich antworte! ... Ich schnelle aus meinem tiefen Nicht-Dasein hervor!
Mein Herz reisst mich aus den Todesarmen, die mein Schlaf empfing;
Und der riesige Adler in seiner strahlenden Kraft trägt mich
Zu meinem Ziel! ... Ich fliege vor der Sonne her!

Pierre Jean Jouve

Geboren am 11. Oktober 1887 nach 11 Uhr in Arras (Pas-de-Calais). Pierre Jean Jouve hat einen Schütze-Aszendenten, den MC in Waage und eine Konjunktion Uranus/Sonne im zehnten Haus in Opposition zum Schwarzen Mond bei 17 Grad Widder.

Der Schwarze Mond hat in diesem Horoskop eine grosse Bedeutung, da er zum einen auf einer Achse steht (im vierten Haus) und zum andern eine Sonne-Opposition mit Trigon zum Aszendenten hat.

Der symbolische Grad des Mondes ist hier sehr aufschlussreich: «Ein junger Student, ein Buch in der Hand, schlendert über einen schattenreichen Weg; die Sonnenstrahlen, die durch die dichten Äste dringen, erhellen sein Gesicht.»

Dieses Bild ist interessant, da es sowohl die Beziehung zur Schrift, zum Buch, zum Schatten (der schattenreiche Weg), zum Licht (das erhellte Gesicht) bezeichnet, als auch diesen Kampf zwischen dem Schatten und dem Engel, der uns mittlerweile nicht mehr unbekannt ist. In diesem Fall besiegt das Licht die Dunkelheit, was übrigens den Willen des Dichters offenbart, über das Böse zu siegen.

Die Achse Widder/Waage hat hier eine besondere Stellung, was wieder ein Zeichen für Begehren und Ablehnen, für Gewalt und für das Absolute ist.

Wie immer ist es ratsam, sich an die Biographen oder Kommentatoren zu wenden, denn sie erlauben den Zugang zum Wesentlichen eines Werkes und zur Wahrheit des Dichters – und dies ausserhalb jeder Astrologie. Im folgenden entnehmen wir mehrere Zitate einem Text mit dem Titel «La traversée du désir», den Jean Starobinski als Vorwort zur Ausgabe von «Les Noces / Sueur de sang» – Hochzeiten / Blutschweiss – (1) verfasst hat.

J. Starobinski meint, dass «der Dichter zum Ausüben seiner Dichtkunst komme durch seine Kraft des Ablehnens und seinen Willen zur Überflügelung.» Und etwas weiter heisst es: «Eine Schwelle ist überschritten; ein Schritt in Richtung Tod ist vollzogen.» Und dann vor allem: «*Die Kraft des Ablehnens*, die in Gewalt endet, entscheidet auch über einen Neubeginn.»

Und in Pierre Jean Jouves eigenen Worten treffen wir wieder auf den symbolischen Grad seines Schwarzen Mondes: «Und der Dichter, wieder einmal erhellt, sammelte die Stücke des Buches ein und wurde wieder blind und unsichtbar ...»

J. Starobinski nimmt diesen Gedanken wie ein Echo auf: «Blind, erhellt; er schafft die Nacht, um das Licht empfangen zu können, und verliert eine erste Identität, um eine Identität gemäss der Sprache zu erfinden.» Und etwas weiter heisst es: «Nur metaphorische Begriffe wie Opfer, Selbstmord oder Bekehrung können dies widerspiegeln ... In einem inneren Holocaust beendet der Dichter seine erste Sprachschöpfung und bringt die Welt zum Schweigen (...). Diese Mutation erlaubt dem Bewusstsein, sich als allumfassende Macht zu verstehen, aber ohne dass man dabei den blutigen Akt vergessen darf (die Enthauptung des heiligen Johannes, um ein Bild von Mallarmé (2) wieder aufzunehmen), den es auslöst.»

An anderer Stelle spricht er von der «Abwesenheit», die aus dem Werk sich herauskristallisieren muss; von dem «entscheidenden Akt des Ableh-

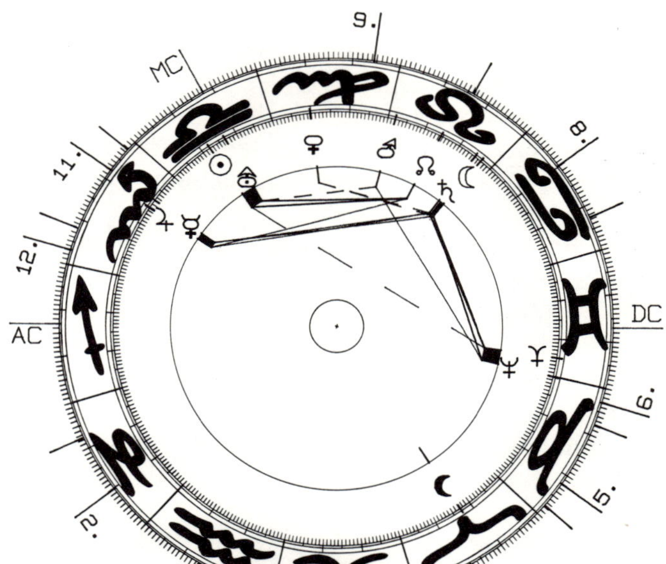

Pierre Jean Jouve (SM 17°20' Widder)

11. 10. 1887 LT 11.26 GT 11.15 Arras F AD-Placidus

☉ 17 ♎ 49'13"	♀ 20 ♍ 16' 6" R	♄ 5 ♌ 15'23"	♇ 4 ♊ 47'27" R
☾ 3 ♌ 16'11"	♂ 28 ♌ 11'16"	♅ 13 ♎ 11'43"	☊ 15 ♌ 34'17" R
☿ 7 ♏ 44'44"	♃ 10 ♏ 9'55"	♆ 29 ♉ 41'48" R	☊T 17 ♌ 1'53"

nens». Und wieder an anderer Stelle schreibt er: «Es gibt in Jouve eine Kraft, die anklagt und Widerstand leistet und deren Anwesenheit überall in seinem Schaffen spürbar ist» – und die den Dichter selbst sagen lässt: «In mir gibt es sicherlich einen unerbittlichen Richter – eine Art von Henker.» Was uns an den Staatsanwalt/Richter der Waage erinnert im Gegensatz zum Richter/Henker des Schwarzen Mondes in Widder. Schliesslich präzisiert Starobinski: «Auf allen Ebenen treffen wir auf die Spur des inneren Henkers, der das Opfer und den Fortschritt will; überall manifestiert sich das Wirken des resoluten *Nein*.»

Dieses *resolute Nein* ist uns mittlerweile nur allzu bekannt; wir können hierin nur ein Zeichen von Lilith erkennen!

Der Kommentator fährt dann fort: «Vor allem am Anfang ist die Trennung heftig. Wollte man im Weltbild von Jouve eine Ursituation bezeichnen, so würde ich das Bild eines Mannes wählen, der eng mit dem Stamm eines Baumes (Der tödliche Baum) verbunden ist.»

Handelt es sich bei diesem Mann, der in einer Pflanzenfalle gefangen ist, nicht um Osiris, den Gott der Unterwelt und der Wiedergeburt, der zerrissen und in einem Baumstamm gefangen gehalten wurde?

Starobinski fügt hinzu, dass «das Bewusstsein (...) sich Fürsprecher bedient und sich von Vermittlern leiten lässt. Hierzu gehören, von den einfachsten angefangen, die Künstler, die Doppelbilder des Dichters, die göttlichen Gestalten.» Auch hier wieder deutlich die Vermittlerrolle der Anima und des Animus des Schwarzen Mondes.

Im Werk von Jean Pierre Jouve fehlt es nicht an Rätseln; alles muss auf einer «zweiten Ebene» verstanden werden. Auch Begriffe wie «Wachsamkeit», wie «Ur-Ablehnung», wie «Einzel-Rätsel», wie «leerer und reiner Raum», tauchen ständig in den Schriften dieses mystischen und verzweifelten Dichters auf.

«Unter *dem eiskalten Aspekt des Überbewusstseins* oder unter dem *wilden Aspekt der Gesetzesübertretung* wiederholt im Grunde die atheistische Dichtung nur, und zwar entweder wissentlich oder auch nur unbewusst, die religiöse Bewegung des ‹Seelenfortschritts›», womit Jouve sich sehr ausführlich beschäftigt hat. Die Dichtung «glänzt für einen Augenblick an der leeren Stelle, die zuvor vom Absoluten eingenommen worden war». «Ganz gleich, ob nun Jouve in seinen Gedichten versucht, die Höhe auszuleuchten, oder ob er lieber sich den üppigen Landschaften der Urnatur zuwendet, stets ist seine Dichtung von einer bewussten, orientierten Entwicklung beseelt.» Da erkennen wir das für Jouve so teure Einhorn, dieses «Ich verende vor Durst am Rande einer Quelle», was er diesem in seinen Gedichten über die Gobelins von Cloisters in den Mund legt, dieses Einhorn in seiner Zerissenheit zwischen seiner wilden, brutalen, primitiven und unzähmbaren Kraft und seinem Opfer in Weiss, seiner Macht des Absoluten und des Verzichts. Die Schwingung zwischen dem Leben und dem Tod ist genau dieses «Meditationsobjekt», das für Jouve, aber auch für den

Schwarzen Mond, so typisch ist, wenn auch hier der Hauptakzent auf der Erlösung, diesem «versöhnten Tod», liegt.

Lassen wir noch einmal J. Starobinski zu Wort kommen: «Es handelt sich hier um eine Grausamkeit, die alles tötet, was sie liebt (3), die aus Liebe zerstört, die Blut zum Vergiessen bringt, wovon sie sich ihre eigene Verwandlung erhofft: Der Weg der Einheit führt über Verletzen und Zerreissen.» Solche Aussagen können uns natürlich wieder nur an die Spiele Liliths von Opfer und Erlösung erinnern, von denen in diesem Buch von Anfang an die Rede ist . . .

«Der Hirsch», meint Jouve, «symbolisiert viele Dinge auf einmal; er ist ein Symbol des Geschlechts, des Todes, aber auch des Opfers und der Erlösung.»

Oder aber geht es darum, «das Nein im Hiersein zu verneinen»? Womit wir wieder auf das uns vertraute «Dasein/Nicht-Dasein» stossen . . . Gleiche Ausdrücke, wie sie bereits im Werk von Valéry auftauchten.

Jouve interessiert sich für «die archaische Geschichte des Begehrens». Er gibt zu, davon gefangen zu sein, und kämpft gegen diesen Trieb, der ihn zu einer stets spürbaren und aktiven Sensualität treibt. In vollem Bewusstsein dieses Fehlers versucht er, sich vom Blut und vom Sex zu befreien, indem er «die Höhe» und die Einsamkeit wählt. Natürlich sind sie stets da, immer spürbar, diese Bilder des «Träumens, die Besessenheit des Begehrens, die Missachtung des Unterbewusstseins», diese Frauenkörper, dieser erotische Taumel, diese duftenden Schamhaare und diese feuchten Geschlechter. Aber er setzt ihnen seine bewusste Ablehnung entgegen, dieses entschlossene «Nein» des Schwarzen Mondes. Ein wahrer Kampf hier zwischen der Sonne in Waage und dem Schwarzen Mond in Widder.

Aus der Feder von J. Starobinski stammen folgende wunderbare Zeilen: «Das sterile und reine Bild des Gletschers mit seinem Schnitt gegen den Himmelsrand stellt in seiner Gesamtheit den Zustand der gereinigten Materie und den Punkt dar, wo die Materie zu Ende ist. Bruch und Ablehnung bewohnen diese Landschaft; ‹die Schatten durchbohren den Boden›; die Energie des *Nein*, wie es in den Wüsten von ‹Noces› – Hochzeit› oder in den Wassern von ‹Déluge› – Sintflut – zum Ausdruck kommt, bleibt in der *Verbrennung* des höheren Seinszustandes aktiv. Das ‹schöpferische Nichts› erzeugt Transparenz aus Felsen und Schatten.» Und er zeigt auf, dass hier überall das Wirken der Anima erkennbar ist: «Das Aufsteigen zur Höhe und zur Morgenröte begegnet dem souveränen Anwesendsein einer weiblichen Gestalt, ‹der reinen Herrscherin der Höhen›.» Und Starobinski endet, indem er meint: «Liest man Jouve, dann erlebt man das lange Durchqueren des Verlangens.»

Wie wir bereits bemerkt haben, liegt bei Jouve das Objekt seines Begehrens ausserhalb von ihm selbst, im Gegensatz zu Valéry, bei dem dieses Objekt in einer Art narzistischem Taumel ständig in ihm selbst liegt. Und genau dieser Unterschied entspricht auch beim einen einer Bewertung des

Schwarzen Mondes in Zwillinge am Aszendenten und beim andern die einer Sonne/Schwarzer Mond-Opposition in Waage/Widder.

Schauen wir uns einige Titel der Gedichte oder Romane von Jouve an, so können wir uns nur wundern über ihre starke Schwarzer Mond-Einfärbung. Einer seiner Romane, der ebenfalls verfilmt wurde, trägt den Titel «Hécate» – Hekate –; gleiches gilt auch für «Paulina 1880», wo es um eine tödliche Anima und eine bereits verurteilte Leidenschaft geht. Und ein weiterer Titel, «Le monde désert» – Die leere Welt – spricht für sich allein. Wie bei Valéry treffen wir wieder auf den Engel:

«Ein Engel tauchte auf, schob die Mauern auseinander
Man sah wieder die Sonne und die Welt in ihrer Unbegrenztheit.»

Ein anderes seiner Gedichte trägt den Titel «En miroir» – Im Spiegel – ... Aus seinem Hauptwerk «Sueur de Sang» – Blutschweiss – zitiere ich fast wie ganz zufällig folgende Ausdrücke: «Spucke», «Nackter, verschlingender Baum», «Ariadne», «Kampf mit den Augen», «O Pandora», «Hirsch der Nacht», «Der Tod», «Die Angst», «Eure Augen sind ein Schrei» (was so sehr an den bereits zitierten Vers von René Char erinnert), «Die Königin von Saba», «Ein Felsen». Oder Auszüge aus «L'aile du désespoir» – Flügel der Verzweiflung –: «Die schwarze Frau», «Der Schattenmund» ... Oder aus «Déserts» – Wüsten –: «Allein und nackt». Oder Auszüge aus «Jardin des âmes au printemps» – Garten der Seelen im Frühling – (dieser Frühling des Widders): «Verletzung», «Und die Nacht ...», «Tränental». Aus der «Symphonie à Dieu» – Göttersymphonie –: «Junger Tod», «Das Gestirn», «Die nächtlichen Freuden». Und andere, die uns wieder an Valéry erinnern: «Tränen» und «Träne».

Es folgen nun einige kurze Gedichte, die uns ermöglichen, diese Musik Jouves zu erspüren. Sowohl in Form als auch in Inhalt kann man in diesem Werk eine verblüffende Verwandtschaft mit dem Schaffen Valérys feststellen.

Ein nackter Baum verschlingt, oh Mutter, Erde, Tod!
Schatten langer Geschichte, blutroter Mund
Befriedige und verurteile den Mann, dieses lange Herz,
Das in deiner klebrigen Hand zu sterben wünscht.

Oder diese beiden Auszüge aus «Masques» – Masken – (1 und 18):

Welches Messer hat in grundloser Tiefe welche Blume
Abgeschnitten? Und von den hundert Argusaugen,
Welches ist das intimste, stammelnd und blau?
Wird die heisse Blume zur Höllentochter
Nach einem Spiel mit Dämonenkörper, die zu früh

Von der Delegation der Unschuld entdeckt wurden?
Oder ist es das Messer, das seit Beginn der Morgenröte
Unter einem riesigen Baum von mysteriöser Herkunft
Schneidet, um das menschliche Leben zu wagen.

Wer erfreut sich nicht, bald zu sterben,
In seine Sonne zu gehen und zu sterben,
Seine falschen Augen aufzugeben,
Seine kalten Hände ins Azur zu tauchen
Und sich an der Schweigewolle aufknüpfen zu lassen
Mütter unendlich gross, behalten in Erinnerung,
Vor dem Gericht des Blaus zu erscheinen.

Am Ende...
Am Ende wird die Klarheit verrückt auf den Oktober,
Die Landschaft ist durchsichtig und ausgedürrt,
Die Schatten durchdringen den Boden bis zum Herzen,
Die Gletscher berühren die Augen, welch ein Brennen,
Die köstlich blaue Eos verlässt nicht den Tag,
Man erbebt wahrlich vor dem Farbenspiel der Regenbogen
Und vor Liebe gegenüber dieser blonden
Durchsichtigen Herrscherin über die Höhen.

Die Angst
Die Emanation des Schweigens,
Die Demütigung durch die Ablehnung,
Die Grausamkeit, die im Verbot mitschwingt,
Das Erfassen der vernachlässigten Endlichkeit
Und die undeutliche Anwesenheit in bezug auf das unbekannte Objekt,
Schwingt, dreht sich und taucht hinab!
Tödlicher Zustand, der den Tod verhindert.
Und indem es nur mich und meinen Tod sucht,
Lockert das Nichts seine Beziehung zu Gott.

Ganz kurz sei ein anderes kleines Gedicht mit dem Titel « *Vierge folle et Vierge sage*» – *Die irre Jungfrau und die brave Jungfrau* – erwähnt, was eine Anspielung auf die Rolle der Venus im Tierkreiszeichen Jungfrau im Geburtshoroskop darstellt:

Irre Jungfrau, brave Jungfrau, ihr traget
Zwei Stücke meines Herzens ebenfalls verbrannt,
Die ihr in der gleichen Strasse zurücklasst,
In einer gleichen und unkontrollierten Bewegung,
Aus dem selben Grund, mit der gleichen Angst.

Auch hier wieder eine Gemeinsamkeit mit Paul Valéry ... Aus « *La reine de Saba» – Die Königin von Saba –*:

Die Königin von Saba trägt ein grünes Diadem
Aus Liebe, aus Schmach, oder aus Schmach und Liebe?
Es gehört zu jenen wunderbaren Dingen, die in ihrem Besitz waren,
Als sie starb,
Auf Grund des Windstosses aus der Posaune des Engels.

Oder schliesslich aus «Monstrum»:

Hast du nicht seine prallen Brüste gesehen,
Auch den beissenden und kräftigen Blutegel, der den Kopf senkt
Und am Bauch, an der Marmorhüfte hängt, mit schönen Augen?
Diese Frau war also eher ein Mann als eine Frau,
Glücklich immer einig uneins,
Seine Haare im Wind und seine Donnerstimme,
Sein Schnurrbart, seine rauchende Eichel und seine Schönheit.

Erinnert diese Frau, die «eher ein Mann als eine Frau ist», nicht an Venus Barbata, an die androgyne Artemis und an das schon hundertmal erwähnte «schwingende Schwert»?

Überlassen wir schliesslich das Wort dem Dichter selbst, der in «Sueur de Sang» – Blutschweiss – erklärt:

«Man merkt, dass es im Herzen des Menschen und in der Matrix seiner Intelligenz so viele Schmarotzer, böse Münder, geliebte oder gehasste Fäkalien gibt, einen solch kannibalischen Appetit oder so seltsame und so beharrliche Inzesterfindungen, all diese obszöne Tendenz und diese Magie, schliesslich ein solches Ungeheuer an Begehren in Verbindung mit einem so unerbittlichen Henker, dass von diesem Punkt an das menschliche Problem sich ständig zu verlagern scheint.»

Das Zerrissensein ist da, der «unlösliche Konflikt» dieser gewalttätigen Opposition zwischen Sonne/Uranus in Waage und dem Schwarzen Mond in Widder, zwischen Pluto und dem Aszendenten, zwischen der Quadratur von Mars und Neptun, all die Frustrationen, zweifellos in Verbindung mit der Konjunktion Saturn/Mond im achten Haus, die wie eine unauslöschliche Trauer ist, der Abstand zum Vater in der Schwarzer Mond/Sonne-Opposition, die den Dichter zu einer unermüdlichen Gottsuche zwingt.

Die Krankheit der Hellsichtigkeit ist da, ebenso wie dieses tragische «Wissen eines Auges, das auf unser Geheimnis gerichtet ist, das Wissen unseres eigenen Auges».

Marguerite Duras

Wer erinnert sich nicht an diese Autorin in jener denkwürdigen Sendung «Apostrophes» (1) mit Bernard Pivot, als sie in voller, unverhüllter Wahrheit auf dieses ständige Schweigen einging, sich äusserst frei in ihrem Sprechen gab und ohne Komplexe und ohne Selbstgefälligkeit ihr zugleich totes wie lebendiges Wesen vorzeigte?

Sie, von der Lacan einmal sagte: «Sie feiert die nächtlichen Hochzeiten des leeren Lebens mit dem unbeschreiblichen Objekt» (2), verweist uns auf jeder Seite und bei jedem Bild an diese Musik des Schwarzen Mondes, was sich aus der engen Konjunktion der Sonne bei 13 Grad Widder mit dem Schwarzen Mond bei 14 Grad erklärt.

Geboren ist Marguerite Duras am 4. April 1914 in Gia-Dinh in Indochina. Die Sonne steht also in Widder und der Aszendent in Fische. Der 10. Grad scheint gut zu ihr zu passen: «Ein wildes Pferd, die Mähne im Wind, springt über die Barriere, die seine Weide einzäunt, und läuft weg.» Grad der Flucht, der Freiheit, der Gesetzesübertretung ... wir kennen bereits dieses Lied!

Der 13. Grad, wo die Sonne steht, stellt ein anderes Symbol dar: «Ein Berg, von der untergehenden Sonne angestrahlt. Auf seinem Gipfel die Silhouette eines schon alten Mannes, ein wenig gebeugt. In seiner rechten Hand hält er ein Zepter, und eine Königskrone in der linken. Ein weiter Mantel verdeckt sein Kleid.» Wir haben es hier mit einem Grad des Ruhmes und der erlangten Reife zu tun. Das «nächtliche Weibliche» wird gekrönt und das «Männliche des Tages» hält das Zepter als Zeichen der Macht. Wie schreibt doch Jouve: «Diese Frau ist also ein Mann, und zusätzlich noch eine Frau.» Hier stellt sich ebenfalls das Problem der sexuellen Ambivalenz, vielleicht nicht zuletzt auch wegen der «untergehenden Sonne», die das Vaterbild beeinflusst. Aber der Mann verbirgt unter «seinem weiten Mantel» ein Geheimnis. Hängt dieses etwa mit eben diesem 14. Grad Widder zusammen, dem Grad des Schwarzen Mondes? «Ein Mann von angenehmem Äussern (eine Art burgundischer Weinbruder) kommt aus einem wohlgefüllten Weinkeller und hält, mit ausgestrecktem Arm, einen mit Wein gefüllten Kelch hoch. Vor ihm liegen ein Hund und ein Löwe, die sich freundlich betrachten.» (Oder man findet auch dieses andere Bild: «Ein Mann steht aufrecht da, seine Hände sind gefesselt.»)

Im Klartext bedeutet dies einen Grad voller Trunkenheit und voller Wein. Das Geheimnis der Symbolik der Tierkreisgrade zeigt hier unmittelbar einen der Hauptgründe des Leidens der Schriftstellerin Marguerite Duras auf.

Und ist es nicht auch erstaunlich, dass man in der Aztekenastrologie (3) entdeckt, dass sie am Tag 5 = Regen, am 13. = Adler und während des Jahres 6 = Hase geboren ist. Die Zahl 5 gilt als eine Ziffer kosmischer, physischer und kimoralischer Unordnung und steht in Verbindung mit dem Entdecken der Trunkenheit, mit Verschwendung, mit Übermass und mit Exzess, mit Überschreitung und mit Zersplittern, während der Regen das Zeichen für die «subversive Macht» der entfesselten Elemente, der Gewalttätigkeit und der wolkenbruchartigen Kataklysmen darstellt. Er ist das Bild für «ungestüme Temperamente», wobei man Gefahr läuft, gewisse

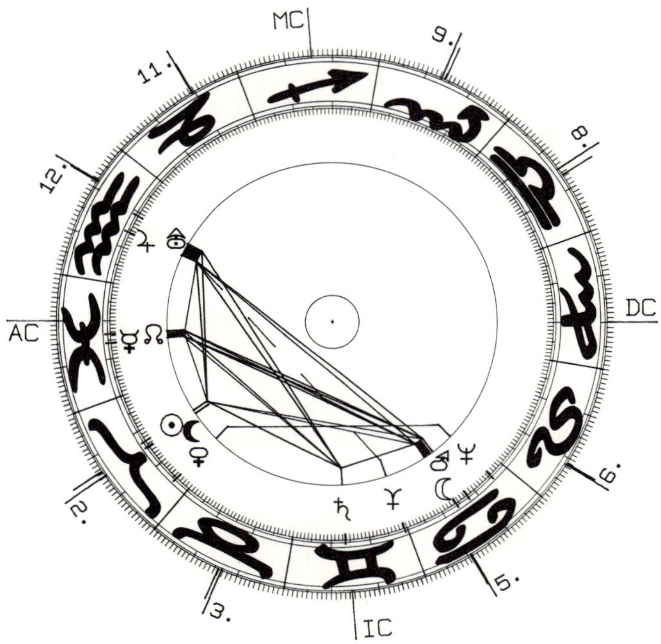

Marguerite Duras (SM 14°26' Widder)

4.4.1914 GT 21.00 Gia-Dinh VN AD-Placidus

☉ 13 ♈ 15'45"	♀ 25 ♈ 53'20"	♄ 13 ♊ 31'32"	♇ 29 ♊ 9'20"
☽ 13 ♋ 55'18"	♂ 17 ♋ 24'12"	⛢ 10 ♒ 51'42"	☊ 13 ♓ 29' 7" R
☿ 15 ♓ 48'57"	♃ 15 ♒ 37'41"	♆ 25 ♋ 25'57" R	☊T 14 ♓ 38'27"

Eigenschaften umzulenken. Als Gegengewicht hierzu der Adler, der, wenn er sich nicht scheut, seine Flügel zu verbrennen, nichtsdestotrotz Hellsichtigkeit, Glanz und den Drang zum Gipfel mit sich bringt. Und natürlich auch den Stolz. Der Hase dagegen, der das Geburtsjahr bezeichnet, verstärkt noch das Alkoholrisiko. Auch er hat die Tendenz zu trinken, ebenfalls im Übermass, voller Masslosigkeit. Was die Azteken, die vierhundert verschiedene Wege zum Sich-Berauschen erfasst haben, ausrufen lässt: «Einem jeden seinen Hasen!»

In der Analyse der Aspektbeziehungen des Schwarzen Mondes haben wir bereits hervorgehoben, dass die Sonnen-Konjunktion auf das Fehlen des Vaters, auf die «Vaterfinsternis» verweist – und in der Tat hat Marguerite Duras ihren Vater mit vier Jahren verloren.

Dem Psychoanalytiker François Peraldi vertraute sie an (4): «Ich war noch sehr jung, als mein Vater starb. Ich habe keinen Gefühlsausdruck gezeigt. So, als hätte ich überhaupt nichts gemerkt. Keinen Kummer, keine Tränen, keine Fragen.» Und sie fügt hinzu: «Er starb auf Reisen. Einige Jahre später, es waren vielleicht ein oder zwei Jahre, oder auch etwas mehr, verlor ich meinen Hund. Einen kleinen gelben Hund. Kinder haben ihn getötet. Mein Kummer war ohne Ende.

Entspricht hier der Schwarze Mond einem Element der Negation, des Unterdrückens von Emotionen, des Ablehnens? Eine solche Frage ist hier durchaus erlaubt. Ferner ist man versucht, sich an den symbolischen Grad in Verbindung mit der «untergehenden Vater-Sonne» (die also verschwinden wird) und mit diesem «gelben Hund» zu erinnern, wobei dieses letzte Bild unweigerlich an einen alten Witz erinnert, in dem ein gelber Hund, den jemand aus der Wüste mitgebracht hatte, nichts anderes war ... als ein Löwe!

Dieser Hund taucht dann wieder auf in «L'après-midi de Monsieur Andesmas» – Der Nachmittag des Herrn Andesmas –: «Es war ein kleiner, rostbrauner Hund. Sicher kam er aus den Ortschaften, die auf der anderen Seite des Gipfels, auf der andern Hangseite, lagen ...»

Und François Peraldi fügt hinzu: «(...) Herr Andesmas bewegt sich keinen Schritt, als der Hund auf ihn zuläuft; kein Zeichen von Feindschaft oder von Freundschaft ist sichtbar.» Aber in dem symbolischen Grad lesen wir in diesem Zusammenhang: «Der Hund und der Löwe betrachten sich freundlich ...»

Marguerite Duras ist sehr direkt in ihrem Schaffen, aber sie ist es auch ebenso in ihrem Geburtsbild, und zwar bis in die kleinsten Symbole, die es bevölkern und durchwandern. Fast schafft man es nicht, all diese Arkana herauszustellen: der Aszendent Fische, der auch zum «Ertrinken im Alkohol» tendiert, die Konjunktion von Drachen und Merkur, dem Werkzeug des Wortes und der Schrift, Träger der Fische-Magie, mit Trigon zu Mond und Mars, diese «verschwommenen» Fische, wo alles im Unbewussten, in archaischen Gefühlen, in Träumen und im Entfliehen schwimmt; die Nähe des Drachens, der von der Angst vor sich selbst spricht, manchmal auch von diesem Ekel vor sich selbst. Man kann sich nur von diesem Drachen befreien, indem man ihm den Kopf abschlägt ... Diese Dreifachkonjunktion Mond/Mars/Neptun in Krebs im fünften Haus bedeutet auf Grund ihrer Schwarzer Mond-Quadratur, unter anderem, die Ablehnung der Mutteridentifikation, den Konflikt mit ihr, das Unverständnis, «die Nonnen-Mutter», geopfert, kastrierend, ein wenig irre und sicher auch ein bisschen voller Phantasmen. Und dann diese stets gefährliche Mars/Neptun-Konjunktion mit ihrer freigesetzten, umgelenkten, unvorhergesehenen Gewalt, die der Kontrolle des Willens entweicht und dabei die so wachsame Hellsichtigkeit überrumpelt oder ertränkt. Oder auch diese Dreifachkonjunktion in einem kreativen Bereich als Zeichen der Kraft des Imaginären, der ebenfalls erträumten, phantasierten Kindheit, dieses Brunnens ohne Boden, in den man fällt, wobei man sich selbst in die Tiefe reisst; diese Ambiguität auch, die das Phänomen Kind umgibt, wobei, soweit wir wissen, ein Kind gestorben ist: «Als ich meinen kleinen Bruder und mein kleines Kind verlor, habe ich auch den Schmerz verloren; er war sozusagen objektlos geworden, denn er baute auf der Vergangenheit auf.» (6)

Saturn an der Spitze des vierten Hauses in Zwillinge kann sowohl diese Nostalgie einer Kindheit bedeuten, die von ihrer Heimaterde frustriert ist – eine belastende Erde, die die Mutter fest umschliesst –, als auch die Einsamkeit, die Trauer oder das Unglück in einer Kindheit, die vom Hass auf den älteren Bruder und dem Tod des geliebten «kleinen Bruders» stark geprägt war (vielleicht kann man diesen toten Bruder bei Saturn erkennen in seinem Merkur-Quadrat, dem zweiten Herrscher des dritten Hauses).

Aber ich finde, dass Marguerite Duras vor allem dem Schwarzen Mond ihren Stil, ihre Musik verdankt, diesen seltsamen und bezaubernden Singsang, der fasziniert oder irritiert, je nachdem, ob man in diese Inkantation eindringt oder nicht, wo die Stille mehr Bedeutung hat als die Worte, selbst wenn sie aus diesen Worten gewebt ist.

Schweigen, Einsamkeit, Macht des Blickes ... In «Le ravissement de Lol V. Stein» – Die Verzückung der Lol V. Stein – dient dieser Blick dazu, «von Ferne zu geniessen», bis zum Taumel die Sinnenfreude der anderen, nackten, hübschen Frau zu betrachten, während Lol sich im Roggen verbirgt und tödlich verletzt ist, da sie voller Gier und zu ohnmächtig, um zu entfliehen, dem Schauspiel der Lust zusieht, die sie nur erahnt. Wie ein Echo hierzu kommen mir die Worte von B. d'Astorg im Zusammenhang mit der Dame mit Einhorn in den Sinn: «Ich hatte nicht minder das Gefühl, dass jeder Spion seinerseits belauert und jeder Heuchler entlarvt wird, dass niemand einen Blick auf einen andern werfen kann, ohne dass dieser Blick wie eine Waffe auf ihn zurückgeworfen wird oder wie eine Welle vibriert, deren Ausbreitung ihn verrät ...»

Marguerite Duras schreibt bezüglich Anne-Marie Stretter (eine Frau, die wirklich existierte und für die sich ein junger Mann umgebracht hat): «Diese unsichtbare Frau (...) – ich habe erfahren, dass sie die Macht hatte, zu töten, eine sehr versteckte, sehr verheimlichte Macht; ich erinnere, welch ein ausserordentlicher Schock der Selbstmord dieses jungen Mannes für mich war. (...) Und die Tatsache, dass mir dies einen solchen Schock bereitete ..., nun, ich sage mir, dass dies mich irgendwie betreffen muss; und dass dies alles vierzig, fünfzig Jahre danach wieder in mir auftaucht, bedeutet, dass dies mich sehr, sehr stark betreffen muss.»

Im Grunde ist Duras durch ihr gesamtes Werk hindurch von diesem Körper mit der Todesmacht besessen, was F. Peraldi zu der Bemerkung veranlasst: «Es ist für sie unmöglich, das, was der frühe Tod eines Vaters im Erfassungsbereich ihres Denkens hinterlassen hat, zu schliessen oder vernarben zu lassen.»

Geht es immer noch um diese Erfahrung, wenn sie in dem Text «La douleur» – Der Schmerz –, wo es um das Warten auf den deportierten Mann geht, schreibt: «Mir genügt es, ihn anzuschauen. Sobald er zurückkommt, werde ich sterben, anders kann es gar nicht sein, dies ist mein Geheimnis (...) Ich habe gewählt, auf ihn zu warten, wie ich auf ihn warte, bis ich deswegen sterbe. Das ist meine Angelegenheit.»

Der andere muss, so oder so, auf Abstand sein, in Erwartung. In dem Roman «Le ravissement de Lol V. Stein» beschreibt Tatianas Geliebter – Tatiana ist die Frau, der Lol nachts, von weitem, auflauert, und die sich von ihrem Geliebten entkleiden lässt, bevor dieser sie liebt – einen entscheidenden Augenblick seiner Begegnung mit Lol: «Eine Annäherung an Lol gibt es nicht. Man kann sich ihr weder nähern noch sich von ihr entfernen. Man muss warten, bis sie einen holen kommt, bis sie es will. Sie will, dies ist mir ganz klar, dass ich ihr begegne und dass ich sie sehe, und zwar in einem gewissen Rahmen, den sie dabei ist, abzustecken. Aber in welchem?»

Wie eine Spinne in ihrem Netz ist Lol gleichzeitig diejenige, welche auflauert, aber auch die, die gefangen ist ...

Und er fährt fort: «Ich frage wieder:

‹Was wollen Sie?›

Und mit ganz genau diesem selben Zögern, diesem gleichen Augenblick voller Schweigen antwortet sie:

‹Sie sehen.›

Ich sehe alles. Sogar die Liebe selbst sehe ich. Lols Augen sind vom Licht wie erdolcht: ein schwarzer Kreis umgibt sie. Ich sehe gleichzeitig das Licht und das Schwarz, das es umgibt.»

In bezug auf «Son nom de Venise dans Calcutta désert» – Sein Name aus Venedig in einem leeren Kalkutta – meint François Peraldi, dass dieser Film über Tod und Blut, über Zerstörung und Leiden trotz allem nicht auf den Tod des Vaters oder des «Vizekonsuls» verweist, der für immer im Schweigen seines Schreies verharrt, sondern auf die Frau: «Dieser Tod, den ich meine», schreibt er, «ist die Tat der Frau, die die Kraft und selbst die Stärke aller Götter ist, die sie dank der schrecklichsten aller Askesen bis ins

Unendliche entwickelt hat. Diese Frau tötet den Büffel, das Chaos. Sie ist die Büffeltöterin, Durga, Kali. Dieser Mord ist sogar die Voraussetzung dafür, dass ein neues Sagen, ein neuer Entwicklungsablauf auftaucht, worüber Lakshmi, die Göttin der Fruchtbarkeit und Mutter par excellence wacht. ... (Diesem Tod) begegnet notwendigerweise jedes Denken, das sich in Richtung auf das Wirkliche bewegt, wenn es die Rolle des Schliessens und der Verbotes des Namens des Vaters verwischt und aufhebt.»

Eine sehr bemerkenswerte Analyse der Doppelaktion dieser Konjunktion Sonne/Schwarzer Mond: einerseits das «Verbot des Namens des Vaters» und gleichzeitig das Auftauchen der allmächtigen Grossen Universalgöttin wie Durga, Kali, Anat und alle andern.

Im allgemeinen hat Duras ihre Leserschaft vor allem unter den Frauen; ihre Sprache, ihr Schweigen und die verschlungenen Wege ihres Wesens erreichen ihre Leserinnen in der Tiefe ihres Geheimnisses, dem Geheimnis ihrer «Leere/Fülle», um mit Jouve zu sprechen.

Allein schon die Titel der Werke von Marguerite Duras sprechen von Lilith: «Une si longue absence» – Eine so lange Abwesenheit –, «Détruire, dit-elle» – Zerstören, sagt sie –, «La maladie de la mort» – Die Krankheit zum Tode. Oder aber, wir finden Lilith im Gehalt ihres Werkes wieder, wenn Duras immer von der unmöglichen Liebe, dem Durst nach dem Absoluten, der Ablehnung oder der Flucht, dem Leiden und der Furcht spricht. Und natürlich auch von der Kraft, der Macht des Blickes und des Schweigens, dem erstickten Schrei der Verzweiflung ... «Die absolute Liebe gibt dem Leben einen Sinn, oder führt zu Verbrechen und Wahnsinn ...»

Zwischen diesen so ganz verschiedenen Geburtsbildern eines Paul Valéry, eines Pierre Jean Jouve oder einer Marguerite Duras gibt es etwas Gemeinsames, eine Welt, in welcher diese namenlose Schattenspiele sich manifestieren, diese blendende Hellsichtigkeit, diese Revolten und diese Allgegenwart des Todes, und das endlose Register metaphysischer Angst, das es durchläuft.

Wie wir gesehen haben, änderte sich in jedem Horoskop die Beziehung der Dichter zum Schwarzen Mond: in Konjunktion zum Aszendenten bei dem einen, in Sonnen-Opposition bei dem zweiten und in Konjunktion zu dieser beim dritten. Aber stets ist die Macht der Faszination spürbar, die fast immer durch die gleichen Wörter oder die gleichen Bilder zum Ausdruck kommt.

Der Fall Leïla

Sie stand vor meiner Tür, ganz in Schwarz gekleidet, von Kopf bis Fuss. Ein ganz bleiches Gesicht, lange schwarze Haare, ein schwarzes Kleid, ein schwarzes Dreieckstuch über den Schultern ... Ein Blick, der gleichzeitig scharf, listig und verängstigt war. In Erwartung eines Wortes. Die Angst, sichtbar, wie ein Aufschrei – aber während endlos langer Minuten herrschte zwischen uns nur Schweigen.

Ich bitte sie, doch einzutreten, sich zu setzen; lächle ihr zu. Ihr Blick weicht mir aus. Ohne Umschweife muss man also zum Wesentlichen kommen.

Im Grunde braucht man sich nicht zu wundern: Ich habe es hier mit einem Skorpion zu tun, mit Aszendent Jungfrau, der ganz stark saturngeprägt ist auf Grund einer genauen Saturn-Konjunktion zum Aszendenten. Saturn ist der zweite Herrscher des vierten Hauses und bildet mit Venus ein Quadrat. Der Herrscher von Haus Acht steht in Zwölf; es handelt sich um Mars in Plutonähe, dem Herrscher des Skorpion. Im vierten Haus steht der Mond in Opposition zu Uranus.

Mit all diesen Elementen kann man schon etwas anfangen und ein äusseres Erscheinungsbild, eine Haltung und auch Aspekte dieses Schicksals erklären.

Aber es ist auch der *Schwarze Mond in Widder in Haus Acht* – einem Analogsektor zum Sonnenzeichen, dem Skorpion –, in Konjunktion zum Drachenkopf. Eine schwierige Konjunktion! Zahlreich sind ihre Aspekte: Opposition zu Neptun, Merkur und auch zur Sonne, ferner ein Jupiter-Quadrat, Pluto/Mars-Trigon sowie Venus/Mond-Trigon.

Der Symbolgehalt der Grade beunruhigt mich: «Ein Mann allein auf einem Floss inmitten eines entfesselten Ozeans; er ist zerlumpt, mager, ausgehungert, erbärmlich; aber er hat noch Kraft und macht, so gut er kann, Notzeichen.» Soweit das, was den Schwarzen Mond betrifft. Aber es gibt zumindest einen positiven Aspekt: Diese Person ist noch fähig, um Hilfe zu rufen, um Unterstützung zu bitten. Und dies ist wahr, denn nun steht Leïla vor mir, und sie hat es geschafft, einen Termin mit mir zu bekommen, obwohl ich sie lange warten liess. Aber daneben gibt es noch den Drachenkopf: «Ein Mann ist in Gefahr zu ertrinken, aber er kämpft gegen den Strom; ein wenig flussaufwärts sieht man den Steg, der unter seinen Schritten zusammengestürzt ist.»

Auch dieser Grad ist bedrohlich. Kann man etwas, das «flussaufwärts zusammengebrochen» ist, überhaupt noch reparieren?

Die Stellung des Schwarzen Mondes lässt in mir die Frage aufkommen, die natürlich im zwölften Haus durch die Anwesenheit von Mars, Herrscher des achten Hauses, sowie von Pluto, Herrscher des Sonnenzeichens und zum achten Haus gehörig, noch verstärkt wird: Welches sind die Tragödien, welches ist die Trauer in diesem jungen Leben?

Ich stelle diese Frage. Ich sehe, wie der Blick stechender wird; die Stimme ist fast kindlich und wie ausser Atem.

«Oh, ich weiss nicht, ob das damit zusammenhängt. Glauben Sie, dass es einen Zusammenhang geben kann ... mit der Tatsache, dass meine Mutter und mein Vater sich umgebracht haben? Meine Mutter hat sich getötet,

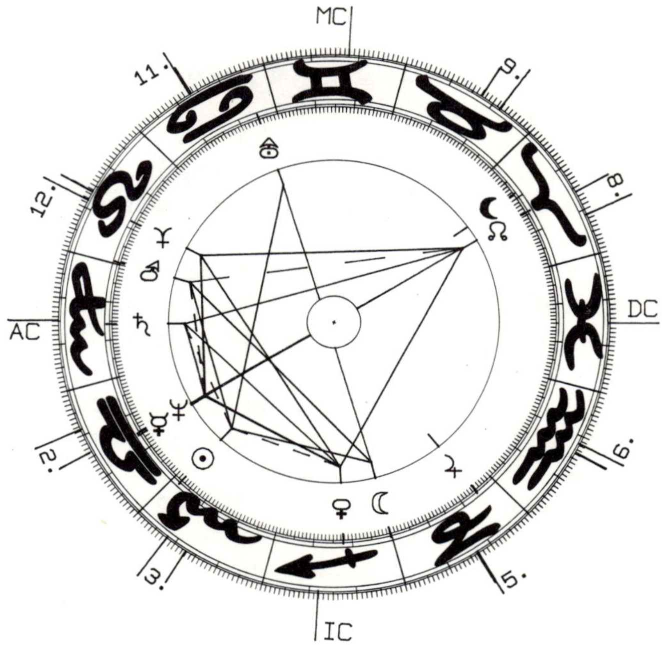

Leïla (SM 21°22' Widder)

AD-Placidus

☉ 2 ♏ 19'29"	♀ 17 ♐ 45'37"	♄ 15 ♍ 52'37"	♅ 18 ♌ 3'22"
☽ 29 ♐ 53'52"	♂ 29 ♌ 27'17"	♇ 4 ⊗ 55'15" R	☊ 15 ♈ 39'23" R
☿ 16 ♎ 9'12"	♃ 24 ♉ 30'54"	♆ 15 ♎ 33'38"	☊T 16 ♈ 35'22" R

nachdem ich ihr etwas gesagt hatte. Und mein Vater, nachdem meine Mutter sich umgebracht hatte. Und dann gibt es noch einen Jungen, der mehrere Jahre mit mir gelebt hat ... Er hat drei Selbstmordversuche unternommen ...

Ich kann sie nicht mehr bremsen. Es ist wie ein Abzess, der aufplatzt und nun all die Spukgestalten und Ungeheuer freilässt, die innewohnen. Aber gleichzeitig hält sie von Zeit zu Zeit inne, als wolle sie nicht zu viel sagen. Ich spüre diese doppelte Bewegung, diese Art von Pulsieren in ihr.

Wir haben es mit der offenbaren Verweigerung eines unüberwindbaren Schuldgefühls zu tun. Sie spielt dies zwar alles herunter, aber ihr Blick drückt deutlich aus, wie unbeschreiblich gross ihre Angst ist.

Ich versuche zunächst einmal, mit ihr dieses Problem der Verweigerung anzupacken. Ich darf weder zu schnell noch zu weit gehen.

Also spreche ich zunächst einmal von Lilith und dann von ihrem eigenen Namen, Leïla, der genau wie Lilith an die Nacht erinnert. Ich erzähle ihr von Lilith und ihren Beziehungen zu Adam, von ihrer Forderung, ihrer Rebellion, ihrem absoluten Verlangen und ihrem Durst, den nichts stillen kann.

Und daraufhin sagt sie mir etwas Aussergewöhnliches, das beweist – falls es eines solchen Beweises überhaupt noch bedarf –, in welchem Masse das menschliche Unterbewusstsein bereits alle Mythen, alle Legenden und alle Symbole in sich enthält und wie sehr es in der Lage ist, von sich aus genau diejenigen hervorzubringen, die es betreffen und auch berühren:

«Im Grunde komme ich zu Ihnen wegen meiner Beziehungen zu den Männern; irgend etwas läuft da nicht so richtig. Verstehen Sie, ich kann ihnen nicht verzeihen, dass *sie mich niemals in meinem Kopf nehmen.*»

Durch diese mehr als unerwartete, seltsame Formulierung frage ich sie, ob sie die Lilith-Darstellung in der jüdischen Ikonographie kenne. – Nein, sie kenne sie nicht. Und ich erkläre ihr also, dass Lilith hier mit ihrer Vagina auf der Stirn dargestellt wird!

Für mich ist es bald klar, dass Leïla in ihrem Verhalten gegenüber den Männern wechselweise die «faszinierende Anima» vom Typ «Blauer Engel» spielt, die ihre Liebhaber verachtet, sie zerstört und sie zu erniedrigender Sklavenarbeit zwingt – oder aber die Vermittler-Anima, die Initiatorin, diejenige, die für den andern den «Übergang» zum Wesentlichen schafft, die Laura eines Petrarca oder die Beatrice eines Dante.

Wir versuchen dann, etwas weiter zu gehen; ich möchte die übrigen Facetten ihres Geburtshoroskops etwas näher betrachten, aber sie ist nun selbst so sehr von Lilith fasziniert, sie will mehr über sie erfahren und erkennt auch ganz klar deren Sprache als ihre eigene an.

Wir sprechen also lange zusammen und ich merke, dass von all dem, was ich ihr sage, vor allem das, was irgendwie mit Lilith in Verbindung steht, sie berührt, sie erschüttert und sie «in Bewegung» versetzt.

Aber das Thema ist schwierig und ich kann sie nur vor den Risiken der Depression warnen, die in dieser Konjunktion Schwarzer Mond/Drachen im achten Haus und in den damit verbundenen symbolischen Graden enthalten sind.

Während einer langen Zeit hörte ich dann nichts mehr von ihr, aber ich konnte sie nicht vergessen. In meiner Erinnerung blieb sie immer «meine kleine Lilith».

Und eines Tages bekam ich einen Anruf. Eine dünne, aufgelöste Stimme. Es war Leïla. Sie gestand mir, dass sie sich gerade von einem Selbstmordversuch erhole. Dass sie aber in guten Händen sei und bald eine Analyse beginne. All dies erfüllte mich mit Freude, auch der Selbstmordversuch, denn ich sagte ihr, dass sie sicherlich eines Tages ihr Schuldgefühl und diese Verweigerung, die lediglich zur Verdrängung und zur Unterdrückung ihrer Angst beigetragen hat, klar ins Auge fassen muss. Und der Akt des Selbstmordes, der Übergang zum entscheidenden Akt, war eine Art und Weise, mit dieser Wirklichkeit fertig zu werden. Aber ich hatte den Eindruck, dass diese Bestrafung, die sie gegen sich selbst geführt hatte, vollkommen ausreichend war, um ihr von nun an das Recht auf Leben zuzugestehen.

Natürlich meinte sie sofort: «Ich denke, das war wieder einmal ein Schlag des Schwarzen Mondes!»

Dies geschah im Jahre 1982, einem Jahr, als in ihrem Geburtstagshoroskop (Solar) auf ihrem Aszendenten, der genau zum Schwarzen Mond des Geburtshoroskopes in Opposition stand, Merkur, Saturn, Venus, Pluto und die Sonne (mit den beiden Herrschern des achten Solarhauses in Haus Eins) standen. Der Schwarze Mond in diesem Geburtstagshoroskops in Haus Vier bildete ein Quadrat mit dem Drachen und dem Geburts-Schwarzer Mond. Und es gab noch viele andere Aspekte ...

Und dann blieb ich erneut eine Zeitlang ohne Nachricht. Drei Jahre, um es genau zu sagen.

Und ich dachte an sie und sagte mir, dass ich sie gerne wiedergesehen hätte, um sie um Erlaubnis zu fragen, ihre Geschichte in diesem Buch erzählen zu dürfen, da rief sie mich an – ich hatte in diesem Sommer nur einen kurzen Sprung nach Paris gemacht –, um mir zu sagen, wie schlecht es ihr ginge und dass sie mich sehen wolle.

Sie war verändert. Das schwarze Kleid war weiss geworden. Aber die Zerbrechlichkeit hatte noch zugenommen. Intelligent und klarsichtig wie sie war, hatte sie sicherlich das Beste aus mehreren Jahren Analyse gemacht. Aber es ging ihr schlecht, daran bestand kein Zweifel. Ich fragte sie, ob die Anfänge ihrer Krise im April lägen, was sie bestätigte; es handelte sich um eine Rückkehr des Schwarzen Mondes auf den Geburtsstand, eines Schwarzen Mondes, der im Augenblick ihres letzten Geburtstages in Opposition zum Jahresaszendenten stand, in Quadratur zum Medium coeli und zu Neptun/Jupiter.

Aber der entscheidende Punkt des Horoskops der Sonnenrevolution (ich muss hier, um genau zu sein, sagen, dass ich nicht die klassische Methode der Sonnenrevolution benutze, sondern eine andere, die von Dom Néroman angewandt wurde und welche die von ihm definierte Evolutionsspirale miteinschliesst) war, dass hier in Haus Zwei Sonne/Pluto, Merkur, Saturn und Mond stehen. Dieses Mal waren ihre Probleme eher materieller Natur (und man erinnere sich daran, dass ihr Schwarzer Mond im achten Haus eine Neptun/Merkur/Sonnen-Opposition im zweiten Geburtshaus hat). Genau in dem Augenblick, wo der Schwarze Mond in Stier wieder in Opposition tritt und sie verstärkt, trifft sie auf ein Problem, das unweigerlich auf eine mehr oder minder bewusste Art und Weise ihr Schuldgefühl erneut entfacht: Darf man das Geld eines Vaters erben, der «durch ihre Schuld» gestorben ist, kann man frei über dieses Geld verfügen? Oder ist es normal, ihre Vollmacht einer schrecklichen Tante zu übertragen, die sie in den Wahnsinn, in den Untergang, in den Tod treiben will, oder aber zumindest verdächtige und beunruhigende Handlungen vornimmt?

Das Bewusstsein der Sühne ist trotz allem vorhanden. Ihr Unterbewusstsein bringt sie zwar nicht mehr dazu, egal was zu tun, aber der Skorpion leistet Widerstand und die selbstzerstörerische Kraft nimmt verschiedene Formen an; Fallen gibt es überall und sie sind nicht leicht zu vermeiden. Irgend etwas in ihr sagt: Ich habe das Recht, dieses Geld zu nehmen, damit zu leben. Aber eine andere Stimme erinnert sie daran, dass ohne «ihre mörderischen Worte» ihre Eltern noch am Leben wären und ein angenehmes Leben hätten.

Natürlich ist da die Versuchung zum Opfer gross. Der Schwarze Mond in Haus Acht kann den Verzicht auf eine Erbschaft bedeuten; in einer Phase, wo der Schwarze Mond durch den Stier in Analogie zum zweiten Haus transitiert und eine Opposition zum zweiten Haus des Geburtstagshoroskops bildet, sind die Opferwege Liliths durchaus in der Lage, aktiv zu werden. Und das Geld wird hier nur zu einem Vorwand zur Sühne.

In ihrem Geburtshoroskop bleiben während einiger Zeit noch gewisse Risiken bestehen. Aber der Schwarze Mond wandert in Haus Neun dieses Geburtsbildes, was sich vielleicht durch ein Exil, ein Weggehen, eine Flucht ... oder eine Askese bemerkbar machen kann. Es gibt nun auch den Widerstand eines Saturns gegenüber dem Aszendenten, den eines Skorpions, der sich zu kämpfen entschliessen kann. Die symbolischen Grade in Verbindung mit den wichtigsten Planeten des Geburtsbildes sprechen von einer Möglichkeit der Initiation und dem Überschreiten des Schattens ... vielleicht für den Preis eines grossen Opfers, nämlich dem des «Geldes des Vaters».

Natürlich verdienten der Fall Leïla und ihr Geburtshoroskop eine sehr lange Analyse. Aber es ging mir hier nur darum, aufzuzeigen, wie ein stark vom Schwarzen Mond geprägtes Wesen für seine eigene Symbolik sensibilisiert werden kann. Andere Astrologen hatten bereits Leïlas Geburtsbild ausgedeutet, aber durch die Entdeckung Liliths fühlte diese Frau sich zum ersten Mal in Kontakt mit ihrer tiefsten, ihrer wesentlichsten Realität.

Zusammenfassung

«Der patriarchalische Monotheismus hat nicht nur das Geschlecht des göttlichen Daseins verändert, sondern auch die weibliche Gottheit aus unserem Universum verbannt.»

(Of woman born. Adrienne Rich)

Seit einigen Jahren kann man beobachten, dass der Archetypus der Grossen Göttin wieder im Bewusstsein auftaucht. Die Frauen sind dabei, Machtstellungen zu erlangen, die verschieden von denen der Männer sind und die sie hartnäckig verteidigen. Und ohne Zweifel hängt das Erreichen einer solchen Macht im wesentlichen zusammen mit einer innerlichen Arbeit auf dem Niveau des Bewusstseins, also mit einer Beschäftigung mit seinem Selbst.

Die Gesetze des Unterbewusstseins und die Entdeckungen, Untersuchungen und Erfahrungen, die damit zusammenhängen, wurden schnell von Künstlern und Dichtern, die für ihre Anima, ihre Muse ganz Ohr sind, umgesetzt. Heute kommt die Vorrangstellung der Frau in solchen Therapien zum Ausdruck, die den Körper in den Mittelpunkt stellen und deren Wesenheit weiblich ist.

Die Männer beginnen allmählich, offener ihre weibliche Seite zu akzeptieren, und dies nicht nur in ihrem Schaffen, sondern auch in ihrem Leben. Ich denke dabei zum Beispiel an ihre neue Art, Vater zu sein, ihre Zärtlichkeit, ihre Zuneigung und ihre Gefühle auszudrücken und zu manifestieren, indem sie den Körper des Kindes berühren und damit tiefgründig die Natur ihrer Beziehung zu diesem ihrem Kind verändern. Einige Psychoanalytiker warnen nachdrücklich vor einem solchen Vaterverhalten, sind sie doch überzeugt, dass damit das Kind seine sexuelle Identität verlieren kann, es nichts mehr von diesem notwendigen Vatergesetz versteht und es auch durch seinen Erzeuger zu sehr erotisiert wird ... Wobei man sich allerdings fragen muss, ob es weniger gefährlich ist, wenn man von seiner Mutter erotisiert ist, und auch, ob das Gesetz des Vaters bis heute zum grössten Wohl von allen funktioniert hat, und schliesslich vor allem, ob es letztlich nicht wünschenswert wäre, dass alle Wesen ihre Doppelnatur ausleben können oder dass sie zumindest in Frieden mit dem Teil von ihnen leben, der meistens verdrängt, verneint oder schlecht gelebt wird. (1) Wenn eine Frau den männlichen Teil in sich akzeptiert, so bedeutet das noch lange nicht, dass wir es mit einer Lesbierin zu tun haben, noch mit einer Phallusfrau, die von einem zähnefletschenden Animus erdrückt wird; gleiches gilt auch für den Mann, der den weiblichen Teil in sich akzeptiert und nicht deswegen unbedingt homosexuell, oder schwach, unauffällig und handlungsunfähig werden muss.

Ich finde, dass man ohne weiteres von Revolution sprechen kann bezüglich des Auftauchens des Schwarzen Mondes auf den verschiedenen Bewusstseinsebenen. Und ganz sicher begann alles mit der sexuellen Pseudo-Revolution; oder, so erscheint es mir fast, vor allem mit der Empfängnisverhütung und dieser Möglichkeit für die Frau, selbst über das Weiterleben der Gattung zu entscheiden und sich um sie zu kümmern, auch wenn diese Beherrschung oder diese Kontrolle nicht immer unmissverständlich und ohne Widersprüche von seiten der Frauen und auch der Männer über die Bühne geht. Aber dies verhindert nicht, dass es sich hierbei um eines der entscheidensten und wichtigsten Ereignisse seit der Entdeckung der Zeugungskraft durch den Mann handelt.

Gloria Ornstein schreibt: «Diese kulturelle Revolution, die ihren Ursprung in der Schöpfungsmacht der Frau hat, die eng mit den Lebensenergien der Erde verbunden ist, ist das Anzeichen für das Auftauchen einer neuen Kultur und für eine Kollektivreaktion von Frauenseite gegenüber dem Tod einer Zivilisation, die von einer ökologischen Katastrophe bedroht wird, was gleichzeitig den Beginn eines Regenerationszyklus bedeutet.»

Utopie? Vielleicht. Aber irgend etwas bewegt sich in der Tat auf seiten der Frauen und ihrer Schöpfungskraft.

Die Entdeckung des Schwarzen Mondes sowie die Untersuchungen über seine Symbolik begannen in der Astrologie etwa gleichzeitig mit der Bewusstwerdung der Macht des Weiblichen. Und wir wissen nur allzu gut, dass die Entdeckungen von Planeten oder anderen astrologischen Elementen stets mit einer Wandlung im Bewusstsein und in der Welt der Wirklichkeit zusammenfallen.

Wenn der Schwarze Mond heute immer noch umstritten ist, und zwar vor allem von seiten der Männer – oder von Frauen, die unter dem Einfluss der Männer stehen –, so geschieht dies nur, weil er auf sehr archaischen Ebenen diese altüberlieferte Angst vor der Göttin des Lebens und des Todes hervorruft; ferner löst der Schwarze Mond irrationale und heftige Reaktionen aus. Die Tatsache, dass dieser Schwarze Mond auf ein so lebhaftes Interesse stösst, zeigt aber auch, dass er im kollektiven Unterbewusstsein auf einen offensichtlichen Widerhall trifft und dass die schöpferischen Geister, Männer wie Frauen, nicht umhin können, dessen Natur wiederzugeben, selbst und vor allem dann, wenn die aus diesen Samen hervorgegangenen Früchte bitter, furchterregend und dunkel sind wie die menschliche Seele selbst, mit ihren verschiedenen Facetten und ihren sehr gut versteckten oder sehr klug verborgenen Seiten.

Der Schwarze Mond denunziert, entlarvt, säubert, bringt ans Licht. Genau wie die eines Psychoanalytikers ist auch diese Rolle keineswegs dazu angetan, zu verführen, zu trösten oder zu ermutigen. Er hebt hervor und wirft ein grelles Licht auf Wahrheiten, die man nicht immer gerne hört. Aber sind wir nicht an einem Punkt des Weltbewusstseins angekommen, wo man den Lügenkomplex verlassen und Schwäche oder falschen Schein fallenlassen muss?

Der Schwarze Mond bringt uns dazu, das Spiel der Wahrheit zu spielen; dies verlangt eine besondere Strenge und eine ausserordentliche Seelenqualität, denn wenn dies nicht der Fall ist, haben wir es nur mit Sadismus und Manipulation zu tun.

Spielt man mit vertikalen Werten, dann verschwindet eben dieses Spiel ganz von selbst. Das einzige Spiel, das der Schwarze Mond toleriert oder das er benutzt, ist das der Verfremdung, des Humors und der Tragik, die auf das Seriöse zu verzichten erlaubt.

Selbst die Psychoanalyse beginnt sich für diesen Aspekt der Göttin zu interessieren, den Freud in «Gross ist die Diana der Epheser» nur kurz gestreift hat: «Die Liebesgöttin, die sich nun an der Stelle der Todesgöttin zeigte, war ihr manchmal identisch ... Die grossen Muttergottheiten der orientalischen Völker scheinen mir alle sowohl einen zeugenden als auch einen zerstörerischen Aspekt zu vereinen; es sind Göttinnen des Lebens und der Zeugung, aber auch Göttinnen des Todes.» (2)

Freud stellte sich, wie später auch Bettelheim, Fragen über diese Fruchtbarkeitsriten, ohne jedoch wirklich zu versuchen, tiefer in dieses Phänomen einzudringen. So schreibt er in «Totem und Tabu»: «Man muss einen Platz für diese grossen Muttergöttinnen finden, die, zeitlich gesehen, wahrscheinlich bereits vor den Vatergottheiten existiert haben.» Und in bezug auf Frazer meint er: «Der Totemismus soll also eine Schöpfung des weiblichen Geistes sein und nicht eine des männlichen.»

Bezüglich des Freudschen Textes über «Diana der Epheser» schreibt der Psychoanalytiker Jacques Sédat: «Es handelt sich hier um einen der seltenen Texte, wo er (Freud) die menschliche Forderung eines *unwandelbaren* Wesens erhebt, dieses grosse ‹prähistorische, unvergessliche andere, das nichts später mehr erreichen kann›, wovon er in seinem 52. Brief spricht (3). Dieses grosse andere, das auf Kastration und jede Art von Spaltung verzichten kann, nimmt im wirklichen Leben und in der Vorstellungswelt des Individuums nach und nach die Rolle der phallischen Mutter, des idealisierten Vaters, der Kommandeur-Statue oder sogar die des Meisters an; ein unmöglicher und tödlicher Versuch, der aber trotzdem unternommen wird als absolute Gewähr für die Existenz der Person oder als Gewissheit.»

Kann das Aufkommen des Bewusstseins beim Menschen nicht etwa anders erlebt werden als nur mittels dieses Hinabsteigens in die Hölle? Kann er nicht aus einer Initiation, die ihn tötet, zu einer neuen Geburt aufsteigen? Genau das glauben wir mit einem gewissen Optimismus, auch wenn die Frau gegen diese rückläufige Nostalgie des Mannes kämpfen muss, die ihn immer wieder in den mütterlichen Schoss zurückkehren lässt, den er gleichzeitig als verlorenes Paradies und als Phantasievorstellung von Abgrund, von Schlund, von Menschenfresserin, von weltumfassender Tiamat oder einer zähnebewehrten Vagina erlebt!

Der Jungsche Psychoanalytiker Pierre Solié gibt von der Macht der Muttergöttin ein weniger schreckenerregendes Bild, wenn er in «La Femme Essentielle» (4) schreibt: «Gemäss der psychoanalytischen Lehre von Freud und den Neu-Freudianern gibt es ausserhalb des Vaters kein Heil. Wer auch immer sich nicht unter das kaudinische Joch des symbolischen, monotheistisch-patriarchalischen, phallo-androkratischen Trichters beugt, ist unvermeidlich zur Psychose, zur Perversion oder sogar zum gesellschaftlichen Aussenseitertum verdammt. Aber sowohl unser persönlicher Fall als auch unsere tägliche psychologische Arbeit beweisen uns, der Göttin sei gedankt!, das Gegenteil – und dies vornehmlich seit Mai 1968. Was uns auf die Idee gebracht hat, in der Geschichte der Anthropologie nach andern Symbolsystemen zu suchen, die in der Lage sind, eine menschliche Psychogenese (oder psychologische Entfaltung) zu erklären, die nicht auf der sakrosankten Ödipus-Entwicklung aufbaut, die der Vater der Psychoanalyse entdeckt hat und nun unaufhörlich von den Nacheiferern wiederholt wird.»

In der Definition von Pierre Solié geht es also um diese Nicht-Ödipus-Beziehung, um den Anima-Sohn, diesen Mann, der fähig ist, in sich die Stimme der Stille, des Unsichtbaren, des Schattens zu vernehmen und die initiatische Prüfung zu wählen, die ihm ermöglicht – um mit Jean Carteret zu sprechen –,«den Tod in einem Zustand des Begehrens zu ehelichen».

* * *

Diese Vorstellung des Schwarzen Mondes erhebt keineswegs den Anspruch auf Vollständigkeit. Sie möchte nur etwas Licht auf die Werte werfen, die in der Astrologie zu oft ausser Acht gelassen werden und die der Interpretation eines Geburtsbildes eine andere Dimension geben können.

Diejenigen, die den Schwarzen Mond ablehnen, müssen den ersten Schritt tun: Ich rate ihnen, ihn ganz systematisch in die Geburtshoroskope miteinzubeziehen und sich dabei zu zwingen, seine Aktion und seinen Sinn zu verstehen – und dass sie ihn erst dann ablehnen, wenn sie ganz ehrlich feststellen müssen, dass diese Arbeit sie keinen Zoll weiter gebracht hat.

Aber auch diejenigen, die schon seine überzeugten Anhänger sind, sollten danach streben, auf der Basis ihrer eigenen Erfahrungen weiterzugehen und neue Wege zu beschreiten.

Ich meinerseits habe ganz gewiss wichtige Dinge vergessen, Illustrationen und Beispiele ausgeklammert, die einiges hätten besser veranschaulichen können, Aspekte weggelassen, weil ich mich einfach nicht mehr an sie erinnerte. Möge der Leser mir verzeihen! Aber diese Lücken geben ihm vielleicht Lust, selbst die Erkundung der Schwarzen Himmelskörper fortzusetzen. Und er wird sich schnell bewusst werden, dass das zu bearbeitende Material von einem unglaublichen Reichtum ist, und dass er, tritt er einmal in den Kreis mit Lilith, mit Ardat-Lilith, der Wüstenkreatur, mit Lil, dem Luftwesen, mit Britomartis, mit Anat, mit Enlil, Ruine und Verzweiflung, mit dem reinen Einhorn und mit all diesen jungfräulichen Göttinnen (nicht im Sinne von «unberührt», sondern vielmehr im Sinne von ledig), mit Minerva, Diana, Selene, Ceres, Isis, Astarte, Hekate, Hera, Kybele, Innana, Nanaïa, Anahita oder Dyktyanna, Kali oder Durga, Uma oder Parvati, Ninhursaga oder Ninni, und mit all denjenigen, die ich hier nicht aufzähle, die aus Japan, von den Mayas oder anderswo, mit den Amazonen und den Sirenen, den Parzen und der Lorelei, dass er mit ihnen von einer Entdekkung zur anderen und zu leuchtenden Illuminationen kommen wird.

Ich auf jeden Fall wünsche ihm eine gute Reise ins Land der Feen, Zauberinnen, Pythien, Königinnen der Nacht und Bacchantinnen!

Joëlle de Gravelaine
Vaillac, im August 1985

Vier Jahre danach...

Einige Zeit ist verstrichen, und ich empfinde, anlässlich der deutschen Übersetzung von «Lilith», das Bedürfnis, meiner ersten Zusammenfassung ein paar Zeilen hinzuzufügen. Mir ist bewusst geworden, dass ich eine wichtige, wesentliche Rolle von Lilith im Geburtsbild nicht ausreichend hervorgehoben habe.

Natürlich hatte ich auf die grundlegende Infragestellung hingewiesen, wie sie ein Transit oder eine besondere Aspektierung, im Sonnen-Umlauf zum Beispiel, hervorrufen kann. Aber ich habe folgendes vergessen: *Der Schwarze Mond ist mehr als jeder andere Planetenwert* ein Mittel zum *Loslassen*. Mit dem Schwarzen Mond haben wir nicht nur die Möglichkeit zur Bewusstseinserhellung, zur Katharsis, sondern auch zu dem, was man im Zen-Buddhismus das Loslassen nennt. Ich verstehe diesen Begriff nicht etwa als einen passiven Verzicht gegenüber einem Ereignis, als einen Donnerschlag in einer Existenz, sondern als ein aktives Aufgeben: Es geht hier darum, die Welt in sich eindringen zu lassen, ohne Voluntarismus und ohne Kampf gegen sich selbst, aber mit einer Anstrengung auf Öffnung und mit innerer Bereitschaft, wobei das Ich in den Hintergrund tritt, um Platz zu machen für das Selbst, dieses Selbst, wovon Jung spricht, und das eine Beseitigung des Ichs zugunsten einer «erweiterten» Dimension des Wesens, wo dieses nun ohne Leiden sein kann, bedeutet. Es geht hier darum, dass man sich durchströmen lässt und sich voller Vertrauen verlässt auf das, was die einen als Gott, die andern als kosmische Gesetze und wieder andere als etwas ganz anderes bezeichnen, was aber in jedem Fall nichts anderes ausdrückt als unser Bedürfnis nach Transzendenz. Der Schwarze Mond ist wie ein schwarzes Loch, denn er schafft das Leere in uns, und zwar da, wo es notwendig ist; und dieses Leere strebt nur danach, sich mit einer anderen Wesenheit zu füllen, mit etwas Namenlosem, das uns in unserer tiefsten Tiefe verändert.

Natürlich ist der Preis, den man dafür zu zahlen hat, oft sehr hoch. Der Schwarze Mond schenkt selten etwas. Aber je mehr man bezahlen muss, desto grösser ist auch die Gelegenheit zum Loslassen. Lilith kann uns mit dem Leiden, dem Opfer oder dem Tod konfrontieren. Aber wir dürfen niemals übersehen, dass, wenn wir dieses Loslassen erreichen, die Belohnung nicht lange auf sich warten lässt: wir kommen «erleichtert» aus dieser Prüfung, sind befreit von gewissen psychologischen Schlacken, sind, so möchte ich fast sagen, in einem Zustand der «Schwerelosigkeit». Und genau das ist es in der Tat, denn wenn wir unser Festhalten aufgeben, dann fliegen wir wie ein roter Ballon davon, indem wir uns bereitwillig den Strömungen anpassen, auf- und absteigen, und so unsere Freiheit voll geniessen.

Einige Astrologen, die auch mit dem Schwarzen Mond arbeiten, möchten mit diesem astrologischen Element «den Mangel» verbinden, den ich meinerseits eher mit Saturn verbinde. Aber es gibt Affinitäten zwischen Saturn, Pluto und dem Schwarzen Mond. Affinität bedeutet jedoch nicht Identität.

Wenn Saturn von Schuldgefühl, von Frustration, von Mangel spricht – und zwar unter seinem dunklen Aspekt, was ihm aber nichts von seinen wahren, strukturierenden Werten wegnimmt –, und wenn Pluto von Sühne spricht, was ihm nichts von seinen langsamen Mutations- und Verwandlungswerten nimmt, so deutet der Schwarze Mond seinerseits auf eine grelle Art und Weise auf die *Ausführung* des Urteils hin, auf das Niedersausen des Messers der Guillotine, des Skalpells, auf die sofortige Verwandlung (im Stile von «Insight» in der Psychoanalyse). Stets trägt er einen radikalen Aspekt in sich und hängt deswegen auch sicherlich mit der Satori-Erfahrung zusammen.

Von Opfern – um Heiliges zu tun – und Loslassen – um Platz zu machen für die innere Erleuchtung – ist beim Schwarzen Mond im wesentlichen die Rede. Oft ist er verlängerter Arm des Schicksals, Darstellung des Fatum, demgegenüber das Individuum seine Freiheit erlernen muss, das heisst, so zu werden, wie es ist, und sich vollauf zu bewohnen, indem es aus jeder Prüfung und aus jedem Leiden seinen Nutzen zieht.

Mancher wird mir sagen: «Dies ist doch so bei dem ganzen Geburtsbild, und das Spiel der Astrologie besteht doch eben darin, zu lernen, unsere Partie möglichst gut über die Runden zu bringen, je nachdem, wie die ‹Karten gefallen› sind, die uns bei unserer Geburt zugeteilt worden sind. Fügt der Schwarze Mond wirklich noch etwas Neues dem Geburtshoroskop hinzu?»

Ganz ehrlich, ich habe die feste Überzeugung – und diese wird von meinen Schülern und meinen Kollegen, die bereit waren, den Schwarzen Mond in ihre Arbeit zu integrieren, geteilt –, dass dieser Schwarze Mond eine metaphysische Dimension hinzufügt, auch wenn er sich manchmal durch sehr konkrete Ereignisse manifestiert oder eng verbunden ist mit den Elementen auf unserem Weg, die zutiefst «schicksalhaft» sind. Lässt man ihn ausser acht, dann verzichtet man auf ein subtiles Hilfsmittel, das für jeden Astrologen unersetzlich ist, der über eine banale Interpretation eines

Geburtsbildes hinausgehen möchte. Und er kann ihn nicht ablehnen, ohne den Schwarzen Mond mindestens einmal genau betrachtet zu haben. Selbst auf das Risiko hin, dabei ein paar Federn zu lassen!

Joëlle de Gravelaine
Oktober 1989

Das Inventar des Schwarzen Mondes

Im Reich der Tiere
Bär, Wolf, Katze, Spinne, Schlange, Löwe, Vogel, Schwan, Raubtier, Eule, Drachen, Hirsch, Wildschwein, Biene, schwarzer Hund, Sau, Pferd

Im Reich der Pflanzen und der Minerale
Grotte, Höhle, Labyrinth, Gang, Korridor, Felsen, Felsgestein, Ruine, Marmor, Diamant, schwarzer Stein, Eis, Lilie, Kiefer, Baum, Mohn, Granatapfel, Gift

Im Bereich der Dinge
Pfahl, Schlüssel, Spiegel, Messer, Schere, Dolch, Degen, Schwert, Sense, Lanze, Nadel, Stachel, Spindel, Stange, Pfeil, Guillotine, Fallbeil, Sichel, Zepter, Turm, Krone, Helm, Panzer, Schutz, Schild, Segel, Barke, Grab, Zaun, Peitsche, Glied, Thron, Maske, Schweisstuch, Gral

Farben
Schwarz, weiss, rostrot

Gestalten aus der Mythologie
Sagenhafte Schlange, Maul, Gorgone, Skylla, Gespenst, Werwolf, Zyklope, Chimäre, Wasserspeier, Vampir, Sirene, Sphinx, Einhorn, Fee, Amazone, Menschenfresserin und Menschenfresser, Engel, Erzengel, Faust, Don Juan, Königin von Saba, Salome, Herodias, Semiramis, Othello, Narziss, Zwitter, Hermaphrodit, Satan, Luzifer, Samael, Hexe, Naiade, Merminne

Typisch weibliche Gestalten
Hexe, Priesterin, Hetäre, heilige Prostituierte, Witwe, Vamp, Femme fatale, alte Frau, Muse

Lebensmomente
Nacht, die Stunden

Typisch männliche Gestalten
Barbare, Mohr, Türke, Zigeuner, Hexer, Alchimist, Priester, Wahrsager, Aristokrat, Führer, Meister

Körperliches
Auge, böser Blick, Träne, Narbe, Schnittwunde, Blindheit, Haare, Zahn, Blick, Blut, Wunde, Zirkumzision, Skarifikation, Verstümmelung, Erblindung (schielen, einäugig)

Orte
Krypta, Brunnen, unterirdisches Gewölbe, Quelle, Springbrunnen, Weiher, Wüste, Leere, Gebirge, Höhe, Gipfel, Bergspitze, Wasser, Dunkelheit, Fluss, Schlund (siehe auch Pflanzen und Minerale)

Göttinnen
Tiamat, Kybele, Anat, Britomartis, Isis, Nut, Aphrodite, Ceres, Artemis-Diana, Ischtar, Selene, Astarte, Atargatis, Sara, Freya, Hekate, Anaïtis, Nirrti, Persephone, die Parzen, die Furien, die Mamien, Kali (die Schwarze, das Unheil, die Befleckte)

Hauptthemen
Transgression, Rebellion, Umsturz, Protest, Freiheit, Strenge, Ablehnung, Verneinung, Abstandnahme, Schweigen, Einsamkeit, Geheimnis, Unsichtbarkeit, Überschreitung, Opfer, Initiation, Meditation, Erlösung, Transzendenz, Sublimierung, Absolutes, Durst, Forderung, Vertikalität, Höhe, Stolz, Verschlossenheit, Hermetismus, Trennung, Abstraktion, Reduzierung, Folter, Rätsel, Frage, Erlösung, auslösendes Element bei der Verurteilung, Begehren, Faszination, Verführung, Blick, Schwindel, Doppelbild, Schatten, Anima, Animus, Seele, Wildheit, Kastration, Vorsicht, Massaker, Blutbad, Selbstmord, Tod, Nacht, Licht, einzig, einmalig, Reinheit, Integrität, Klarsichtigkeit, Nichtzurückführbarkeit, Denunziation, Überbewusstsein, Widerstand gegenüber dem Unbewussten, Stärke

Ein Test-Spiel

Hat der Schwarze Mond einen starken Einfluss auf Sie?

Sind Sie eine echte Lilith?

Finden Sie die Antwort auf diese Fragen, indem Sie aus den vorausgehenden zwölf Wortgruppen, dem Inventar des Schwarzen Mondes, jeweils die Begriffe auswählen, die Ihnen angenehm sind, die Sie gerne benutzen oder von denen Sie wissen, dass sie zu Ihrer Innenwelt gehören.

Resultate

Sie haben

- bis zu 15 Begriffe ausgewählt: Sie sind keineswegs vom «Schwarzen Mond» geprägt
- von 15 bis 40: Sie sind es ein wenig
- von 40 bis 70: Sie sind es ziemlich fest
- von 70 bis 100: Sie sind es leidenschaftlich stark
- von 100 bis 150: Sie sind es bis zum Wahnsinn
- mehr als 150 Begriffe: Wie konnten Sie ihm so lange widerstehen?

Anmerkungen und Quellen

Einige astronomische Angaben

(1) L. Millat macht die Dinge noch wesentlich komplizierter, indem er schreibt: «Gehen wir von der Erde in Richtung Apogäum, so können wir annehmen, dass wir zunächst auf der grossen Achse des Mondorbits das Ellipsenzentrum finden (die Entfernung zum Erdzentrum beträgt etwa 20 000 km) und dann, bei einer Entfernung von etwa 40 000 km, einen zweiten Brennpunkt, den wir Schwarzer Mond nennen; sodann das Apogäum, das man in den offiziellen Astronomietabellen findet und mit dem man, wollte man hier eine Unterscheidung treffen, eher den Namen Lilith verknüpfen kann.» (Zusatzband zum Almanach Chacornac 1970).
(2) R. Dautremont, Almanach Chacornac 1950. Ed. Traditionnelles.
(3) K. Hitschler, Le secret des 360 degrés symboliques. Dervy-Livres.

Schwarze Werte

(1) Zitiert nach Gilbert Durand, Les Structures anthropologiques de l'imaginaire. Bordas.
(2) Die Schwarzkunst entsprach der Trennungs- und Auflösungsphase der Materie. Für die Alchemisten war dies der schwierigste Teil des Opus alchemicum. «Er symbolisierte die Prüfungen des Geistes, *der sich von seinen Vorurteilen befreien will*». Dieses Abstandnehmen gegenüber den Vorurteilen entspricht einem der Einflusselemente des Schwarzen Mondes.

Lilith ... eine Geschichte so alt wie die Welt

(1) Jean-Pierre Bayard, Les Vierges Noires.
(2) Die Göttin Anat wird als «Göttin der Liebe und des Blutvergiessens» bezeichnet.
(3) Gemäss dem Priesterkodex und nicht nach der Jahweschen Erzählung.
(4) Es gibt mehrere «Dämoninnen»: Ardath-Lilith oder Lamashtu ist die gefährlichste davon. Ferner Pizna, mit der Adam sich paarte, oder Tabia, die die Araber Karina nennen. Und wenn Lilith, so schreibt Ba-Midbar-Rabbah, keine Neugeborenen zum Verschlingen findet, dann frisst sie ihre eigenen Kinder.
(5) Robert Briffault, The Mothers. Gekürzte Ausgabe.
(6) R. Briffault, op. cit.
(7) Paul Garelli und M. Leibovici vermerken unter anderem in «La naissance du monde» (Le Seuil): «Die ‹Schöpfer› sind Marduk und Ea, die in gewissen Traditionen durch die weiblichen Gottheiten Arourou, Mami, Nintoud oder Nin-Khoursag ersetzt werden, die ihrerseits alle Hypostasen der Magna Mater sind: Bélet ilê, die Herrin der Götter.»
(8) James Mellaart, Catal-Hüyük. Tallandier.
(9) Diese taurische Zivilisation, die zeitlich vor der des Widders liegt und damit auch früher als die der Propheten der Bibel und des Gottes der Heerscharen, Jahwe Sabaoth, entspricht dem astrologischen Übergang von einer Ära zu einer andern, und dies im Zusammenhang mit der Verschiebung des Frühlingspunktes und der Präzession der Tagundnachtgleiche.

(10) Philipp Slater, The Glory of Hera.
(11) Jean Markale, La femme celte. Payot.
(12) Der Dämon hält sich in der Wüste auf, einem Ort der Strenge und der Einweihung, von wo aus er Jesus in Versuchung führt.
(13) Eine kosmogonische Legende aus Tibet erinnert uns eigenartigerweise an die hebräische Erzählung, in der Lilith als «Dämon» beschrieben wird und auch als diejenige, die sich mit Adam vereint. Es handelt sich hier um die Geschichte des Affen und der Felsendämonin. Diese verliebt sich in den Affen, aber während sieben Tagen versucht sie vergeblich, ihn zu verführen; sie «brennt vor Lust» nach ihm und sie «nimmt die Haartracht und das Aussehen eines Affenweibchens» an, um ihn mit «lasziven Gesten» zu verwirren. Zutiefst beunruhigt fragt der Affe schliesslich den Herrn der Dinge um Rat. Dieser rät ihm, sich mit ihr zu vereinen und einen Stamm zu gründen. Dies tut er auch, und seine sechs Söhne werden nach und nach zu Männern, sie sind gut oder böse, fromm oder gewalttätig, grob oder heilig, und sie bekehren sich nach und nach zum Buddhismus.

Für den Fall, dass der Affe sie abweise, und um ihn zum Nachgeben zu zwingen, droht die Dämonin, sich mit Dämonen zu paaren; so werde «eine Vielzahl kleiner Dämonen» geboren, die jeden Tag «tausend mal tausend Wesen verschlingen und zehntausend mal zehntausend Wesen töten», womit sie sich selbst dazu verurteilen würde, am Tag ihres Todes «in die Hölle der Wesen zu stürzen» . . . (Nach einer Legende aus dem Mani bka'-'bum.) Ariane Mac Donald, C.N.R.S. in «La naissance du monde», Le Seuil.
(14) Blutbad oder Hekatombe: das Opfer von hundert Stieren. Daher auch die Beziehung zwischen Hekate und der Vorstellung des Opferns.
(15) «Man hat den Eindruck, als durchdringe, als durchbohre uns ein heftiger Schmerz. Nach und nach lernt man diesen Stachel erkennen und allmählich seiner Spur folgen: Es handelt sich um den reinsten, den spitzesten Stachel des *Hasses*.» (Michèle Montrelay, L'Ombre et le Nom, Editions de Minuit).
(16) Die Autorin spielt hier bewusst mit den Wörtern «chauffer = erhitzen» und «en chaleur = heiss, brünstig, läufig sein».
(17) Die französischen Ausdrücke für Rippe = côte und für Seite = côté sind fast identisch.
(18) Alle Autoren, Maler, Regisseure, die in ihrem Geburtsbild vom Schwarzen Mond gezeichnet sind, prangern diese bürgerlichen Tugenden an.
(19) John Erskine, Adam and Eve.
(20) All diese Tiere stehen in Verbindung mit der Grossen Göttin.

Liliths Sprache

(1) Pierre Jean Jouve, Noces, sowie Sueur de sang. Gedichte NRF Gallimard 1966 und Mercure de France 1964.
(2) Jean Levaillant in: La Jeune Parque, NRF Gallimard.
(3) Im IV. Jahrhundert bringt der heilige Basilius das Einhorn mit dem Dämon in Verbindung: «Mensch, sei wachsam, misstraue dem Einhorn, das heisst dem Dämon», zitiert nach H. Gougaud.
(4) Im Französischen ist das Einhorn weiblich = la licorne.
(5) Bertrand d'Astorg, Le mythe de la Dame à la Licorne. Le Seuil 1963.
(6) Edith Vallée, Eve/Lilith. «Un mythe à l'envers, un mythe à l'endroit.»
(7) Dies ist der Titel eines Textes von Frédérique Gruyer in: Le Nouveau Désordre amoureux, Brückner et Finkelkraut. Le Seuil.
(8) G. Groddeck, Le livre du Ca. Gallimard.
(9) Bruno Bettelheim, Les blessures symboliques. Gallimard.
(10) G. Bataille, Œuvres complètes, Band I.
(11) Zitiert nach der Übertragung von Paul Celan, Die junge Parze, Suhrkamp 1982, BS 757.
(12) G. Bachelard in: La poétique de la rêverie.
(13) R. Salamanca, Lilith. Stock.
(14) «Bei ihrem Auftauchen hat die Zauberin weder Vater noch Mutter noch Sohn noch Gatte noch Familie. Sie ist ein Ungeheuer, ein Meteorit, der von irgendwo herkommt. Beim lieben Gott, wer könnte es wagen, sich ihr zu nähern? Wo ist sie denn? An den unmöglichsten Stellen, im Wald voller Brombeergestrüpp, auf der Heide voller Disteln und Dornen, die keinen Durchlass erlauben. Des Nachts unter irgendeinem alten Dolmen. Und wenn man sie dort findet, ist sie von einem Feuerkreis umgeben, der für alle ein Grauen ist.

Wer könnte dies noch glauben? Immer handelt es sich hier noch um eine Frau! Selbst dieses schreckliche Leben gibt ihr als Frau Triebkraft, gibt ihrer Weiblichkeit elektrische Spannung. Zwei besondere

Fähigkeiten zeichnen sie aus: *die Erleuchtung der hellsichtigen geistigen Umnachtung*, die, je nach Intensität, ihr die Fähigkeit vermittelt zum Dichten, zum Hellsehen, zum bohrenden Vordringen, zum naiven und listigen Sprachgebrauch und vor allem, an all ihre Lügen zu glauben. Diese Gabe fehlt ganz und gar dem männlichen Zauberer, mit dem fast nichts anzufangen ist.

Eine weitere Gabe hängt eng mit dieser ersten zusammen, nämlich die der erhebenden Macht der Jungfernzeugung, der Parthenogenese, deren Vorhandensein unsere Physiologen jetzt bei den Weibchen vieler Tierrassen in Zusammenhang mit deren Körperfruchtbarkeit anerkennen, und die im Bereich der geistigen Konzeptionen nicht weniger sicher ist.» (aus Michelet, Einführung in: La Sorcière).

(15) Nach Angaben von Frau Iablokoff soll es sogar «Zyklopengorgonen mit drei Augen» gegeben haben. Aber ist «der Tropfen zwischen den Augen dieser Gorgonen» nicht vergleichbar mit eben diesem Dritten Auge, von dem wir gerade gesprochen haben?

(16) Anführungszeichen vom Übersetzer.

(17) Bertrand d'Astorg, op. cit.

(18) Jean Carteret meinte, dass der Schwarze Mond immer mit dem Ausschluss eines Dritten verbunden ist.

(19) Lilith hat keine Angst vor der Nacktheit; sie taucht immer in den Märchen auf, wo der andere durch den Anblick der mysteriösen Frau das Ende ihrer Liebe herbeiführen kann, wie beispielsweise im Fall von Psyche und Eros. Erblickt man die Nacktheit dessen oder derer, der/die gewisse Kräfte besitzt oder zu einer anderen Welt gehört, dann kann dies den «Voyeur» töten, oder den, «der erblickt wurde», in sein fremdes Universum zurückschicken.

(20) Erzulie: Der Mann verlangt von ihr, etwas von ihm zu fordern, das er ihr nicht geben kann.

(21) Ganz deutlich wird dies in den Filmen von Ingmar Bergman (Konjunktion Mond/Schwarzer Mond in Waage).

(22) Die «mit der Axt» oder «mit Haaren».

(23) James Hillman, Anima et Animus. Sammlung L'esprit jungien. Seghers 1981.

(24) In «L'Ombre et le Nom» gibt M. Montrelay (op. cit.) folgende Definition des Schattens: «Es handelt sich um jenen Teil in uns, der dorthin tendiert, wo die Lust verankert ist, der Schatten, der niemals nach aussen getragen wird, der in seiner Unmenschlichkeit wie ein Tier irgendwo zusammengekauert liegt. Ohne ihn ist das Unterbewusstsein nicht denkbar.»

Für Pierre Péju ist «der Schatten (wie der Widerschein) eine Entsprechung der Seele (...), eine Öffnung in den Dingen, durch die mein Hiersein in die Welt entweicht oder mir entweicht.» in: La Petite Fille dans la forêt des contes. op. cit.

(25) Dieses gleiche Thema wurde auf wunderbare Art und Weise von Dichtern, Musikern und Autoren abgehandelt, bei denen der Schwarze Mond eine wichtige Stellung im Geburtsbild einnimmt. Diese reichen von P. Valéry über Richard Strauss, Flaubert, Massenet und viele andere bis zu Oscar Wilde.

(26) «Liebesraubtier, ich hungere nach Geiern, Männern, Herzen und Löwen!»

(27) Rikvah Schärf Kluger, Psyche and Bible. Spring publications 1974.

(28) Die Gorgone und die Medusa besitzen *Schlangen, die über ihren Häuptern zischen.* Die Gorgone verfügt über die Fähigkeit, durch einfaches Herausstrecken ihrer Zunge zu töten, was einem Zurschaustellen ihres inneren Phallus entspricht, den man nicht «sehen» darf. Und seitdem wird es als nicht «gut angesehen», jemandem die Zunge rauszustrecken ...

(29) Robert Briffault, op. cit.

(30) Bachofen, Myth, Religion and Mother Right. Routledge and Kegan Paul, London 1967.

(31) M. Montrelay in: Cahiers Confrontation Nr. 13, Frühjahr 1985 «Méfiez-vous de la musique» – Nehmen Sie sich vor der Musik in acht!

(32) Durand, op. cit.

(33) Minkowski, Schizophrénie, Seite 203. Diese Beschreibung erinnert auch an C. G. Jung und seine Definition des Animus.

(34) Bertrand d'Astorg (op. cit.) meint bezüglich des Einhorns: «Ich finde, dass es im Tierreich diese höhere Gattung von Zwitter darstellt.»

(35) wörtlich: Kopf-Mutter.

(36) Das französische Wort «sacrifier = opfern» hat seine etymologische Wurzel in dem lateinischen «sacrum facere = einen heiligen Akt tun».

(37) Téleutai bedeutet: sterben lassen (Cf. Dictionnaire des symboles. Seghers.)

(38) «Die Narbe ist das Zeichen auf dem Körper von der Breite eines Schnittes, die Spur eines deutlichen Auseinanderklaffens.» (Cf. Serge Leclaire, Psychanalyser. Le Seuil) Interessant auch, was dieser Autor im gleichen Werk über «den Durst» schreibt, wenngleich Leclaire hier übersehen hat, eine Verbindung zwischen Lili, Liliane, Lilith und Licorne (= Einhorn) herzustellen ...

(39) Bettelheim, op. cit.
(40) Diable (= Teufel) bedeutet «derjenige, der sich quer stellt».
(41) Siehe hierzu ebenfalls René Girard, La violence et le Sacré, sowie Des choses cachées depuis la fondation du monde. Calmann-Lévy.
(42) Carlo Suarès, Le Mythe judéo-chrétien.
(43) Wer sich für eine «sachkundige» Lektüre der Genesis interessiert, dem sei das Buch *La Kabale des Kabales* von Carlo Suarès, Adyar 1962, empfohlen: Icha (1-300-5) wird dort deutlich von Eva (Hheva: 6-8-5) unterschieden, in die sich Icha dann verwandelt. Suarès sagt von Icha (dem Ursymbol der Weiblichkeit), sie sei « *gleichzeitig* die Transparenz des Weiblichen wie auch das (nicht greifbare) Leben der *männlichen Transzendenz, Ich*, das Feuer». Und im Vers 22 des 2. Kapitels der Genesis heisst es dann in einer genaueren Übersetzung als derjenigen, die zuvor zitiert wurde: «Aus dem beweglichen Dunkel (der ‹Seite› des schlafenden Adam) hat man den nicht fassbaren Körper der Gattin des Feuers gebildet, damit so *Icha* aus Ich geboren werde, während *Adam* in die grundlose Tiefe getaucht ist.»
(44) Paul Valéry.
(45) Gilbert Durand, op. cit.
(46) Von Soter = Retter, Erlöser, Heiland (grch.).
(47) J. J. Walter deutet in seinem Buch «Psychanalyses des Rites» darauf hin, dass die Mythen der Grossen Göttin als eine Beschreibung der psychischen Struktur in Verbindung mit dem Todestrieb anzusehen sind; aber er räumt ein, dass die Riten der Grossen Göttin die der Weisheit und des Wissens sind.
(48) Cf. Pierre Solié, La femme essentielle. Seghers 1980.
(49) Isis setzt die zerstückelte Leiche des Osiris wieder zusammen, wenn auch ohne Penis, um damit zu zeigen, dass auch er die Läuterung des Fleisches ertragen muss, wie es in allen Religionen gelehrt wird.
(50) In seinem Buch «La Métaphysique du Sexe,», Payot, erwähnt J. Evola das tantrische Geheimritual, das mit der linken Hand der Frau in Beziehung steht: «La Voie de la Main Gauche» – Der Weg der linken Hand.
(51) Nicht zu vergessen die Bemerkungen J. J. Bachofens über das Matriarchat und die Aufwertung des nächtlichen Regimes, der Macht der Linken («Die linke Hand von Isis») und der chthonischen Welt. (Siehe dazu auch das wunderbare Buch von Ursula Le Guin: «La main gauche de la nuit», Laffont.) Der chthonische Schwarze Mond setzt sich gegenüber der «lunaren Himmelserde» durch. J. J. Bachofen unterstreicht ebenfalls das Vorherrschen des Mondes gegenüber der Sonne in den Kultriten, oder auch das der Trauer gegenüber der Freude. (Greater honour of the left side.)
(52) W. Lederer, Gynophobia ou la peur des femmes. Payot.
(53) Dies erklärt sich nach J. J. Bachofen durch die Tatsache, dass diese Göttin erst ziemlich spät auftaucht und eine Art Übergangsrolle spielt zwischen der Grossen Göttin Kybele-Aphrodite mit ihrer wilden und grausamen Freiheit und dem Erscheinen des Gott-Vaters Zeus.
(54) Gewisse Autoren führen das Wort *initier = einweihen, initiieren* auf eine griechische Wurzel zurück, die «durch den Tod gehen lassen» bedeutet; für andere wiederum bedeutet das Wort «die Augen oder den Mund schliessen» . . .
(55) Dr. Kaplan, Symbiose et séparation. Laffont.
(56) Edgar Herzog, Psyche and Death, Putnam's Sons 1966.

Der Schwarze Mond in den Häusern

(1) Siehe Pierre Solié, La femme essentielle, Seghers 1980, und seine Untersuchung über den Anima-Sohn und den Animus-Sohn.
(2) Jacques Lacan hat den Schwarzen Mond Ende Haus zwei in Opposition Sonne/Merkur, Trigon zu Neptun, Sextil zu Mars: Seine Beziehungen zum Geld sind schon legendär, aber er gehört zu jenen Analytikern, die psychologisch geschickt mit dem Geld während der Behandlung zu «spielen» wussten (siehe Seite 133).

Sophia Loren mit ihrem Schwarzen Mond im zweiten Haus in Konjunktion mit Mars und der Drachenachse hatte mit dem italienischen Fiskus einige Schwierigkeiten.

Thomas Merton (Schwarzer Mond im Haus zwei im Quadrat zu Mond/Uranus): Entsagung.
(3) Alain Bellaïche, L'enfant, la mort, la psychose.
(4) Bei Thomas Mann befindet sich der Schwarze Mond am Ende des dritten bzw. zu Beginn des vierten Hauses (siehe Seite 137).

(5) Der Fall Petiot wird ein wenig später im Rahmen des Kapitels «Schwarzer Mond in Stier» nochmals behandelt.
(6) Aber auch da sei auf das Bedürfnis der Unzugänglichkeit des andern hingewiesen.
(7) A. Artaud behauptet von sich, ein Sukkubus zu sein, Kind einer Frau und eines Dämons.
(8) Siehe hierzu auch den «Fall Leïla» Seite 189.
(9) Nebenbei bemerkt habe ich selten bei Mördern einen Schwarzen Mond im achten Haus feststellen können.

Der Schwarze Mond und die Aspekte

(1) Siehe Pierre Solié, op. cit.
(2) Siehe hierzu auch das spätere Kapitel «Der Schwarze Mond in Waage».
(3) Schwarzer Mond in Achsenstellung im vierten Haus.
(4) Es sei am Rande bemerkt, dass es gegen jede «astrologische Realität» verstösst, wenn man Freuds Geburtszeit zwei Monate vor seiner «offiziellen» Geburt datiert.
(5) Der Dichter Léon Deubel bereitete im Jahre 1913 seinem Leben ein Ende: der Schwarze Mond war in Konjunktion zu Saturn, Venus, Merkur, Sonne und Mond in Widder. Im Augenblick des Selbstmordes stand der Schwarze Mond mit Mars auf Jupiter in Opposition zu Uranus.
(6) Bei dem am 14. Januar 1925 geborenen Mishima findet man eine Schwarzer Mond/Pluto-Konjunktion, die ganz sicher zu seinem Selbstmord beigetragen hat.
(7) Im Geburtsbild des kleinen Grégory Villemin findet man eine Schwarzer Mond-Konjunktion zu Pluto.
(8) Die Autorin bezeichnet mit dem Begriff «Drachenachse» die Achse vom aufsteigenden zum absteigenden Mondknoten.

Der Schwarze Mond in den Tierkreiszeichen

(1) Cf. die Analyse ihres Geburtsbildes Seite 183.
(2) Eine kurze Bemerkung zu Samuel Beckett (Schwarzer Mond in Stier): Wenn Beckett am 13. Mai 1906 geboren ist und nicht am 13. April, dann hat er eine fast genaue Sonne/Schwarzer Mond-Konjunktion, was mir auch einleuchtend erscheint, betrachtet man seine innere Musik und die in seinem Werk deutliche Achse Stier/Skorpion (der Aszendent wäre immer noch in Skorpion, denn er soll nach 20 Uhr geboren sein).
(3) Cf. die Analyse des Geburtshoroskops von Paul Valéry Seite 167.
(4) Madame Assouly-Piquet, Le Fantasme de la transparence.
(5) Jean Cocteau, Plaint-chant. Seghers.
(6) Madame Assouly-Piquet schreibt: «Die Transparenz ist gefährlich, da sie der Grund einer tödlichen Faszination sein kann. Narziss in seiner Faszination gegenüber seinem Abbild verliert sich in seinem Widerschein, ertränkt ihn und ertränkt sich mit ihm. Eine andere Legende berichtet uns, dass er sich vor Hunger und Durst habe sterben lassen, da er sein Bild weder habe besitzen noch verschlingen noch in sich aufnehmen können.» Gibt es überhaupt ein absoluteres Verlangen als das nach seinem eigenen Ich?

(7) Petit Robert. Dictionnaire universel des noms propres.
(8) Oscar Wilde, Ballade de la geôle de Reading – Die Ballade vom Zuchthaus zu Reading. Französische Fassung von Henry D. Davray. Fernand Hazan 1946.
(9) Petit Robert, op. cit.
(10) Charles Manson hat ebenfalls den Schwarzen Mond in Löwe. Sein Wahnsinn führte in dazu, ein Verbrechen zu begehen, das Spiel Samaels zu spielen und ihn zu inkarnieren, was für ihn offenbar der einzige Weg war, ihn zu verraten.
(11) Kann nicht etwa Sophia Loren, deren Schwarzer Mond in Löwe steht, als eine mythische Inkarnation eben dieser Kybele angesehen werden?
(12) Strauss ist ebenfalls der Schöpfer des «Rosenkavaliers».
(13) Der Schwarze Mond steht auf einem symbolischen Grad, der unweigerlich diesen «lustigen Saturn» hervorruft: «Unter einem Baum, der weit seine Äste von sich streckt, schaut ein Alter, ganz glücklich, dem Spiel lustiger Kinder zu, die um ihn herumtanzen!»
(14) Gemeint ist damit der französische Schriftsteller Saint-Exupéry.

(15) Bei Jean Anouilh steht der Schwarze Mond in Jungfrau im fünften Haus, Mond-Trigon, MC/Saturn-Trigon sowie Merkur-Quadratur; sein ganzes Schaffen ist geprägt von diesem «weiblichen Schwarzen Mond», sei es in Form einer aufrührerischen, reinen und geopferten *Antigone* oder *L'Alouette – Jeanne oder die Lerche*, die uns wie Dreyer an Jeanne oder viele andere verweist. Der Schwarze Mond in Jungfrau verleiht auch seinem kritisch anklagenden Werk einen Stil voll beissender Ironie und Scharfzüngigkeit.
(16) Lacan verlangte von seinen Analysepatienten unwahrscheinlich hohe oder lächerlich niedrige Geldsummen. Er räumte dem Geld in seiner Beziehung zum Unterbewusstsein eine Bedeutung ein, die von Freud nur kurz angedeutet worden war. Dieses Ins-Licht-rücken ist hier subtil und scheint mir durchaus in Verbindung mit dem Schwarzen Mond.
(17) Bei Flaubert haben wir den Schwarzen Mond in Skorpion mit Konjunktion zum Aszendenten und einem Venus/Mond-Quadrat ... alles ungünstige Zeichen in bezug auf die Beziehung des Autors zu seiner Mutter und seiner Frau. Er sagt, dass er «das Wahre durchstöbern wolle, solange er es könne», nach Art des Skorpion, und dass er die bürgerliche Dummheit anprangern wolle, was er dann auch mit einem karikaturistischen Realismus tut. In seinen Werken scheinen uns vor allem «Hérodias» und «Salammbô» sowie «Les mémoires d'un fou» – Erinnerung eines Narren – erwähnenswert.
(18) Der Leser findet auf den Seiten 97, 98 und 143 die Horoskopzeichnungen von Patrick Dewaere und Lucien Morisse sowie das Todeshoroskop des letzteren abgebildet. Alle drei Himmelskarten stellen ein ganz erstaunliches Studienobjekt dar.
(19) Orion ist ein sehr hübscher Riese; aber weil er die Tochter des Königs von Chios heiraten will (er hat zuvor die Insel von wilden Raubtieren befreit), wird er von dem König betrunken gemacht und geblendet, da dieser gegen diese Heirat ist. Orion erhält sein Augenlicht wieder, als er direkt in die aufgehende Sonne schaut. Während einiger Zeit ist Orion der Begleiter Artemis und geht mit ihr auf die Jagd; sie aber sendet ihm einen Skorpion, der ihn in die Ferse sticht, weil er sich an der Göttin oder an einer ihrer Nymphen vergreifen wollte.
(20) Von Asmodée gibt es eine Verbindung zu Ashma Daeva des Awesta oder zu Aschmeda des Talmud, und er gilt, genau wie Lilith, als ein Dämon, der von Tobias, dem mythischen Helden des gleichnamigen Buches, besiegt wird.
(21) J. de Gravelaine, Le Grand Livre du Capricorne. Sand.
(22) Nach Jean Carteret ist Merkur der Herrscher von Zwillinge und Vulkan, ein hypothetischer Planet, soll der Geburtsgebieter der Jungfrau sein. Und im Nachtmodus wird diese Herrscherstellung umgekehrt.
(23) Man ist auch nicht sonderlich erstaunt, wenn man den Schwarzen Mond am Aszendenten in Wassermann im Geburtsbild eines Krishnamurti findet, jenes Inders, der so viele Jahre versuchte, den Menschen ihre Freiheit zu geben ... Der vom Schwarzen Mond belegte symbolische Grad spricht von Gefängnis und von Wahl: «Ein Mann mit finsterem Gesicht, dessen Körperhaltung ein einziger Ausdruck fürchterlicher Wut ist, stampft den Boden mit seinen Füssen und schwenkt dabei einen Dolch. Eine Hiebwunde hat auf seiner Stirn eine Blutspur hinterlassen. Er dreht den Rücken einem grossen, traurigen Gebäude (Gefängnis oder Irrenanstalt) zu, dessen Fenster alle vergittert sind und dessen schwere Tür sich halb öffnet ...» Haben wir es hier nicht mit diesem Gefängnis, dieser Geistesgestörtheit, dieser blinden Gewalt zu tun, die Krishnamurti stets so heftig anprangerte?

Nicht zu vergessen die unzähligen Aspekte des Schwarzen Mondes in diesem Geburtsbild, insbesondere das Sonne/Merkur-Quadrat in Haus Drei, das den Tod des geliebten Bruders darstellen kann, ferner das Mond-Sextil, das MC-Quadrat, das sehr schöne Saturn-Trigon im neunten Haus, das bei allen Bewusstseinsprozessen eine Rolle spielt, das Venus-Trigon und viele andere.
(24) Jules Massenet (Schwarzer Mond/Wassermann) hat ebenfalls eine «Hérodiade» komponiert, aber auch «Thaïs», die Geschichte einer umgewandelten Kurtisane, ferner «Sapho», die die Norm ablehnt, «Werther» und «Manon», die fatale Anima, die den höchsten Preis zahlt. Von seiner grausamen und absoluten «Hérodiade», die bei den Juden einen Skandal entfachte, wissen wir, dass sie alle vom Schwarzen Mond geprägten Autoren beeinflusst hat. Und nicht zuletzt Mallarmé, der in seiner Dichtung ganz stark unter dem Einfluss Liliths steht.
(25) Die Titel aus dem Werk von Max-Pol Fouchet stehen stark unter dem Einfluss der Achse Fische/Jungfrau: «Vide-Plein» – Leer-Voll –, «Note Unique» – Einzige Note –, «Demeure le secret» – Bleibt das Geheimnis –, «Femme de nuit et d'aube» – Frau der Nacht und der Morgendämmerung –, «La mer intérieure» – Binnenmeer –, «Le blé du désert» – Der Weizen der Leere –, «Règles de vie» – Lebensregeln ... Bemerkenswert erscheint mir auch, dass am Todestage seiner Frau am 8. Januar 1942 der Drachenkopf den Mond und der Mond den Drachenschwanz aspektiert.
(26) Max-Pol Fouchet war so sehr über diese meine Bemerkung bezüglich dieses Verses berührt, dass er

die Astrologie als «Kriterium zur Erkundung der Echtheit eines Kunstwerkes» entdeckte.
(27) Das Gesicht einer Ava Gardner in «Pandora» . . . Schwarzer Mond am Aszendenten gegen Ende Fische, Pluto-Quadrat und Sonne/Merkur-Quadrat in Opposition zu Saturn . . .

Paul Valéry

(1) «In einem Wald trägt eine Frau ein Holzbündel; ihre Haare sind offen und wehen im Wind; sie schaut auf den Boden, als suche sie etwas hinter sich, und man erblickt ein wenig unwirklich einen Mann mit zwei Köpfen, von denen jeder einen anderen Ausdruck hat.» Steht dieser Grad nicht in Verbindung mit der Suche nach dem Ursprung, nach der Trennung vom Ich?
(2) «Auf dem Meer ein manövrierunfähiges Boot, an das sich eine Hand klammert, die mit einer Geste höchster Not einem Mann Zeichen macht, der sich im Laufschritt nähert. Auf dem Uferstreifen scheint ein Esel eine Inschrift lesen zu wollen, die mit dicken Buchstaben auf einem Findling eingraviert ist.»
(3) Opposition zu Mars und Saturn, Merkur/Sonne-Trigon, MC-Trigon, Neptun-Sextil und eine exakte Venus-Quadratur.
(4) Die Tränen, «nächtliches Wasser», sind für Gilbert Durand und für Gaston Bachelard «Materie der Verzweiflung».
(5) Paul Valéry. La Jeune Parque et poèmes en prose. Herausgegeben von Jean Levaillant. Poésie/ Gallimard. NRF, 1974.
(6) Es handelt sich hier natürlich um einen Skorpion-Mythos, den alten Mythos der Feder-Schlange . . .
(7) Die junge Parze symbolisiert den Kampf des Lebens (jung) gegen den Tod (Parze).
(8) Alles deutet hier auf das Spiel des Schwarzen Mondes hin: das Doppel, der Spiegel, der Schatten, die Nacht-Lavlah-Lilith, das «Messer», das sich zwischen Narziss und sein Bild schiebt und, nach Opferart, das vergängliche Band zerschneidet . . .
(9) Paul Valéry, Die junge Parze. Übertragen von Paul Celan. Frankfurt: Suhrkamp 1982, BS 757, Seite 11/13 (mit freundlicher Genehmigung).
(10) ibid. Seite 17
(11) ibid. Seite 21
(12) ibid. Seite 23/25
(13) ibid. Seite 25
(14) ibid. Seite 47
(15) ibid. Seite 53
(16) ibid. Seite 55

Pierre Jean Jouve

(1) Les Noces sowie Sueur de sang. Poésie/Gallimard. NRF 1966.
(2) Die Enthauptung des heiligen Johannes verweist uns wieder an Salome-Herodias; dieses Thema wurde ebenfalls von Mallarmé behandelt . . .
(3) Diese Grausamkeit, die tötet, wen sie liebt, erinnert wiederum an diejenige, die Oscar Wilde in «The Ballad of Reading Gaol» kritisiert.

Marguerite Duras

(1) «Apostrophes» ist ein sehr populäres, von Bernard Pivot moderiertes literarisches Fernsehmagazin.
(2) In den «Cahiers» Renaud-Barrault Nr. 52, Dezember 1965.
(3) Carlo Montès, L'astrologie Aztèque. Laffont 1984.
(4) In «L'attente du père» (Auswirkung einer Interpretation auf das Werk von Marguerite Duras). Etudes Freudiennes Nr. 23.
(5) Er äussert sich über über Duras folgendermassen: «Ich war in ihre Augen versunken und ich konnte dem gähnenden Abgrund ihres Blickes nicht widerstehen. Was für ein Ausdruck!»
(6) Marguerite Duras, «La Douleur» – Der Schmerz, POL 1985.

Zusammenfassung

(1) M. Enriquez meint: «Die Tatsache, dass man Lilith in sich wiederfindet, bedeutet die Wiedereinführung dieses andern Weiblichen, das die Beziehungen vor dem Unterschied der Geschlechter auszeichnete. Dank einer solchen Idealisierung des Mutterbildes erscheint die weibliche Welt einzig und allein als äusserst begehrenswert.» Überlassen wir dem Autor die Verantwortung für seine Meinung . . .
(2) In «La naissance de la psychanalyse», PUF. Brief 52 vom 6. Dezember 1896, Seite 159.
(3) ibid.
(4) Erschienen in der Reihe «L'esprit Jungien» bei Seghers.

Bibliographie

W. F. ALBRIGHT, L'archéologie de la Palestine et de la Bible, Paris: Cerf 1955.
Bertrand d'ASTORG, Le Mythe de la Dame à la Licorne, Paris: Le Seuil.
Johann BACHOFEN, Mutterrecht und Urreligion, Stuttgart: Kröner 1984.
Jean Pierre BAYARD, Le Monde souterrain, Paris: Flammarion.
Bruno BETTELHEIM, Les blessures symboliques, Paris: Gallimard.
J. BOULNOIS, Le caducée et la symbolique dravidienne indo-méditerranéenne de l'arbre, de la pierre, du serpent et de la déesse mère, 1939.
O. E. BRIEM, Les sociétés secrètes de Mystères, Paris: Payot 1951.
R. BRIFFAULT, The Mothers, gekürzte Ausgabe, Georg Allen & Unwin, 1959.
Miriam CENDRARS, Blaise Cendrars, Paris: Balland 1984.
M. DELCOURT, Héphaïstos ou la légende du magicien, Paris: K 195.
Gilbert DURAND, Les structures anthropologiques de l'imaginaire, Paris: P.U.F./Bordas.
Marguerite DURAS, La douleur, Paris: P.O.L. 1985.
- Le ravissement de Lol V. Stein, Paris: Gallimard.
- L'après-midi de Monsieur Andesmas, Paris: Gallimard.
- L'amour, Paris: Gallimard.
- Détruire, dit-elle, Paris: Ed. de Minuit.
- Moderato Cantabile, Paris: Ed. de Minuit.
(Die deutschen Übersetzungen dieser Titel sind in der Regel bei Suhrkamp/Insel erschienen.)
Mircea ELIADE, Traité des religions, Paris: Payot Encyclopedia Judaïca.
John ERSKINE, Adam and Eve, Charter Books 1963.
EURIPIDES, Die Bakchen (verschiedenen Übersetzungen und Ausgaben).
J. G. FRAZER, Le Rameau d'Or, Paris: Laffont.
Sigmund FREUD, Totem und Tabu, Frankfurt: Fischer.
GASTER, Les plus anciens contes de l'humanité, Paris: Payot 1956.
P. GORDON, L'initiation sexuelle et l'évolution religieuse, Paris: P.U.F. 1946.
Rémy de GOURMONT, Lilith, Paris: Mercure de France 1906.
H. GRAILLOT, Le culte de Cybèle, mère des dieux, Paris 1912.
Robert GRAVES, Les dieux grecs, Paris: Fayard 1967.
Georg GRODDECK, Das Buch vom Es, Wien 1923 - Wiesbaden 1961.
E. HARDING, Les mystères des femmes, Paris: Payot.
Edgar HERZOG, Psyche and Deth, Putnam's and Son 1967.
Emma JUNG / James HILLMANN, Animus und Anima, Zürich 1967.
K. HITSCHLER, Le secret des 360 degrés symboliques, Paris: Dervy 1981.
K. HORNEY, Psychologie de la femme, Paris: Payot.
JEANMAIRE, Dionysos, Paris: Payot 1970.
Pierre Jean JOUVE: Les noces sowie Sueur de sang, Paris: Mercure de France 1964 und Gallimard 1966 für die Einleitung.
(Eine Auswahl von «Sueur de sang» in: Gedichte, Heidelberg 1957 - frz.-dt.).
Carl Gustav JUNG, Der Mensch und seine Symbole, Olten/Freiburg: Walter 1968.
Die Kabbala.

J. KERENYI, Eleusis. Image archétypique de la Mère et de la Fille.
S. N. KRAMER, Sumerian Mythology, Philadelphia 1944.
Serege LECLAIRE, Psychanalyser, Paris: Le Seuil 1968.
W. LEDERER, Gynophobia ou la peur des femmes, Paris: Payot.
A. Pieyre de MANDIARGUES, Un Saturne Gai, Paris: Gallimard.
Jean MARKALE, Die keltische Frau. Mythos, Geschichte, soziale Stellung. München: Dianus Trikont 1985.
Eric NEUMAN, Amor and Psyche, New York: Pantheon Books 1956.
PLUTARCH, Isis und Osiris.
J. PRZYLUSKI, La grande déesse, Paris: Payot 1950.
Otto RANK, Don Juan, IN: Psychoanalytische Beiträge zur Mythenforschung, 1922.
J. R. SALAMANCA, Lilith, Paris: Stock 1963.
SANTARCANGELI, Le Livre des Labyrinthes, Paris: Gallimard 1974.
P. G. SANSONETTI, Graal et alchimie, Paris: Berg International 1982.
G. C. SCHOLEM, Les origines de la Kabbale, Paris: Payot.
Rivkah Schärf KLUGER, Psyche and Bible, Spring Publications 1974.
Ph. SLATER, The Glory of Hera, Boston: Beacon Press 1971.
C. SUARES, La Kabale des Kabales, Paris: Adyar 1962.
Der Talmud.
Paul VALERY, La Jeune Parque et poèmes en prose, Paris: N.R.F. Gallimard.
– Œuvres complètes, Paris: N.R.F. La Pléiade, Gallimard.
(Deutsche Ausgaben bei Suhrkamp/Insel).
J. J. WALTER, Psychoanalyse des rites, Paris: Denoël-Gonthier 1977.
Der Zohar.

Biographische Anmerkungen

ABELLIO, Raymond (1907-1986), französischer Romanschriftsteller und Essayist. Seine Werke spiegeln einen tiefen Pessimismus und ein visionäres Prophetentum wider.
ALTMAN, Robert (1925), amerikanischer Filmproduzent, Autor und Regisseur.
ARTAUD, Antonin (1896-1948), französischer Schriftsteller, hat, vom Surrealismus ausgehend, vornehmlich die moderne französische Literatur beeinflusst durch seine Konzeption des Theaters der Grausamkeit. Er hinterliess ein Werk, in dem Verzweiflung und Revolte, Traurigkeit und Hoffnung, Poesie und Blasphemie sich mischen.
AUDIBERTI, Jacques (1899-1965), französischer Dichter, Romancier und Dramatiker, der in surrealistischen Kreisen verkehrte. Barock-überschwengliche Phantasie und grotesk-galliger Humor.
BACHELARD, Gaston (1884-1962), französischer Philosoph, der das Phänomen der poetischen und künstlerischen Inspiration aus der Sicht einer transzendenten Phänomenologie beleuchtet. Gilt als Vorläufer der literarischen Psychokritik.
BACHOFEN, Johann Jakob (1815-1887), Schweizer Rechtshistoriker und Anthropologe. Unterstützte massgeblich die These, dass historisch das Matriarchat der patriarchalischen Familienstruktur vorausgegangen sei.
BATAILLE, Georges (1897-1962) französischer Autor, dessen Romane durch das Erlebnis der Liebe, auch in ihren extremen und perversen Formen, der asiatischen Weisheit und einer Art atheistischer Mystik geprägt sind.
BECKETT, Samuel (1906-1990) irischer Erzähler und Dramatiker. Schildert in seinen Theaterstücken die Hoffnungslosigkeit unseres Daseins. Ist mit Ionesco und Genet der Hauptvertreter des absurden Theaters. Nobelpreis für Literatur 1969.
BERGMAN, Ingmar (1918), schwedischer Film- und Theaterregisseur. Versucht, in seinen Schöpfungen die dunklen Seiten der menschlichen Seele blosszulegen. Bevorzugte Themen sind das Gute und das Böse, Gott und das Paar.
BERNANOS, Georges (1888-1948), französischer katholischer Romanschriftsteller, zerrissen zwischen einem tiefen Mystizismus und der Revolte. Der Kampf gegen das Böse und gegen die Mittelmässigkeit steht im Mittelpunkt seines Werkes.
BETTELHEIM, Bruno (1903), in Wien geborener, amerikanischer Psychoanalytiker. Hauptgewicht auf Kinderpsychiatrie.
BRETON, André (1896-1966), französischer Schriftsteller, Begründer des literarischen Surrealismus, dessen wichtigster Theoretiker er war. Stark visionäre Dichtungen, wobei «Nadja» als das klassische Werk des Surrealismus angesehen wird.
BUÑUEL, Luis (1900-1983) spanischer Filmregisseur und Autor; Vertreter des surrealistischen Films. Seine Filme, die viel Sozialkritik üben, weisen brutale und sadistische Elemente auf, die er als Schockwirkung versteht gegen die herrschende Gesellschaft.
BYRON, George Gordon, Lord (1788-1824), englischer Dichter, der zu den grossen Romantikern zu zählen ist. Er war eine Mischung von männlicher Kraft und weiblicher Eitelkeit, hingebender Liebe und ausschweifender Sinnlichkeit.
CASTANEDA, Carlos (1925), amerikanischer Ethnologe. Wurde berühmt durch seine Berichte über seine Lehrzeit bei einem mexikanischen Indianer («Don Juan»), der ihn in die indianischen Geheimlehren über bewusstseinsverändernde Drogen unterwiesen hat.

CÉLINE, Louis-Ferdinand (1894-1961), französischer Schriftsteller und Arzt, Antisemit und Faschist. Pessimismus, Menschenverachtung, Nihilismus und Absurdität bestimmen sein Werk.
CENDRARS, Blaise (1887-1961), französischer Schriftsteller Schweizer Herkunft, schrieb suggestive Lyrik und anarchistische, rauschhafte Romane.
CHAR, René (1907-1988), französischer Dichter aus der Gruppe der Surrealisten; war massgeblich an der Widerstandsbewegung beteiligt, die ihn zu ergreifenden Gedichten inspirierte. Naturhafte und visionäre Bildhaftigkeit kennzeichnen seine oft pessimistischen Gedichte.
CLAUDEL, Camille, (1864-1943), Schwester des französischen Schriftstellers Paul Claudel, Bildhauerin, Mitarbeiterin und Muse von Rodin.
COCTEAU, Jean (1889-1963), französischer Schriftsteller, Fimregisseur und Graphiker. In verschiedenen Stilrichtungen (neuromantisch, futuristisch, dadaistisch, surrealistisch) experimentierender phantasie- und geistvoller Künstler.
DALI, Salvador (1904-1989), spanischer Maler, schöpft seine Bildmotive aus paranoiden Wahnvorstellungen; religiöse und sexuelle Themen. Filmarbeit mit Buñuel und zahlreiche Schriften.
DELON, Alain (1925), französischer Filmschauspieler. Erfolgreich mit «Der eiskalte Engel», «Monsieur Klein», «Borsalino» und vielen anderen Titeln.
DEWAERE, Patrick (1947-1985), französischer Filmschauspieler. Endete durch Selbstmord.
DREYER, Carl Theodor (1889-1968), dänischer Filmregisseur, errang durch den Stummfilm «La passion de Jeanne d'Arc» (1927) Weltgeltung.
DRIEU LA ROCHELLE, Pierre (1893-1945), französischer Schriftsteller, neigte zur Mystik, bewunderte Macht und Kraft und geriet auf der Suche nach einem Ausweg aus der geistig-seelischen, sozialen und politischen Not 1935 unter den Einfluss des Nationalsozialismus. In den innerlich zerrissenen Gestalten seiner Romane zeichnet Drieu sich selbst. Endete durch Selbstmord.
DURAS, Marguerite (1914), französische Schriftstellerin und Regisseurin. Zunächst realistische, psychologisch vertiefte Romane und Erzählungen, dann Vertreterin des Nouveau Roman mit seiner seelischen Vereinsamung und Selbstentfremdung.
ERNST, Max (1891-1976), französischer Maler und Plastiker deutscher Herkunft. Rief den Kölner Dada ins Leben und gehörte in Paris dem Kreis der Surrealisten an. Seine Werke bringen in oft beklemmender Weise die Gefahren des Unbewussten zum Ausdruck.
FELLINI, Frederico (1920), italienischer Filmregissseur. Wesentlich an der Entwicklung des Neorealismus beteiligt. Seine späteren Filme zeichen sich durch eine phantasievolle, oft groteske Symbolik aus.
FLAUBERT, Gustave (1821-1880), französischer Dichter, der mit dem Roman «Madame Bovary» die Romantik überwand und zum Begründer des Realismus in Frankreich wurde. Er schrieb seine Werke mit wissenschaftlicher Genauigkeit und extremer Unpersönlichkeit der Darstellung.
FOUCHET, Max-Pol (1913-1980), französischer Lyriker und Essayist.
FREUD, Sigmund (1856-1939), österreichischer Arzt und Psychologe. Entwickelte das psychoanalytische Therapieverfahren. Als Zentraltrieb nahm Freud den Geschlechtstrieb an. Da dessen freie Entfaltung durch gesellschaftliche Tabus und Regeln unterdrückt wird, ergeben sich hieraus Fehlentwicklungen und Neurosen.
FROMM, Erich (1900-1980), amerikanischer Psychoanalytiker deutscher Herkunft; betont die soziale und kulturelle Überformung der Antriebs- und Persönlichkeitsentwicklung des Menschen.
GRECO, Juliette (1926), französische Sängerin und Filmschauspielerin. Typische Vertreterin der Existentialistengeneration der Nachkriegszeit.
GRODDECK, Walter Georg (1866-1934), deutscher Arzt, der als einer der ersten die Bedeutung der psychischen Faktoren als Auslöser organischer Krankheiten hervorgehoben hat.
HEGEL, Georg Wilhelm Friedrich (1770-1831), deutscher Philosoph, entwickelte eines der bedeutendsten Systeme der europäischen Philosophie, in dessen Mittelpunkt das Absolute steht.
IONESCO, Eugène (1909), französischer Dramatiker, Hauptvertreter des absurden Theaters. Stellt in Groteske und Karikatur den Zerfall menschlicher Beziehungen und die Sinnlosigkeit des modernen Daseins dar.
JARRY, Alfred (1873-1907), französischer Dichter, Vorläufer des absurden Theaters («König Ubu»); greift mit beissender Ironie und derber Sprache die bürgerliche Scheinmoral an.
JOUVE, Pierre Jean (1887-1976) französischer Schriftsteller. Anfangs von den Unanimisten beeinflusst, später Anhänger S. Freuds und der Psychoanalyse. Bedeutend als Lyriker und als Romancier.
JUNG, Carl Gustav (1875-1961), Schweizer Psychoanalytiker. Stellt in seiner psychologischen Konzeption neben das (individuell erworbene) persönliche Unbewusste das (überindividuell ererbte) kollektive Unbewusste, dem er wegweisende Bedeutung im jeweiligen Reifeprozess zuschreibt.
KAFKA, Franz (1883-1924), österreichischer Schriftsteller. Grundthema seiner sprachlich äusserst

präzisen Prosa ist der aussichtslose Kampf des an ein mystisches, unveränderliches Sein gefesselten Individuums gegen verborgene, anonyme Mächte.

KESSEL, Joseph (1898-1979), französischer Schriftsteller russischer Abstammung, Abenteuer- und Reisebücher.

KRISHNAMURTI, Jiddu (1895-1986), von den Theosophen entdeckter indischer Meister, dessen Lehre den Seelenfrieden predigt, der durch intuitive Erfassung der Harmonie von All und Ich erreicht werden kann.

LACAN, Jacques (1901-1981), französischer Arzt und Psychoanalytiker. Auf S. Freud basierend, versucht er das Feld der Psychoanalyse zu erweitern, indem er es der Linguistik und der strukturalen Anthropologie öffnet.

LÉAUTAUD, Paul (1872-1956), französischer Schriftsteller. Seine Einakter, Erzählungen und autobiographischen Berichte sind sarkastisch-amüsante Beiträge zur zeitgenössischen Kulturgeschichte.

MAILER, Norman (1923), amerikanischer Journalist und Schriftsteller. Bekannt durch den krass realistischen, antimilitaristischen Kriegsroman «Die Nackten und die Toten».

MALLARMÉ, Stéphane (1842-1898), französischer Dichter; einer der Begründer und einflussreichsten Vertreter des französischen Symbolismus.

MALLE, Louis (1932), französischer Fimregisseur der Neuen Welle.

MALRAUX, André (1901-1976), französischer Politiker und Schriftsteller; drückt als erster Grundgedanken des Existenzialismus der Nachkriegszeit aus und preist den Heroismus der Revolution als Nachweis der Freiheit und Würde menschlicher Existenz.

MANN, Thomas (1875-1955), deutscher Schriftsteller, beschreibt in seinem Werk in ironisch-distanziertem Stil geistig-kulturelle, gesellschaftliche Entwicklungen und Situationen, wobei die Personen eine genaue realistisch-psychologische Darstellung erfahren.

MAURIAC, François (1885-1970), französischer Schriftsteller. In seinen in der grossbürgerlichen Welt spielenden Romanen und Erzählungen gestaltet er den Konflikt zwischen Gut und Böse, himmlischer und irdischer Liebe im Sinne der katholischen Ethik.

MERMOZ, Jean (1901-1936), französischer Pilot, der als erster von Frankreich nach Südamerika geflogen ist.

MICHAUX, Henri (1899-1984) französisch-belgischer Schriftsteller und Zeichner. Präzise, zum Teil ironische Reisebeschreibungen sowie Schilderungen von Reisen in imaginäre Länder.

MODIGLIANI, Amadeo (1884-1920), italienischer Maler und Bildhauer, der sich durch seine beschränkte Farbskala und seine sanfte Konturierung bemerkbar machte.

MONTHERLANT, Henry de (1896-1972), französischer Schriftsteller, Verfasser von männlich-heroisch, elitär-kleinbürgerfeindlich geprägten Romanen.

MOREAU, Gustave (1826-1898), französischer Maler, Lehrmeister der nachfolgenden Generationen von Surrealismus bis Fauvismus.

MORISSE, Lucien (1929-1970), einer der Gründer des Senders Europe I in den fünfziger Jahren.

MOULIN, Jean (1899-1943), bedeutender französischer Widerstandskämpfer.

NIETZSCHE, Friedrich (1844-1900), deutscher Philosoph und klassischer Philologe. Im Anschluss an Schopenhauer lehnt er die vernunftorientierte theoretische Philosophie ab und betont, dass Sinngebungen allein auf menschlichen Setzungen, auf dem Willen, beruhen. Die Überwindung der sokratischen Weltauffassung geschehe in der Synthese des Apollinisch-Dionysischen.

PHILIPPE, Gérard (1922-1959), französischer Filmschauspieler.

PICASSO, Pablo (1881-1973) spanischer Maler, Graphiker und Bildhauer, gilt auf Grund der Breite und Tiefe seines Schaffens als der grösste Maler des 20. Jahrhunderts.

PIEYRE DE MANDIARGUES, André (1909), französischer Schriftsteller, Freund von A. Breton. Vertritt einen originellen Surrealismus in der Lyrik und in Romanen, die Phantastisches und Absurdes verschmelzen.

QUENEAU, Raymond (1903-1976), französischer Schriftsteller; nimmt die Sprache als zentralen Gegenstand seiner Dichtung und sucht sie in spielerischen Versuchen zu erneuern.

RADIGUET, Raymond (1903-1923), französischer Schriftsteller. Autobiographisch beeinflusste psychologische Romane.

RESNAIS, Alain (1922), französischer Filmregisseur. Sein Film «Hiroshima mon amour» erregte als typischer Film der Neuen Welle Aufsehen, da seine Fimdramaturgie den traditionellen Handlungsverlauf auflöst und die Reflexionen der Figuren in den Vordergrund stellt.

RIMBAUD, Arthur (1854-1891), französischer Dichter, Wegbereiter des Symbolismus; wirkte besonders auf die Expressionisten und Surrealisten des 20. Jahrhunderts.

ROBLÈS, Emmanuel (1914), französischer Reporter und Schriftsteller.

RODIN, Auguste (1840-1917), französischer Bildhauer.
SAGAN, Françoise (1935), französische Schriftstellerin. Hauptthema ihrer Werke ist die Erfahrung der unabänderlichen Einsamkeit und der Vorläufigkeit jeder erotischen Beziehung.
VALÉRY, Paul (1871-1945), französischer Dichter, dessen Werk durch einen von klassizistischer Formstrenge getragenen Symbolismus gekennzeichnet ist.
VIAN, Boris (1920-1959), französischer Schriftsteller, dessen Dichtung sich auszeichnet durch Romantik, aggressive Erotik und sarkastische Selbstironie. Als Dramatiker steht er dem absurden Theater nahe.
WILDE, Oscar (1854-1900), englischer Schriftsteller irischer Herkunft. Hervorragendster Vertreter des Ästhetizismus in England. Schrieb geistreich-witzige Gesellschaftskomödien, die Konventionen und bürgerliche Moralbegriffe glossieren.
WOOLF, Virginia (1882-1941), englische Schriftstellerin, deren Hauptziel es unter anderem war, in ihren Romanen das Gleichzeitige, das in der Erinnerung oder im Traum als Einheit erlebte vielfältige Geschehen darzustellen.
YOURCENAR, Marguerite (1903-1987), französische Schriftstellerin. Erneuerte mit ihren psychologisch fundierten Romanen den französischen historischen Roman. Wurde 1980 als erste Frau Mitglied der Académie française.

Tabelle 1

Stand des Schwarzen Mondes jeweils am 1. Januar in Graden

Jahr	Längen-kreis	Zeichen	Jahr	Längen-kreis	Zeichen	Jahr	Längen-kreis	Zeichen
1880	61.03	1.03 ♊	1921	288.55	18.55 ♑	1962	157.11	7.11 ♍
1881	101.40	11.40 ♋	1922	329.35	29.35 ♒	1963	197.50	17.50 ♎
1882	142.07	22.07 ♌	1923	10.14	10.14 ♈	1964	238.32	28.32 ♏
1883	183.13	3.13 ♎	1924	50.59	20.59 ♉	1965	279.17	9.17 ♑
1884	223.39	13.39 ♏	1925	91.40	1.40 ♋	1966	319.56	19.56 ♒
1885	264.16	24.16 ♐	1926	132.20	12.20 ♌	1967	0.36	0.36 ♈
1886	305.23	5.23 ♒	1927	172.59	22.59 ♍	1968	41.15	11.15 ♉
1887	345.49	15.49 ♓	1928	213.00	3.00 ♏	1969	82.02	22.02 ♊
1888	26.15	26.15 ♈	1929	254.27	14.27 ♐	1970	122.42	2.42 ♌
1889	67.33	7.33 ♊	1930	295.05	25.05 ♑	1971	163.21	13.21 ♍
1890	107.38	17.38 ♋	1931	335.41	5.41 ♓	1972	204.02	24.02 ♎
1891	148.18	28.18 ♌	1932	16.25	16.25 ♈	1973	244.48	4.48 ♐
1892	188.57	8.57 ♎	1933	57.12	27.12 ♉	1974	285.27	15.27 ♑
1893	229.44	19.44 ♏	1934	97.52	7.52 ♋	1975	326.07	26.07 ♒
1894	270.23	0.23 ♑	1935	138.31	18.31 ♌	1976	6.48	6.48 ♈
1895	311.03	11.03 ♒	1936	179.11	29.11 ♍	1977	47.33	17.33 ♉
1896	351.43	21.43 ♓	1937	219.58	9.58 ♏	1978	88.13	28.13 ♊
1897	32.29	2.29 ♉	1938	260.37	20.37 ♐	1979	128.53	8.53 ♌
1898	73.09	13.09 ♊	1939	301.18	1.18 ♒	1980	169.34	19.34 ♍
1899	113.49	23.49 ♋	1940	342.01	12.01 ♓	1981	210.19	0.19 ♏
1900	154.28	4.28 ♍	1941	22.38	22.38 ♈	1982	250.59	10.59 ♐
1901	195.08	15.08 ♎	1942	63.22	3.22 ♊	1983	291.38	21.38 ♑
1902	235.47	25.47 ♏	1943	104.02	14.02 ♋	1984	332.18	2.18 ♓
1903	276.27	6.27 ♑	1944	144.43	24.43 ♌	1985	13.05	13.05 ♈
1904	317.07	17.07 ♒	1945	185.29	5.29 ♎	1986	53.44	23.44 ♉
1905	357.53	27.53 ♓	1946	226.09	16.09 ♏	1987	94.23	4.23 ♋
1906	38.33	8.33 ♉	1947	266.48	26.48 ♐	1988	135.04	15.04 ♌
1907	79.13	19.13 ♊	1948	307.27	7.27 ♒	1989	175.50	25.50 ♍
1908	119.51	29.51 ♋	1949	348.15	18.15 ♓	1990	216.30	6.30 ♏
1909	160.39	10.39 ♍	1950	28.53	28.53 ♈	1991	257.10	17.10 ♐
1910	201.19	21.19 ♎	1951	69.34	9.34 ♊	1992	297.49	27.49 ♑
1911	241.58	1.58 ♐	1952	110.14	20.14 ♋	1993	338.36	8.36 ♓
1912	282.38	12.38 ♑	1953	150.59	0.59 ♍	1994	19.15	19.15 ♈
1913	323.24	23.24 ♒	1954	191.40	11.40 ♎	1995	59.55	29.55 ♉
1914	4.04	4.04 ♈	1955	232.21	22.21 ♏	1996	100.35	10.35 ♋
1915	44.45	14.45 ♉	1956	272.58	2.58 ♑	1997	141.21	21.21 ♌
1916	85.24	25.24 ♊	1957	313.46	13.46 ♒	1998	182.01	2.01 ♎
1917	126.14	6.14 ♌	1958	354.24	24.24 ♓	1999	222.41	12.41 ♏
1918	166.50	16.50 ♍	1959	35.01	5.01 ♉	2000	263.20	23.20 ♐
1919	207.29	27.29 ♎	1960	75.44	15.44 ♊			
1920	248.09	8.09 ♐	1961	116.31	26.31 ♋			

Tabelle 2 (in Graden)
(Mittlerer Tagesbogen: 0° 6’ 30”)

1 Januar	2 Februar	3 März	4 April	5 Mai	6 Juni
1. = 0,00	1. = 3,27	1. = 6,34	1. = 10,02	1. = 13,22	1. = 16.49
5. = 0,27	5. = 3,54	5. = 7,01	5. = 10,28	5. = 13,49	5. = 17.16
10. = 1,00	10. = 4,27	10. = 7,35	10. = 11,02	10. = 14,21	10. = 17,49
15. = 1,34	15. = 5,01	15. = 8,08	15. = 11,35	15. = 14,56	15. = 18,23
20. = 2,07	20. = 5,34	20. = 8,41	20. = 12,09	20. = 15,29	20. = 18,56
25. = 2,40	25. = 6,08	25. = 9,14	25. = 12,41	25. = 16,03	25. = 19,30
7 Juli	**8 August**	**9 September**	**10 Oktober**	**11 November**	**12 Dezember**
1. = 20,10	1. = 23,37	1. = 27,04	1. = 30,25	1. = 33,52	1. = 37,13
5. = 20,37	5. = 24,04	5. = 27,31	5. = 30,52	5. = 34,19	5. = 37,39
10. = 21,10	10. = 24,37	10. = 28,04	10. = 31,25	10. = 34,52	10. = 38,13
15. = 21,43	15. = 25,11	15. = 28,38	15. = 31,58	15. = 35,26	15. = 38,46
20. = 22,17	20. = 25,44	20. = 29,11	20. = 32,32	20. = 35,59	20. = 39,20
25. = 22,50	25. = 26,17	25. = 29,45	25. = 33,05	25. = 36,32	25. = 39,53

Um die genaue Stellung des Schwarzen Mondes an einem bestimmten Datum festzustellen, nehme man die Stellung am 1. Januar des entsprechenden Jahres (siehe Tabelle 1) und zähle die des Monatsdatums hinzu.

Beispiel:

Schwarzer Mond am 10. Februar 1940:

1. Januar 1940		342°01’
10. Februar 1940	+	4°27’
		346°28’ (16°28’ Fische)

Da die Stellungen in Tabelle 2 nur in einem Fünf-Tage-Abstand angegeben sind, muss man 6’ 30” pro Tag zusätzlich hinzuaddieren:

Bei einer Geburt am 11. Februar:

	342°01’
+	4°27’
+	6’30”
	346°34’30” (16°34’30” Fische)

Die Ekliptiklänge der Sternzeichen umfasst insgesamt 360° und beginnt bei 0° Widder.

0°–30°: Widder; 30°–60°: Stier; 60°–90°: Zwillinge; 90°–120°: Krebs; 120°–150°: Löwe; 150°–180°: Jungfrau; 180°–210°: Waage; 210°–240°: Skorpion; 240°–270°: Schütze; 270°–300°: Steinbock; 300°–330°: Wassermann; 330°–360°: Fische.

Tabelle 3
Längenkreiskorrektur Lilith
Korrektur am Lilith-Längenkreis je nach Abstand Sonne-Lilith

Abstand	+	Abstand	+	Abstand	+	Abstand	+
0.0	0.0	49.3	12.3	90.0	0.0	139.3	12.3
1.1	0.5	52.1	12.0	91.1	0.5	142.1	12.0
2.3	1.0	55.9	11.5	92.3	1.0	145.9	11.5
3.4	1.5	58.6	11.0	93.4	1.5	148.6	11.0
4.6	2.0	61.0	10.5	94.6	2.0	151.0	10.5
5.8	2.5	63.1	10.0	95.8	2.5	153.1	10.0
7.0	3.0	64.9	9.5	97.0	3.0	154.9	9.5
8.2	3.5	66.7	9.0	98.2	3.5	156.7	9.0
9.4	4.0	68.3	8.5	99.4	4.0	158.3	8.5
10.6	4.5	69.9	8.0	100.6	4.5	159.9	8.0
11.9	5.0	71.4	7.5	101.9	5.0	161.4	7.5
13.2	5.5	72.8	7.0	103.2	5.5	162.8	7.0
14.5	6.0	74.2	6.5	104.5	6.0	164.2	6.5
15.8	6.5	75.5	6.0	105.8	6.5	165.5	6.0
17.2	7.0	76.8	5.5	107.2	7.0	166.8	5.5
18.6	7.5	78.1	5.0	108.6	7.5	168.1	5.0
20.1	8.0	79.4	4.5	110.1	8.0	169.4	4.5
21.7	8.5	80.6	4.0	111.7	8.5	170.6	4.0
23.3	9.0	81.8	3.5	113.3	9.0	171.8	3.5
25.1	9.5	83.0	3.0	115.1	9.5	173.0	3.0
26.9	10.0	84.2	2.5	116.9	10.0	174.2	2.5
29.0	10.5	85.4	2.0	119.0	10.5	175.4	2.0
31.4	11.0	86.6	1.5	121.4	11.0	176.6	1.5
34.1	11.5	87.7	1.0	124.1	11.5	177.7	1.0
37.9	12.0	88.9	0.5	127.9	12.0	178.9	0.5
41.7	12.3	90.0	0.0	131.7	12.3	100.0	0.0
45.0	12.3			135.0	12.3		

Bei Sonne/Lilith-Opposition nehme man Lilith/Sonne und kehre das Zeichen um. Hinweis: Joëlle de Gravelaine arbeitet mit dem unkorrigierten Schwarzen Mond, nachdem sie 10 Jahre lang beide Varianten geprüft hat.